Cases of CNC Machinery Equipment

"数控一代"
案例集（山西卷）

中国机械工程学会
山西省科学技术协会 编著
山西省机械工程学会

中国科学技术出版社
·北京·

图书在版编目（CIP）数据

"数控一代"案例集. 山西卷 / 中国机械工程学会，山西省科学技术协会，山西省机械工程学会编著. —北京：中国科学技术出版社，2015.9（2016.6重印）

ISBN 978-7-5046-6974-2

Ⅰ.①数… Ⅱ.①中… ②山… ③山… Ⅲ.①机械工业—技术革新—案例—山西省 Ⅳ.①F426.4

中国版本图书馆CIP数据核字(2015)第193724号

策划编辑	吕建华　赵　晖
责任编辑	赵　晖　郭秋霞
版式设计	中文天地
责任校对	何士如
责任印制	张建农

出　　版	中国科学技术出版社
发　　行	科学普及出版社发行部
地　　址	北京市海淀区中关村南大街16号
邮　　编	100081
发行电话	010-62103130
传　　真	010-62179148
网　　址	http://www.cspbooks.com.cn

开　　本	787mm×1092mm　1/16
字　　数	400千字
印　　张	19
版　　次	2015年9月第1版
印　　次	2016年6月第2次印刷
印　　刷	北京市凯鑫彩色印刷有限公司
书　　号	ISBN 978-7-5046-6974-2/F·802
定　　价	119.00元

（凡购买本社图书，如有缺页、倒页、脱页者，本社发行部负责调换）

编写组织机构

指导委员会

主　任：邵新宇
副主任：宋天虎　杨伟民　黄庆学
委　员：罗　平　王守信　李玉贵

编审委员会

主　任：宋天虎　黄庆学
副主任：王守信　李玉贵　王　玲
委　员：马立峰　王效岗　刘晓星　李超峰　姚建社　赵铁琳
　　　　梁淑蓉　韩　泓　王志刚　杨　锐　李华英　原加强
　　　　邓少霞　王国强　程宏英　郭永平　刘美兰　王祝山
　　　　刘　涛　陈　于　薛文晖　刘　俊　李华祥　王玮珑
　　　　冯　莉　闫进祥　杨为民　陈薇芬　王彦增　崔晓光
　　　　贾月莲　杨美英　崔泽琴　王宗彦　李德虎　张　虎
　　　　蔡森华　高志芳　史　炜　李海青　李有生　高宵华
　　　　李利民　李洪文　刘玉峰　马建军　石万坤　刘春林
　　　　张　玲　栾大凯　缪　云　顾梦元　陈　江　郑梦娇
　　　　钟永刚　刘永华
主　审：王守信　韩　丹　王晓慧　闫进祥

总　序

实施"中国制造2025",加快我们国家从制造大国迈向制造强国,要以科技创新为主要驱动力,以加快新一代信息技术与制造业深度融合为主线,以推进智能制造为主攻方向。

智能制造——数字化网络化智能化制造是新一轮工业革命的核心技术,是世界各国全力争夺的技术制高点,为中国制造业结构优化和转变发展方式提供了历史性机遇,成为中国制造业"创新驱动、由大到强"的主攻方向。

制造业创新发展的内涵包括三个层面:一是产品创新;二是生产技术创新;三是产业模式创新。在这三个层面上,智能制造——数字化网络化智能化制造都是制造业创新发展的主要途径:第一,数字化网络化智能化是实现机械产品创新的共性使能技术,使机械产品向"数控一代"和"智能一代"发展,从根本上提高产品功能、性能和市场竞争力;第二,数字化网络化智能化也是生产技术创新的共性使能技术,将革命性地提升制造业的设计、生产和管理水平;第三,数字化网络化智能化还是产业模式创新的共性使能技术,将大大促进服务型制造业和生产性服务业的发展,深刻地变革制造业的生产模式和产业形态。

机械产品的数控化和智能化创新具有鲜明的特征、本质的规律,这种颠覆性共性使能技术可以普遍运用于各种机械产品创新,引起机械产品的全面升级换代,这也是"数控一代"和"智能一代"机械产品这样一个概念产生的缘由和根据。

2011年年初,18位院士联名提出了关于实施数控一代机械产品创新工程(简称"数控一代")的建议,中央领导同志高度重视、亲切关怀,科技部、工业和信息化部、中国工程院联合启动了数控一代机械产品创新应用示范工程，其战略目标是：在机械行业全面推广应用数控技术，在10年时间内，实现各行各业各类各种机械产品的全面创新，使中国的机械产品总体升级为"数控一代"，同时也为中国机械产品进一步升级为"智能一代"奠定基础。

4年来，全国工业战线的同志们团结奋斗，用产学研政协同创新，数控一代机械产品创新应用示范工程进步巨大、成就卓著，在全面推进智能制造这个主攻方向上取得了重大突破。

中国机械工程学会是实施数控一代机械产品创新应用示范工程的一支重要推动力量。4年来，学会发挥人才优势和组织优势，动员和组织学会系统包括各省区市机械工程学会和各专业分会的同志们广泛参与，着重于推动数控一代工程在各行业各区域各企业的立地和落实，为企业产品创新助力、为产业技术进步服务。在这个过程中，学会重视发现典型、总结经验，形成了《"数控一代"案例集》。

《"数控一代"案例集》总结了典型机械产品数控化创新的丰硕成果，展示了各行业各区域各企业实施创新驱动发展战略的宝贵经验，覆盖面广、代表性强，对于实现中国机械产品的全面创新升级有着重要的借鉴与促进作用。

衷心祝愿《"数控一代"案例集》持续推出、越办越好，助百花齐放、引万马奔腾，为数控一代机械产品创新应用示范工程的成功、为"中国制造2025"的胜利、为实现中国制造由大变强的历史跨越做出重要贡献。

周济

2015年4月

前 言

山西省装备制造业经过改革开放三十多年的发展，已经形成了在国内外有一定影响和特色的重型机械、轨道交通机械、煤炭机械、纺织机械及基础件为主的产业。2014年实现主营业务收入1580亿元，实现利润54.2亿元，全年完成进出口总值79.7亿美元，其中出口总值51.1美元，占全省57.2%。由于山西的经济基础是以能源和资源为主的重化工产业结构，与兄弟省市的装备制造业相比，在科技创新、资金投入、人才培养等方面仍然有比较大的差距，致使产业规模不大也不强。主要表现在以企业为主体的制造业创新体系不完善，自主创新能力弱；产品档次不高，缺乏国际知名品牌；资源能源利用率低；信息化水平较低，与工业化融合深度不够等方面。为此，需要抓住国家实施《"数控一代"装备创新工程行动计划》及"中国制造2025"的战略机遇，促进山西装备制造业的转型升级。

山西省"数控一代机械产品创新应用示范工程"是在国家"十五"计划实施以来、一直在"制造业信息化科技工程"基础上进行的。在装备制造业重点企业实施信息化工程，其核心就是实现数字化，主旨是实现机械产品设计自主化、制造数字化、控制自动化、基础件自给化。企业在主导产品开发方面取得了可喜的成绩。太原重工与太原科技大学研发的"空间七杆机构宽厚板滚切剪机"获得国家科技发明二等奖、"全液压宽厚板矫正成套技术与装备"获得国家科技进步二等奖；太重煤机"年产千万吨大采高数字智能化采煤机"、经纬纺机榆次分公司的JWF1562型自动集体落纱细纱机、JWG1732型多轴交流伺服无梭织机、太原重工股份有限公司大型露天矿变频控制挖掘机、太原通泽重工有限公司的系列化无缝钢管热连轧机组及生产线、长治钢铁（集团）锻压机械制造有限公司的数控蛇形弯管机、太原风华信息装备股份有限公司的LED背光源模组智能生产设备等装备，都是企业自主创新、集成创新、协同创新和"两化"深度融合的典范，都获得了国家及省部级科技奖励，在国内外广泛推广应用。

  为了将已经取得的成果进一步总结提高和推广应用，提供给山西以及全国的装备制造企业参考借鉴，同时也作为与兄弟省市同行的经验交流，取长补短，为此组织编写了《"数控一代"案例集（山西卷）》。本卷收录了近年来山西装备制造业在数字化技术应用的典型案例共39项，主要包括冶金机械、采煤机械、纺织机械、煤化工设备、锻压机械、轨道交通机械、金属加工机械、MES系统应用、物流设备、汽车零部件制造装备、电机与电子设备、环保设备中成功应用了数控技术的12大类典型示范产品。

  《"数控一代"案例集（山西卷）》的出版发行也是我们全力推进"中国制造2025"发展战略的具体行动，本书的出版发行对山西装备制造业全面实现数字化及智能化将起到积极的推动作用，对山西省经济转型发展将做出积极贡献。

《"数控一代"案例集（山西卷）》编写委员会

2015年8月

目录 CONTENTS

冶金机械

案例 1 液压宽厚板滚切剪机的研发 / 1

案例 2 大型宽厚板矫直成套技术与装备 / 9

案例 3 数控技术在无缝钢管热连轧生产线中的应用 / 15

案例 4 φ820mm 大型精密轧管机组的数字化设计 / 25

案例 5 TZφ180 三辊连轧管机数字化控制系统 / 31

采煤机械

案例 6 年产千万吨大采高数字智能化采煤机 / 39

案例 7 3.3kV 防爆变频驱动智能型刮板输送机 / 49

案例 8 大型露天矿数字化控制挖掘机 / 55

纺织机械

案例 9　数控自动集体落纱细纱机研发　　　　　　　　/ 61

案例 10　全自动转杯纺纱机控制系统　　　　　　　　　/ 69

案例 11　数字化高效精梳机技术研究　　　　　　　　　/ 79

案例 12　多轴伺服无梭织机控制系统研究　　　　　　　/ 87

案例 13　全自动电脑横机数控系统研发　　　　　　　　/ 97

煤化工设备

案例 14　7m 顶装焦炉成套装备的数字化设计与控制　　/ 103

案例 15　数字化运行的干熄焦提升机系列产品的研发　　/ 109

锻压机械

案例 16　数控技术在短行程铝挤压机上的应用　　　　　/ 115

案例 17　36MN 不锈钢挤压机生产线　　　　　　　　　/ 123

案例 18　数控蛇形弯管机弯管工艺与装备研究　　　　　/ 131

案例 19　数控四辊型材卷弯机弯曲工艺与装备研究　　　/ 139

案例 20　数字化四辊卷板机柔性加工单元　　　　　　　/ 147

轨道交通机械

案例 21 大轴重货运电力机车数控化开发与制造 / 155

案例 22 新型内燃调车机数控技术应用 / 161

案例 23 机车滚动试验台数字控制技术 / 169

金属加工机械

案例 24 数控龙门五面加工中心 / 177

案例 25 数控激光切割机 / 185

案例 26 倾斜小深孔钻床数控改造 / 191

案例 27 油缸自动焊接机器人工作站的应用研究 / 197

MES系统应用

案例 28 分布式数字控制及制造执行系统在离散制造业中的应用 / 205

案例 29 制造执行系统（MES）在汾西重工的示范应用 / 211

物流设备

案例 **30** 基于数字技术的 AGV 移动机器人研发　　/ 219

案例 **31** 智能化停车系统的研发　　/ 225

汽车零部件制造装备

案例 **32** 重型汽车变速箱副轴自动化生产线　　/ 233

案例 **33** 重型汽车变速箱壳体 FMS 生产线　　/ 239

案例 **34** 汽车刹车盘金切数控生产线　　/ 247

电机与电子设备

案例 **35** 数字化大型风力发电机组研究　　/ 255

案例 **36** 高效高压永磁同步电动机　　/ 261

案例 **37** LED 背光源模组智能生产设备　　/ 269

环保设备

案例 **38** 数控高压水清洗中心　　/ 277

案例 **39** 数控技术在后装压缩式垃圾车上的应用　　/ 285

案例 1
液压宽厚板滚切剪机的研发

太原科技大学

剪切机是钢铁企业宽厚板生产线上三大主体设备之一,传统的机械式滚切剪的技术为国外垄断,且体积庞大,造价高,主要承载零部件寿命低,成品板形及断口质量较差。针对该问题,太原科技大学开发了全数字化控制液压滚切式宽厚板剪切机成套设备。该产品在数字化设计、数字化控制及数字化运行等方面取得较大突破,具有结构简单、耗能小、自动化程度高、投资及使用维护成本低等特点。提升了我国大型冶金装备的自主创新能力,整体技术处于国际领先水平。

一、导语

　　进入 21 世纪以来，大型造船业，海洋工程，桥梁、大口径石油、天然气输送管线、大型压力容器和贮罐、重型建筑结构，特别是高层、防火、耐候、大跨度和非对称的空间结构用途、机械工程的技术进步和旺盛需求，极大地拉动了宽厚板的发展，促进了低合金、高强度的宽厚板的生产技术进步。目前我国宽厚板的年生产能力已达到 2100 万 t 以上。低合金、高强度宽厚板是典型的高技术含量和高附加值产品，它的自主供应和满足极端需求的能力，是国家工业发展战略和安全的综合能力的体现。而滚切剪机为宽厚板生产线上三大关键主体设备之一，主要承担"分段""切头""切尾"以及"切边"等重要任务。

　　机械式滚切剪机剪切宽厚板十分困难，严重制约着钢铁工业的转型发展。为了满足宽厚板生产的重要任务，设备国产化、大型化、智能化以及减能增效已成为必然趋势，在国家重大技术装备科技攻关等项目的连续支持下，经过十余年的艰苦探索，我们与太原科大重工科技有限责任公司、东北大学等单位合作，发明出全数字化液压宽厚板滚切剪切机成套设备，填补了国内外空白。该项成果的核心技术及整机结构均获得发明专利，拥有全部自主知识产权，其中 2200mm×50mm、2800mm×50mm、3500mm×50mm 及 4300mm×50mm 等多种型号大型液压滚切剪机，已成功应用于河北钢铁集团等大型钢铁企业多条生产线上。近三年为钢铁企业新增产值 28.1 亿元，新增利税 4.2 亿元，经济和社会效益十分显著。

　　该项目获发明专利 7 项，软件著作权 7 项，2012 年获中国机械工业科学技术奖（技术发明类）一等奖和山西省科学技术奖（技术发明类）一等奖。经鉴定，项目整体技术达到国际先进水平，其中液压缸直驱复合连杆的滚动剪切方法与机构处于国际领先，提升了我国大型冶金装备的自主创新能力，实现了滚切剪技术跨越发展。

二、核心技术及创新点

　　全数字化液压宽厚板滚切剪主要由本体部分、换刀装置、对中装置、摆动辊道、出料装置、自动控制系统、电气系统、液压润滑系统等部分组成。其中本体部分包括：预应力机架、连杆机构、上刀台、压紧装置、剪刃间隙调整等部分。自动控制系统由数据采集系统、工程师站、服务器、S7-400 PLC 及交换机等部分组成。该设备高度达到 6 余米，重 200 余 t，剪切力达到 1600t，年产（2200～4300）mm×（6～500）mm 高强度宽厚钢板达 100 万 t，是典型大型冶金成套设备，如图 1、图 2 所示。

图 1　大型液压滚切式横切剪　　　图 2　大型液压滚切式纵切剪

1. 发明了液压缸驱动复合连杆机构的钢板滚动剪切新方法，该剪切方法获发明专利

通过建立以机构参数 l_1、l_2、l_3、l_4、l_5、l_6、l_7、l_8、l_9、θ_1、θ_2、θ_3 为设计变量，以上圆弧剪刃所在连杆的定瞬心线Ⅱ、动瞬心线Ⅰ分别与直线下剪刃、圆弧上剪刃重合做纯滚切运动（图3），以切入段剪切力峰值最小为综合目标函数的 11 杆 2 自由度的 PR-8R-PR Ⅲ级杆组剪切机构（见图4）的优化数学模型，求解出了最佳的剪切机构及其几何参数尺寸。在剪切机构运动学分析过程中，假设圆弧上剪刃为机构的原动件，通过建立的滚切方程求解出刀盘上关键点 C、D、M 的轨迹曲线。再通过建立的剪切机构矢量位置环方程，逆向求解出剪切过程各阶段两个伺服液压缸的位移和速度。同时，准确地给出了机构几何尺寸及开口度、剪切角、液压缸速度和位移等参数变化对纯滚切运动精度、剪切力、传动功率等关键技术指标的影响规律，进而建立了剪切机构工艺参数自动调整模型，实现了宽厚板宽度和厚度全部规格范围内的纯滚动剪切，解决了剪切机构不能调整和剪切宽厚板时剪刃相对钢板表面产生滑动，造成严重质量缺陷的世界难题。创新出大型液压宽厚板滚切方法，该剪切方法获得技术发明专利，为提高宽厚板的剪切质量奠定了技术基础。

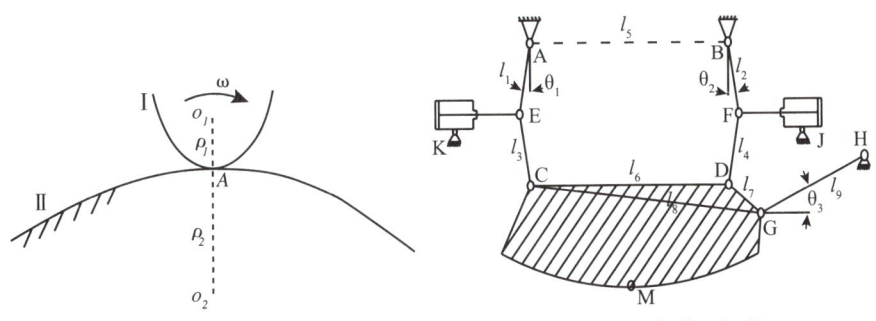

图 3　刚体在固定曲面上的纯滚切运动　　　图 4　复合连杆剪切机构图

2. 发明了液压滚切剪整机结构，获得大型冶金设备整机发明专利

滚切剪的多杆剪切机构要承受上千吨的重载剪切力，对机构运动精度和结构刚度、强度要求严格。因此，将11杆滚动剪切机构向剪切机具体结构转化是一个难题。通过建立剪切机构动力学方程，精确求解出各构件的载荷特性，建立了各构件的设计方法，优化出多个伺服液压缸、上下连杆、导向杆、上机架的具体结构及相互连接形式，创新出组合式预应力机架结构、双向斜楔剪刃间隙调整及快速换刀等装置（图5），实现了整机的高强度、高刚度、高可靠性及运动平稳等特性，创新出大型液压宽厚板滚切剪技术与装备，获得了大型冶金设备整机发明专利。该机省略了50余t联合减速机、30余t大曲轴等传动装置，设备结构大幅简化，整机重量减轻40%以上。

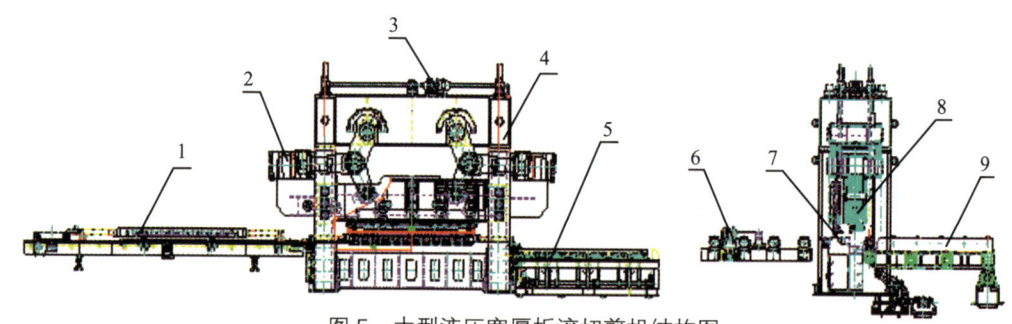

图5 大型液压宽厚板滚切剪机结构图

1-换刀装置；2-液压缸连杆传动机构；3-剪刃间隙调整装置；4-机架；
5-出料装置；6-对中装置；7-下刀架；8-上刀架；9-摆动辊道

3. 发明了液压滚切剪机的液压伺服系统及控制方法，获核心技术发明专利

（1）发明了液压滚切式金属板剪切机的液压系统。采用非对称伺服阀控制非对称液压缸方法，建立多变量解耦矩阵和多缸运动方程以及无节流损失的压力和位置双向精确控制方程，求解得到剪切机构电液伺服控制系统的数学模型，对剪切机构和剪切过程动力学特性和控制机理进行了系统分析研究，创新出液压滚切式钢板剪切机的液压系统（图6），实现了重载荷、大行程及强冲击条件下多个伺服缸同步及协调运动的精确控制，解决了伺服液压缸重载推出和重载回退运动误差大难题；同时采用多台恒压变量泵与蓄能器组组合供油方式，建立了基于油温、负载及泄漏的流量精确控制模型，创新出液压泵、蓄能器组和伺服阀的多约束同步控制技术。液压伺服系统具有更高的可控性

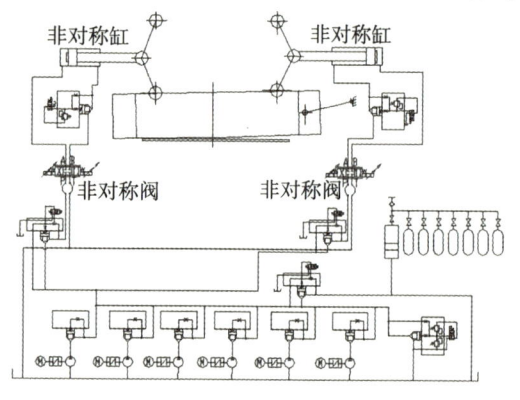

图6 液压系统原理图

和运动平稳性，减少了能耗，增加了有效剪切力，提高了效率，获核心技术发明专利。

（2）发明了一种液压滚切剪的控制方法。通过高速数据采集模块读取液压缸的位移和压力检测信号，精确计算出液压伺服阀零漂补偿量，创新出动态补偿液压伺服阀零漂的方法。针对液压剪切机重载，大流量，大行程的运动控制特点，建立了多缸协调运动的剪切机构系统传递函数，根据各液压缸位移和压力反馈信号，以纯滚动剪切为目标实时调整各缸的控制参数，实现了两缸或四缸滚动剪切轨迹的精确控制。将剪切机构动力学方程带入多缸系统传递函数，获得宽厚板剪切控制模型（图7）。该模型能够根据被剪钢板强度、厚度及宽度自动调整剪切角、开口度、剪切速度等参数，保证了定尺剪和双边剪实现了纯滚动剪切，提高了钢板的剪切质量和生产效率，获核心技术发明专利。

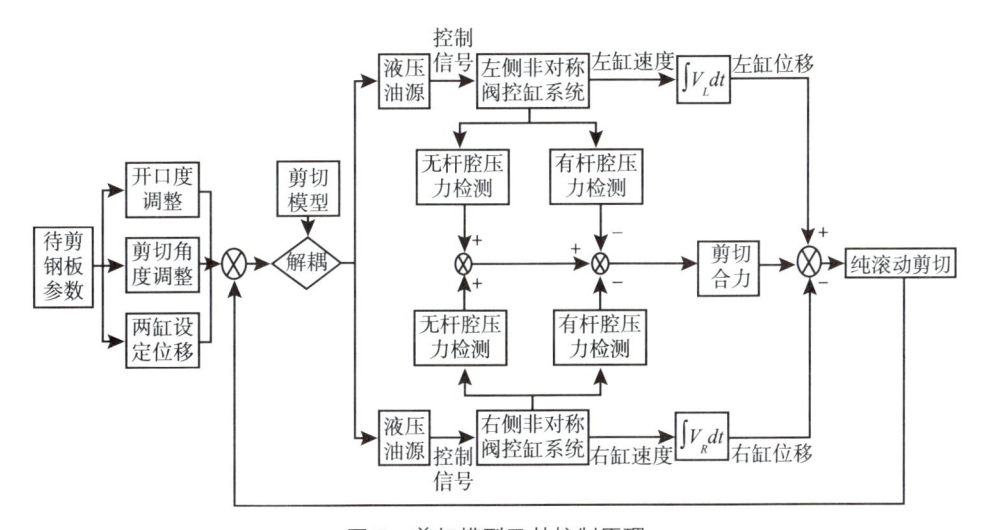

图7 剪切模型及其控制原理

4. 发明出双侧卧式液压缸增力布置结构及倾置角度设计方法，获核心技术发明专利

大型宽厚板液压滚切剪机剪切力高达1600t，驱动伺服液压缸行程达400mm。若按照传统竖直驱动方案，两个液压缸将承受重载荷和强冲击，导致其体积增大、压力增高及运动摆角增大，液压缸磨损加剧和可控性能急剧下降，成为制约提高剪切力和增加剪切厚度的瓶颈。通过将两个驱动伺服液压缸与机架卧式铰接，由液压缸驱动与其连接的上下两个连杆作转动和移动的复合运动，进而驱动上刀架带动圆弧形上剪刃做滚切运动。将卧式铰接的液压缸活塞杆轴心线与两个连杆形成特定的角度（图8），液压缸的推力在连杆轴线上得到放大。为实现最大的增力效果和最小的液压缸摆动角度，创新出双侧传动液压缸卧式倾斜角度设计方法。该增力机构使得剪切力放大约为液压缸推力的两倍，减小了剪切过程液压缸的摆角，解决了剪切宽厚板能力不足和液压缸严重磨损的难题，扩大了剪切钢板的强度和厚度范围，获核心技术发明专利。

5

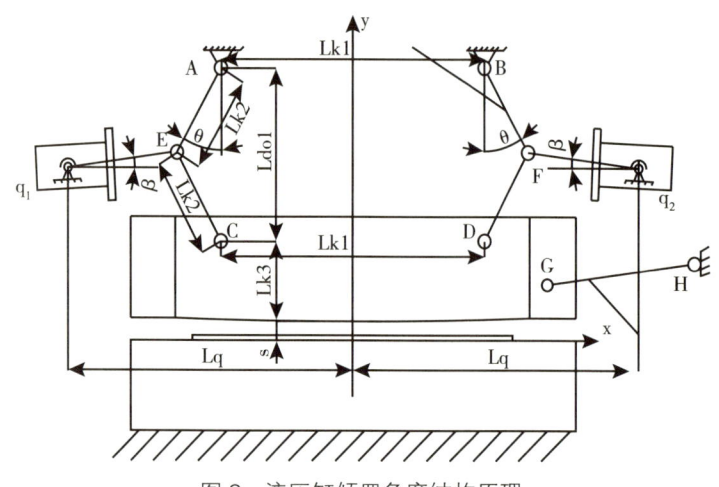

图 8 液压缸倾置角度结构原理

LK1– 传动连杆铰接点 C、D 距离；LK2– 传动连杆 AE、EC、BF、FD 长度；
LK3– 铰接点 C、D 与下剪刃最低点垂直距离；Ldol– 传动连杆 AE、CE 和 BF、FD 的垂直距离；
s– 上下剪刃开口度；Lq– 液压缸铰接点与剪机中心距离；θ – 传动连杆安装初始角度；β – 液压缸安装角度

5. 开发了大型宽厚板滚动剪切机数字化控制系统

（1）整条线可实现同步协调数字化智能控制。

由于钢板规格多样、材质品种不一，为了得到较佳的剪切质量，必须根据来料合理调整剪刃间隙，控制剪切速度。传统剪切方式无法自动根据板厚调整剪刃间隙以及剪切速度，产品品种更换时必须浪费大量的时间进行人工调整，严重影响工作效率不说，还直接受制于工人的技术水平。为了实现剪刃间隙及速度的自动控制，将矫直机及轧机的相关参数与剪切机自动控制系统实现数据共享，有效地减少了产品规格更换时的调整时间，减少了废品率，提高了生产效率。

（2）控制系统高度集成。

控制系统具备故障自诊断和运行监控功能，可实时检测设备的运行状态，包括轴承温度、润滑油量、液压、气压、水量以及过流、过载等状态，可通过计算机控制系统运行，并且随时记录运行状态。该系统也可在远程进行故障分析和参数调整。

6. 实现了液压剪切机全数字化运行

（1）面向对象软件编程。

针对不同的原料软件，可现场灵活编程，实现剪刃间隙和剪切速度的自动调整，缩短设备调整时间，大大提高了生产效率。

（2）运行状态监测—故障诊断。

剪切机是生产线上的一台设备，如果停机则严重影响整条线的生产，可靠性非常重要，通过对剪切机工作过程的深入研究，自主开发了剪切机运行监控系统，运行监控系统包括自诊断系统和远程监控两部分。

（3）远程监控。

监控并直观显示剪切机的工作状态是该系统的一个重要功能，实时读取数据，在中心服务站的 PC/PG 中打开 wincc flexible 软件，对所需要的数据在该软件画面窗口运行，画面中包括了与剪切机相关的传动简图、运行状态、报警记录、辅助状态等状态数据，单击任何一个按钮相应弹出具体的子画面。

三、实施结果

本项目突破了传统金属板材滚切设备具有结构复杂、重载、运动精度要求高等难点，开发出具有自主知识产权的大型液压宽厚板滚切剪技术与装备，打破日本 MHI 和德国 SMS 等国际公司技术垄断的格局，提高了我国剪切设备整体工艺水平，实现了滚切剪技术跨越发展。智能、高效液压宽厚板滚切剪机的研制成功可完全实现生产高端装备及国防等行业所急需的高质量钢板装备国产化，推动我国钢铁工业的健康发展，具有较高的经济效益和社会效益。其智能、高效的优点对建设资源节约型、环境友好型社会具有重要推动作用。

四、当前存在问题

通过十余年的发展，第三代宽厚板剪切设备已成功应用于我国宽厚板生产线上，对我国钢铁产品质量提升、效率提高起显著的作用。目前，世界上宽厚板剪切设备技术已经进入数字化的第四代，它比第三代更加智能、绿色、可靠，我们应加强原始创新，使我国在该领域与世界同步。

五、展望

数字控制系统在剪切机上的成功运用，大大缩短了生产线的检修时间，打破系统无故障运行时间最长纪录，降低了对使用人员技术水平的依赖，对减能增效，降低产品成本具有很大的优势，提高了中厚板生产设备的市场竞争力，利用这些设备生产出的产品在世界中厚板市场中也将更有竞争力。

案例 2
大型宽厚板矫直成套技术与装备

太原科技大学

大型宽厚板矫直装备为宽厚板生产线的核心设备，直接决定产品质量。项目针对钢铁企业中厚板生产线上大型钢板矫正设备不能满足生产质量及能力要求开展研究，通过矫直理论分析、数字化设计及制造、智能数字控制的方法和技术，开发了数字化宽厚板矫直工艺及装备技术，创立了一种大型钢板矫正机成套装备，获得了全部自主知识产权，为我国重大装备技术进步提供了重要的技术支撑。

一、导语

大型宽厚板矫直成套技术装备为宽厚板生产线的核心设备。针对钢铁企业中厚板生产线上大型钢板矫正设备不能满足生产质量及能力这一问题，太原科大重工科技有限责任公司联合太原重工股份有限公司等单位研发了一种大型钢板矫正机成套装备，并获得了全部自主知识产权，为我国重大技术装备技术进步提供了重要的技术支撑。

宽厚板矫直成套技术装备可以改善板材板型、消除残余应力，是获得合格产品的必要工序，由于其结构复杂、受力大，精度要求高、控制复杂，使研发难度大大增加。为此，公司专门成立了由教授、博士组成的课题组，课题组经过十余年艰苦探索，采用现代设计方法和控制技术，发明了一种矫直工艺模型技术和新型矫正机装备技术。该矫正工艺技术与装备具有全部知识产权、矫直质量高、生产效率高等特点，深受大型钢铁企业的欢迎。近年来，在太钢、济钢、酒钢、新余、舞阳等生产线已广泛应用该技术。在太原钢铁公司和酒泉钢铁公司等国内仅有的两条不锈钢中厚板生产线上，都采用了该项技术，表明该技术在不锈钢等极端难矫直的特种钢板领域具有显著优势。该装备高达 10 余米，重达 450 余吨，是典型的复杂大型冶金成套装备。该装备生产钢板产品质量和生产效率均达到了国际领先水平，获 2010 年度国家科技进步二等奖。

二、关键技术及创新点

大型宽厚板矫直机主要由本体部分、传动系统、换辊装置、自动化系统、电气系统、液压润滑系统六大部分组成。其中本体部分包括：预应力机架、液压压下装置、活动横梁、弯辊装置、上辊系、下辊系等部分。传动系统由两台 650kW 交流变频电机、联合减速机、分组传动及调速控制等系统组成。自动化系统由 IBA 数据采集系统、6 台工程师站/操作员站、2 台带有心跳的服务器、2 台 S7-400 PLC 及交换机等部分组成。液压润滑系统包括 4 缸液压压下 AGC 系统、油气润滑系统及稀油润滑系统等部分组成。该设备高度达到 10 余米，重 500 余吨，矫直压力达到 3500t，年产（2800～5000）mm×（6～100）mm 高强度宽厚钢板达 180 万 t，是典型大型冶金成套设备。大型宽厚板矫直机结构见图 1。

（1）创立了宽厚板矫直新理论，发明金属板自动矫直工艺参数优化方法，获钢板矫直工艺核心技术发明专利，并通过现代计算方法，使理论得到充分验证和扩展。

宽厚板矫直涉及多物体接触弹塑性接触力学问题，具有多重非线性，求解过程十分复杂，用现有理论和方法计算矫直力和矫直压下量误差在 40% 以上，不锈钢等特种材料误差更

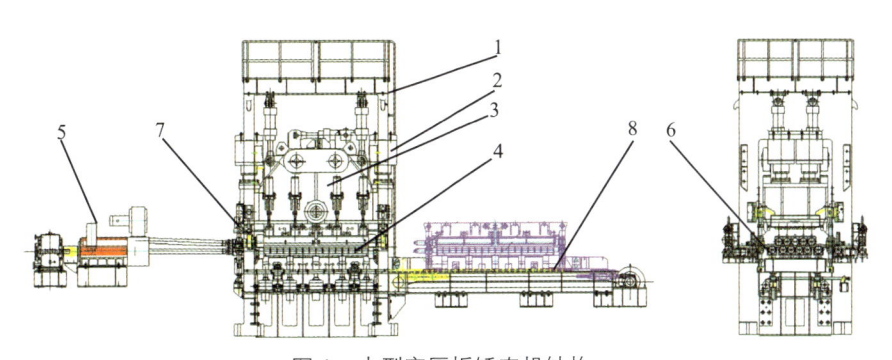

图 1　大型宽厚板矫直机结构

1- 机架；2- 液压压下系统；3- 弯辊装置；4- 辊系装置；
5- 传动系统；6- 边辊装置；7- 接轴装置；8- 换辊装置

大，理论难以指导实际，导致高精度矫直工艺开发十分困难。在多项国家项目支持下，课题组提出了包括应力中性层偏移理论、摩擦接触边界元法、微张力矫直理论、矫直包辛格效应及 σs 动态智能求解等理论和方法在内的宽厚板弹塑性弯曲变形新理论，创立了宽厚板矫直新理论，保证了理论求解精度，理论解与实验结果误差不超过 5%。在此基础上开发了新的宽厚板矫直工艺，保证了宽厚板的矫直质量和矫直效率。使得钢板矫直质量和效率均提高 30% 以上。提出了宽厚板矫直中性层偏移理论。原来钢板矫直解析公式中都是假设钢板中心为弯曲应力分布对称中心。经研究发现这两个中心不重合，并创立出钢板弯曲时应力分布对称中性层相对钢板几何中性层偏移理论公式，这是一个历史性的突破。以该理论为基础推导出了宽厚板矫直新公式。建立了摩擦接触快速边界元法。原来钢板矫直解析公式对接触压力和摩擦力在接触面上的分布都无法求解，直接影响建立弹塑性弯曲变形方程。项目建立了多物体摩擦接触问题快速边界元法控制方程，使得近百个矫直工作辊、支承辊与钢板有摩擦接触问题的压力和摩擦力分布得以快速高精度求解。建立了宽厚板 σs 动态智能求解方法：宽厚板矫直是在 0～950℃温度和在 0～2m/s 速度等条件下完成的，因此矫直变形材料 σs 不是一个定值，而是与温度和速度等因素有关的变量，对其求解十分困难。项目利用解析加测试的联合技术建立了 σs 动态智能求解方法。将上述理论和方法、包辛格效应影响、微张力矫直理论等综合集成，创立了宽厚板矫直新理论和方法，求解出中性层偏移量 e、材料屈服限 σs、弹塑性弯曲曲率、矫直弯曲力矩及矫直压力等计算理论公式。在理论分析研究基础上并应用其研究结论，通过大型有限元软件和边界元软件，实现虚拟矫直过程，使理论得到充分验证和扩展。

该矫直理论保证宽厚板矫直力能参数的求解精度和效率，适用产品范围大，为金属板带自动矫直工艺及大型宽厚板矫直装备开发奠定了坚实基础。以该理论为基础创新出了金属板自动矫直工艺参数优化方法获得发明专利，在核心矫直工艺技术方面形成自主知识产权，该工艺技术使得钢板矫直质量和效率均提高30%以上。

（2）采用数学优化方法，发明了组合辊系矫直技术及成套设备，获得大型冶金设备整机发明专利。

受到矫直辊系能力的限制，目前国内外的宽厚板矫直机钢板厚度范围均限定为$H_{max}=4H_{min}$。这个厚度范围与生产实际需求有很大差距，但要突破这个厚度范围，设备开发十分困难。在已经研制出宽厚板的矫直理论方法的基础上，给出了钢板在变辊径变辊距辊系中连续矫直的可通过性解析公式，给出了组合辊系优化设计方法及数学优化方法，在整个辊系设计空间内求解最优值，成功解决了钢板在组合辊系中严重跑偏、撞辊、缠绕、堆钢及咬入等技术难题，项目创造出包括大、中、小辊径的15辊组合而成的辊系（图2）。取代了原来单一辊径的辊系，使得宽厚板矫直机钢板厚度范围扩大为$H_{max}=7H_{min}$，厚度范围扩大了近1倍，一台可取代现有两台设备。该技术为国内外首创，获大型冶金设备整机发明专利。

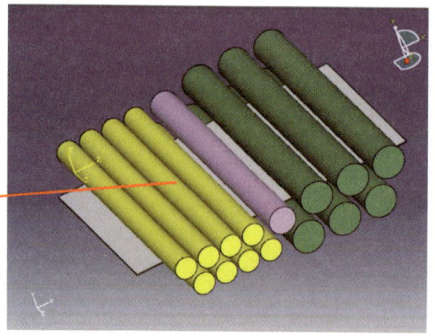

图2　15辊组合宽厚板矫直机及辊系结构

（3）发明出的金属板带矫直机压下系统，实现压下系统数字化控制。

宽厚板矫直力达到3500多吨，要求矫直机有很高的刚度和强度。压下机构和运动都很复杂，又要求压下速度快并且位移精度高及四精确同步。同时要满足重载力学特性和运动学特性的双重要求，导致压下系统开发十分困难。项目创造出了空间12杆机构矫直机压下系统（图3）。

项目首先在压下螺丝位置控制上采用数字伺服控制电机，使压下螺丝位置控制快速精确，为整个压下系统建立稳定、可靠、快速地运行创造良好的基础，同时把4个压下伺服油缸作为主动压下原动件，正好与4个自由度相适应，该空间机构就有了可靠确定的运动状态。该伺服油缸行程短，可控性及稳定性好。研制出了高精度位移及四缸同步性的控制方法、控制软件及专用控制器，使四缸伺服压下系统压下速度为15mm/s，位移精度达到0.01mm，同步性好。实现了精确辊缝定位，同时还具有恒辊缝控制、动态压下，保证了高质量矫直。实

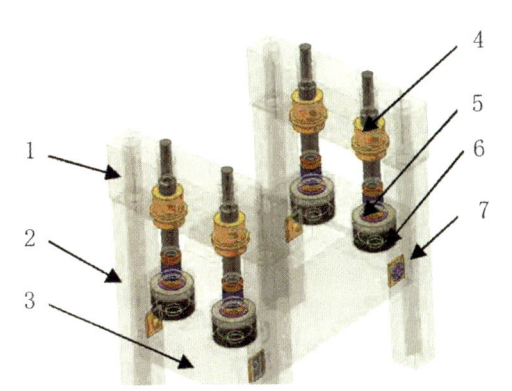

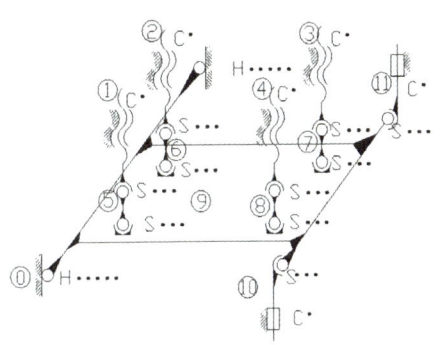

1- 上横梁；2- 立柱；3- 活动横梁；
4- 螺丝螺母；5- 双球面垫；6-AGC 油缸；
7- 滑导板组

C- 移动副或螺旋副；S- 球面低副；
H- 球面高副；·- 自由度个数

图 3　宽厚板矫直机空间 12 杆机构压下系统

现整套空间 12 杆压下机构数字化控制，有效解决了压下系统容易破坏压下伺服油缸、压下螺母、球面垫、矫直辊轴承等常见问题。辊系使用寿命提高了 1 倍，板材头尾切割长度减少 60%，提高成材率 0.5%。用该技术研制出液压伺服控制宽厚钢板矫直机，使液压伺服控制矫直机实现国产化，打破了国外技术在该领域的长期垄断。

（4）研制出宽厚板微张力矫直的理论、结构设计方法、传动数字控制技术。

现有宽厚板矫直机矫直辊同速传动，无速差，无张力，导致在矫直板材的过程中产生负转矩。负转矩现象将造成接轴损坏、矫直辊与钢板面打滑，破坏板材的矫直质量。提出了一种全新的矫直机微张力加弯曲压力联合作用的矫直系统，研制出分组传动矫直辊传动系统结构。创造出弯曲压力与微张力联合矫直技术。将矫直辊系分开两组或三组传动，通过采用数字化传动控制技术，使各传动组速度差速实现微张力调节与控制，建立了矫直速度 Vi/ 扭矩 Mi 控制理论及矫直速度 / 扭矩控制转换工艺，可矫直实现 0 ~ 0.5% 的延伸率，大大提高了高强度薄规格钢板矫直质量和矫直机关键部件的寿命。生产实践表明，薄规格钢板平直度不良率同比下降了 35% ~ 70%，传动接轴损坏率降低 60% 以上。

（5）采用数字化设计和虚拟装配制造技术，研制出大型宽厚板矫直成套技术装备，创造出 7 辊、9 辊、11 辊及 15 辊等大型钢板矫直机，形成宽厚钢板矫直机完整系列，均已成为我国宽厚板生产线上主力机型。

将上述宽厚板矫直技术综合集成，再加上新研制出的预应力机架、活动横梁、弯辊装置、换辊装置、自动化系统、电气系统及液压系统等，在整个研制过程中采用数字化设计和虚拟装配制造技术，大型商业软件 inventor、abaqus、ansys 等应用到设计和制造的众多环节，创造出 7 辊、9 辊、11 辊及 15 辊等大型钢板矫直机，形成宽厚钢板矫直机完整系列，均已成为我国宽厚板生产线上主力机型，该项目已经获得发明专利 10 余项，总体技术水平及技术经济指标达到国际领先水平，形成大型宽厚板矫直关键技术及成套技术装备全部自主知识产权，使得大型宽厚板矫直机全面实现了国产化。

三、当前存在问题

通过十余年的发展，大型宽厚板矫直设备已成功应用于我国宽厚板生产线上，对我国钢铁产品质量提升、效率提高起显著的作用。目前，世界上宽厚板矫直设备技术已经进入数字化的第四代，它更加智能、绿色、可靠，我们应加强原始创新，使我国在该领域与世界同步。

四、展望

我国正从钢铁大国到钢铁强国的转型发展阶段，通过行业结构调整，解决钢铁行业产能过剩问题。矫直设备作为在不扩大产能条件下提高产品质量和品质的重要设备，市场容量不断增加，除在线重型热矫直机外，预矫直机、冷矫直机等新工艺装备已陆续新增。本项目发明了一种矫直工艺模型技术和新型矫正机装备技术，该矫正工艺技术与装备具有全部知识产权、矫直质量高、生产效率高等特点，近年来，在太钢、济钢、酒钢、新余、舞阳等生产线的应用，该项技术表现出很强的竞争力，市场前景广阔。

案例 3
数控技术在无缝钢管热连轧生产线中的应用

太原通泽重工有限公司

为了打破工业发达国家的技术垄断,实现连轧管生产线的国产化和产业化,课题组以无锡西姆莱斯石油专用管制造有限公司年产 50 万 t 石油专用管工程建设项目为依托,应用数字化技术成功开发出系列化无缝钢管热连轧生产线成套设备。

一、导语

目前无缝钢管的生产主要有冷轧、冷拔、挤压和热连轧等工艺,冷轧、冷拔工艺主要用于生产薄壁和小直径钢管,挤压工艺主要用于不锈钢、铜铝等软材料的生产,热连轧工艺具有生产效率高、投资/吨钢小、产品直径壁厚涵盖范围宽等诸多优势,是现代无缝钢管、特别是高端无缝钢管的主要生产方式,是国际冶金和装备制造业公认的技术难度大、自动化程度高的重大技术装备。

图 1 热连轧无缝钢管生产设备现场

无缝钢管热连轧机组及生产线是生产制造各种规格无缝钢管的专用设备,整条生产线由环形加热炉、锥形穿孔机、机架、芯棒循环和冷却系统、脱管机、定径机或张减径机组、冷床,液压系统,电气传动和自动化控制系统等组成,其核心是电液伺服控制的热连轧机组,是集机、电、液、计算机控制技术于一体的大型复杂机电装备。图 1 为太原通泽重工有限公司自主研发的我国首条连轧管生产线,其中突出部分为连轧机组。

通泽重工制定的无缝钢管热连轧生产工艺过程如图 2 所示。

管坯 → 分断 → 加热 → 锥形穿孔 → 限动连轧 → 定减径 → 冷床 → 切定尺

图 2 无缝钢管热连轧生产流程

二、工艺与设备

1. 轧辊直压式调整

传统的三辊连轧管机组压下采用摆臂式结构，基本原理如图3（a）所示，其不足是：①在压下调整过程中，轧辊孔型中心相对轧制中心线会有偏转，为保证孔型中心的精度，需在轧辊与摆臂间安装精确的调整垫片，并需要在专门的小车装配机床上进行尺寸的标定；②摆臂式的轧辊结构造成了轧辊和压下缸的调整量不一致，在运行过程中需要实时地换算，增加了控制系统的复杂性和控制难度；③设备的调整环节较多，易于产生一些设备故障或缺陷，并且离线调整影响生产时间，设备的有效作业率较低；④开式机架的设备刚性偏低，影响荒管的尺寸精度和表面质量；⑤在轧制薄壁管时容易出现尾三角等缺陷。

为了克服现有技术的不足，本项目负责人杨泽和郭继保创造性地提出采用直压式的控制方式进行改进，此项技术获得了2项发明专利授权。图3（b）、图3（c）所示为新型直压式三辊连轧机组结构及控制原理。

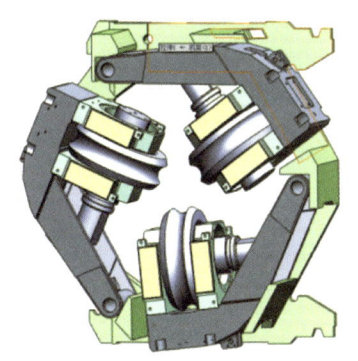

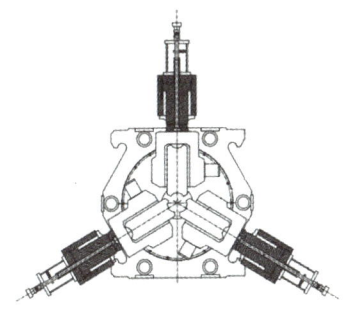

（a）摆臂式压下结构原理　　（b）直压式压下控制结构　　（c）直压式压下结构原理

图3　三辊轧机压下结构及控制原理

2. 电液伺服压下控制技术

（1）双伺服阀冗余高动态轧辊压下技术。

提出采用两个商业上供货方便的通用伺服阀控制各个压下辊，既满足高动态响应要求，又能补偿差动缸的面积差，如果其中一个伺服阀出现故障，另一个阀独立驱动，构成冗余回路，又提高了系统可靠性，其基本原理如图4所示。

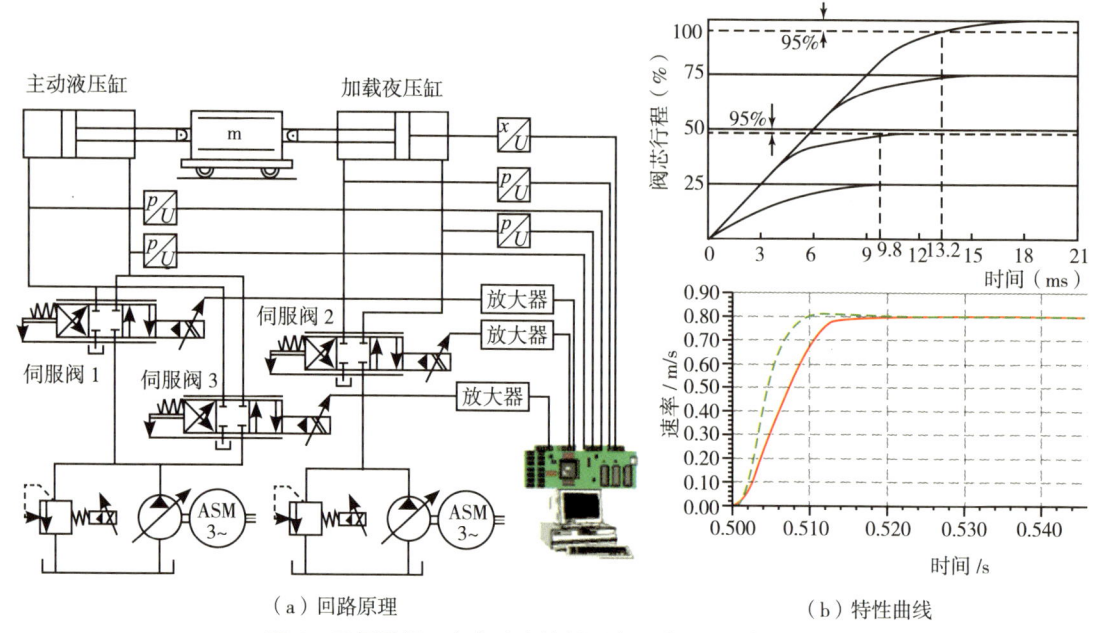

（a）回路原理　　　　　　　　　　（b）特性曲线
图 4　双伺服阀冗余高动态控制系统回路原理及特性曲线

新的回路原理之所以能提高系统的动态响应，是基于现有伺服阀动态响应的非线性特征，图 4（b）是典型的伺服阀阀芯位移阶跃响应曲线，表明阀响应快慢和阀芯的位移量有关，同一规格的阀，阀芯位移越小，响应越快，频率响应越高，频带越宽。如：阀芯位移为 50% 时响应时间为 9.8ms，阀芯位移为 100% 时响应时间为 13.2ms。相同的要求流量时，双阀系统伺服阀开度为单阀系统的一半，因此，双阀系统阀芯位移响应快。图 4（b）给出了实际的测试结果，显著加快了系统的动态响应。

（2）头尾减薄轧制工艺。

通泽重工连轧管机采用钢管头尾减薄生产工艺，通过实时调整辊缝和轧辊转速，可实现连轧管机后荒管头尾端相对中间部分的逐渐减薄，可抵消定减径造成的增厚，从而减少定张减增厚造成的切头损失。

通泽重工自主开发了连轧管机轧制工艺数模，结合自主开发的辊缝液压伺服控制系统，保证实现了轧制过程的辊缝动态调整，实时监控、分配连轧管机各机架上的负荷，保证了轧制的稳定性。头尾减薄工艺模型如图 5 所示，用头尾减薄技术可减少切损 1%～1.2%，以年产 70 万 t 无缝钢管计算，每年可减少头尾切头损失 5000 万元以上。头尾减薄伺服控制原理如图所示，其中图 6（a）和图 6（b）是使用头尾减薄技术前后的各位置壁厚曲线，从图中可以看出，张减后成品管削尖前距离管端 600 处壁厚有明显的增厚，增厚约 0.3～0.4，削尖后壁厚增厚现象有明显改善。

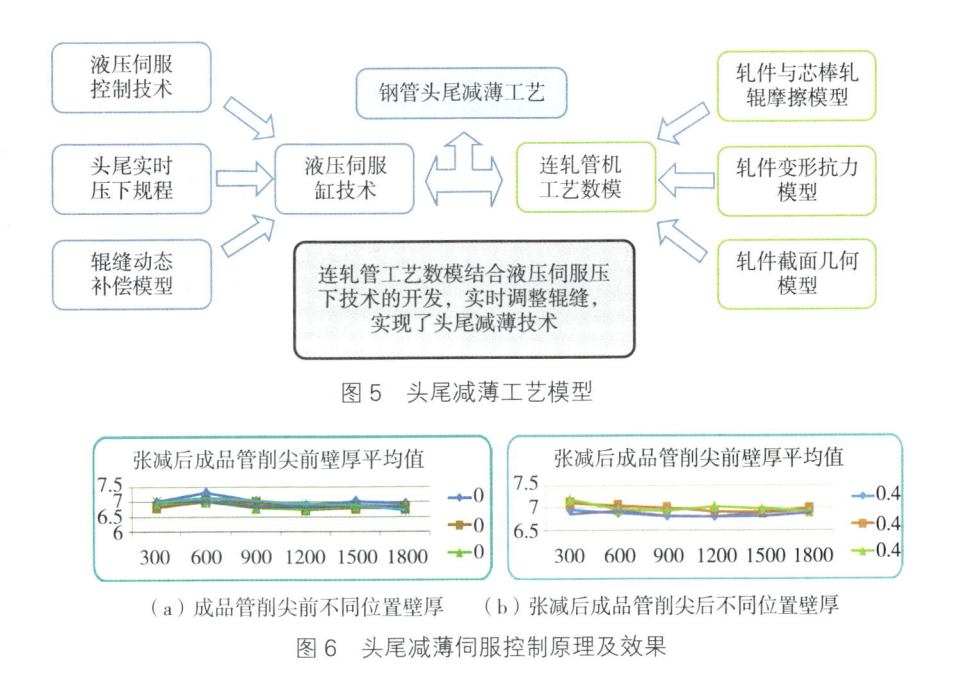

图 5　头尾减薄工艺模型

（a）成品管削尖前不同位置壁厚　　（b）张减后成品管削尖后不同位置壁厚

图 6　头尾减薄伺服控制原理及效果

3. 连轧管机侧换辊技术

无缝钢管连轧机组在生产过程中，经常会因某一轧辊产生缺陷而影响产品表面质量，需要对出现故障的轧辊进行监测或更换。为了解决上述问题，本项目负责人杨泽和郭继保创造性提出了全新的连轧管机侧向换辊技术，该技术已获得发明专利授权，图 7 为配合直压式轧制方式的轧辊快速分离装置结构原理图，图 8 为直压式轧制方式的轧辊快速分离装置工作示意图。

轧辊的快速分离调整装置包括：轧辊 1、轧辊架 2、在轧辊架 2 上固定设置的连接块 3、大油缸 8、小油缸 16 和设置在大小油缸之间的连接架 14。轧辊 1、连接块 3 和轧辊架 2 固定连接组成轧辊系统；大油缸 8，小油缸 16 和设置在大小油缸之间的连接架 14 固定连接组成轧辊调整系统。轧辊调整系统的执行件是大油缸活塞 9 和 T 形活塞杆的 T 形头 6。

其工作过程是：小油缸压力腔进油口 18 进油，推动 T 形活塞杆的杆体 7 和 T 形活塞杆

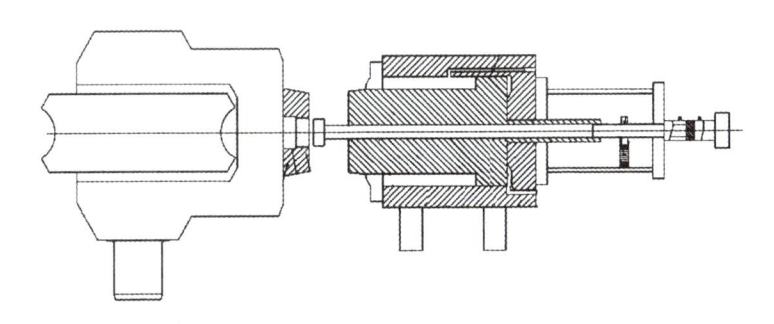

图 7　直压轧制方式的轧辊快速分离装置结构原理图

（a）二辊连轧机组　　　　　　　　　（b）三辊连轧机组
图 8　直压轧制方式的轧辊快速分离装置工作示意图

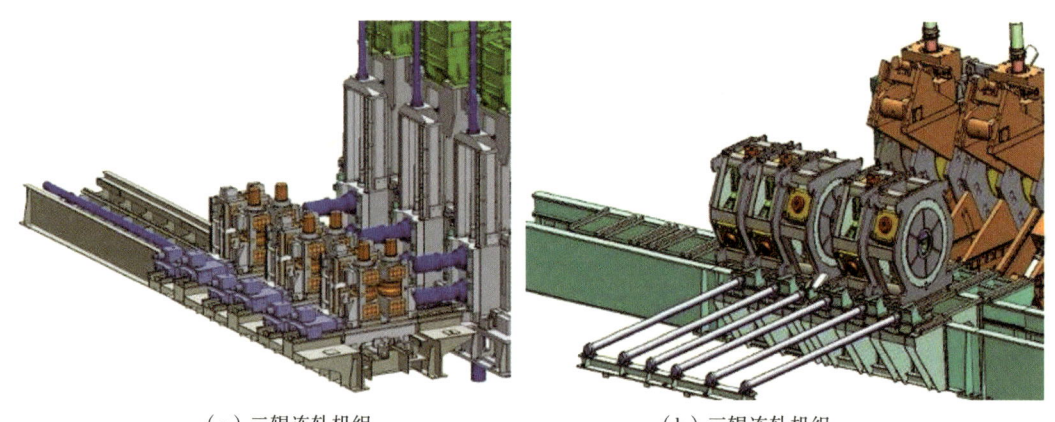

的 T 形头 6 伸出油缸，并穿过连接块 3 上的一字形孔 5 到达圆柱形孔 4 的底部；控制油缸 24 伸出，活塞推动齿条 21，齿条 21 推动相啮合的齿轮 20 转动，齿轮 20 把转动传给 T 形活塞杆的杆体 7，并带动 T 形活塞杆旋转 90°，T 形头 6 在圆柱形孔 4 中处于锁死状态。此时小油缸回程腔进油口 19 进油，推动 T 形活塞杆的杆体 7 和 T 形活塞杆的 T 形头 6 缩回油缸，当连接块 3 上端面贴紧大油缸活塞 9 的端面时，控制油缸系统处于调整状态，即大油缸活塞 9 运动时，小油缸随动，并保持连接块 3 上端面贴紧大油缸活塞 9 的端面。大油缸压力腔进油口 11 进油，推动大油缸活塞 9 伸出油缸；大油缸回程腔进油口 12 进油，推动大油缸活塞 9 缩回油缸，实现了轧辊的调整。

当需要分离时，控制大油缸处于静止状态，控制小油缸压力腔进油口 18 进油，推动 T 形活塞杆的杆体 7 和 T 形活塞杆的 T 形头 6 伸出油缸，连接块 3 上端面和大油缸活塞 9 的端面分离，电控柜控制油缸 24 缩回活塞拉动齿条 21，齿条 21 推动相啮合的齿轮 20 转动，齿轮 20 把转动传给花键配合的 T 形活塞杆的杆体 7 并带动 T 形活塞杆旋转 90°，T 形头 6 和连接块 3 上的一字形孔 5 处于重合状态。此时小油缸回程腔进油口 19 进油，推动 T 形活塞杆的杆体 7 和 T 形活塞杆的 T 形头 6 缩回油缸，实现了轧辊和轧辊调整装置可以快速地脱开。本技术的优点如下：

（1）不需要整体拆解，即可快速更换任意机架，节省了轧机辅助时间，提高了效率。

（2）将轧辊的压下缸和轧辊的平衡系统集成在一起，使机架结构简单，装配和维护容易。

（3）在换辊时不需要拆除平衡系统的液压管路，不存在漏油和污染，而且为自动换辊提供了可能。

4. 连轧管生产线工艺参数计算系统（TTDS）

连轧管生产线工艺参数计算系统是本项目针对无缝钢管连轧生产研发的质量控制计算机

系统。实现了一键调整，大大减少了生产准备时间、提高了设备调整的准确性。该系统已申请软件著作权，系统组成结构如图9所示。

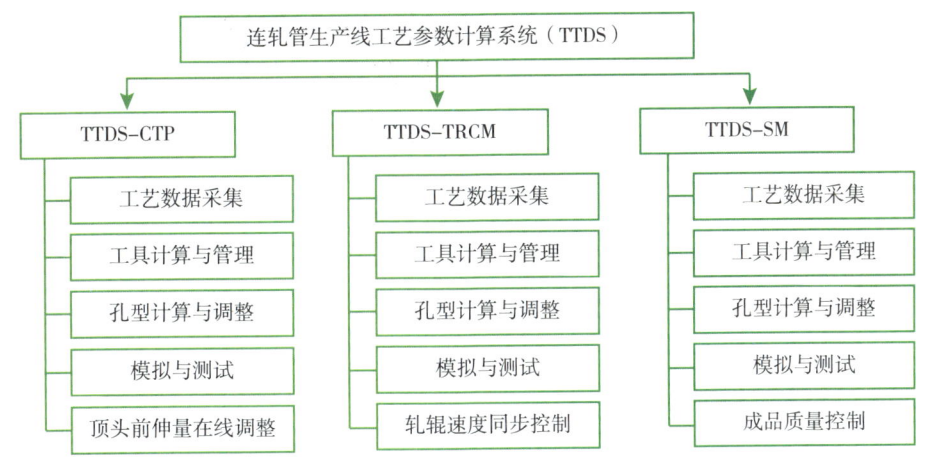

图 9　连轧管生产线工艺参数计算系统组成示意图

工艺数据采集——TTDS数据采集模块实时采集各机组的设备与生产数据，并为工具和工艺计算提供依据。

工具计算与管理——TTDS可根据生产计划计算出生产所需轧辊等工具规格与尺寸，并可生成平面和三维实体图形，用于对工具进行制造和加工。同时，系统可根据工具的在线使用情况与工具寿命自动对工具做出评估。图10显示工具计算与管理软件的显示界面。

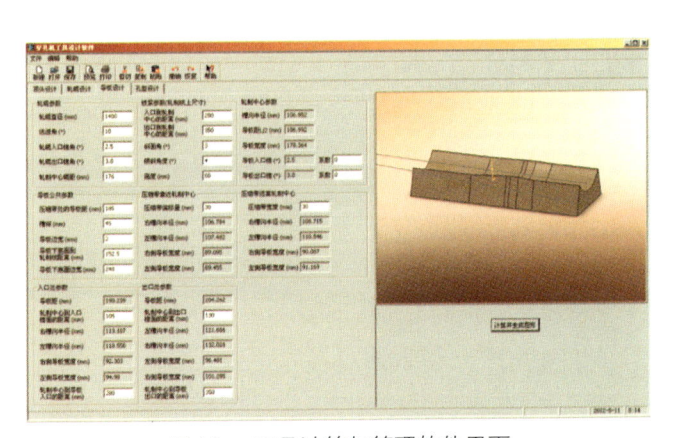

图 10　工具计算与管理软件界面

孔型计算与调整——用户可以使用TTDS对所需的孔型进行设计与校正，并通过HMI接口将设备自动调整为孔型设计要求。

模拟与测试——TTDS可以根据毛管信息和孔型信息利用数学模型对轧制过程进行模拟

与仿真,并对仿真结果进行测算,以便修正孔型的设计。图11是进行孔型计算与调整以及模拟与测试的软件界面。

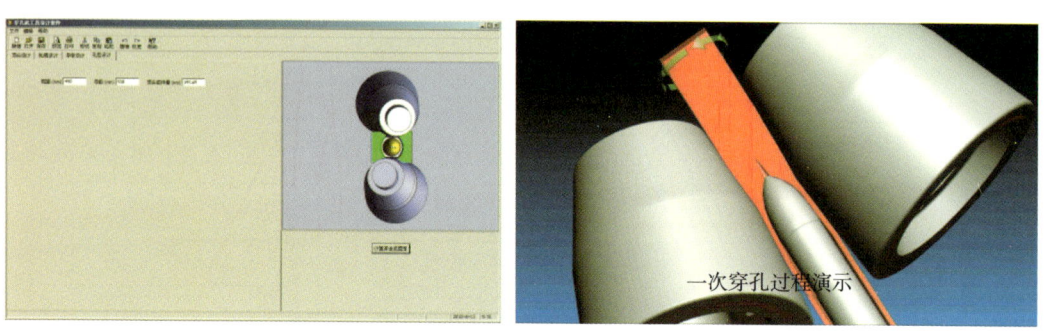

图11 孔型计算与调整、模拟与测试软件界面

轧辊速度同步控制功能——轧辊速度同步控制功能通过检测电机数据与模型计算,实时对主传动电机进行三辊速度同步调节,以保证各机架的金属秒流量相等。

成品管质量控制——管端控制、平均壁厚控制、局部壁厚控制、钢管长度控制、出口速度控制。

5. 故障快速自动检测与故障诊断技术

针对连轧管机组设备的结构和运行特点,综合运用现代测试技术、信号处理技术、计算机技术、人工智能技术等的研究成果,开发了包含监测与数据管理、振动分析、复合故障诊断以及多发组件破损事件信息嵌入的综合等多个模块组成的故障快速检测与诊断系统,具有强大的监测、分析、诊断和数据管理功能。图12为状态监测与数据分析模块的软件界面。

由于在热连轧无缝钢管生产过程中,多数设备处于高速运转状态,要求对故障实现快

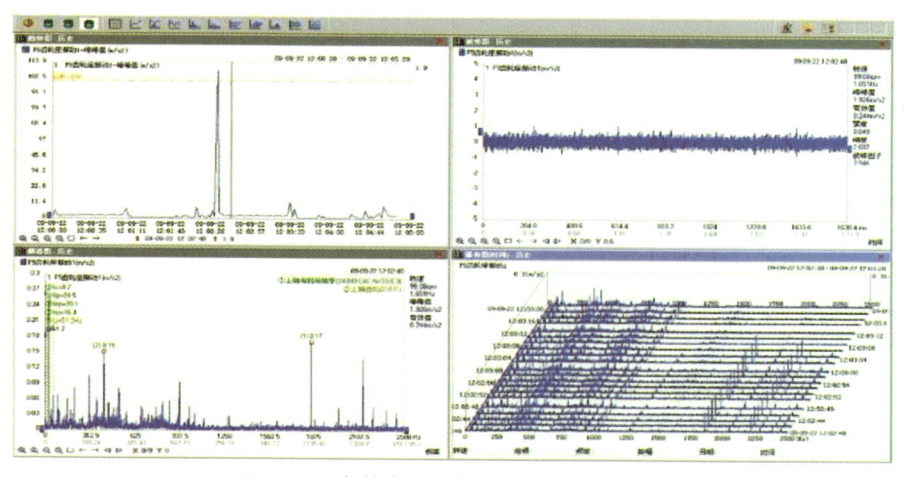

图12 设备状态监测与诊断系统软件界面

速检测、识别及报警。其中最能够直接反应状态变化并较易获取的是设备运行过程中产生的振动信号，而此类振动信号具有很强的非线性特性，为此发明了一种工程非线性振动检测方法。该方法首先将利用加速度传感器所获得的振动信号进行小波非线性阈值滤波，用于去除宽频背景噪声及相应的直流分量，然后去除其中的趋势项，利用Simpson速度和位移计算公式获取相应的速度和位移信号，最后利用相空间分析法获得非线性振动的特征参数。

当这些特征值发生超过该特征阈值的变化，则判定发生了突变。图13为热连轧无缝钢管生产线设备故障快速自动检测的示意图。图中左边为生产线在连续运行过程中，连轧机主传动系统某齿轮座的振动幅值变化趋势。根据平稳段信号与相应阈值的比较，实现故障快速自动检测。当特征值与阈值之比在某一时刻发生了突变，尽管突变前后机组均能保持平稳运行振动，然而该突变事件的发生，则暗示机组的健康状况发生了改变。因此，运用快变报警来描述突变事件，并记录触发报警事件的时刻，存储报警时刻前后的数据，可以更好地掌握设备的运行状况，及时采取相应的措施，预防故障的蔓延和进一步恶化。

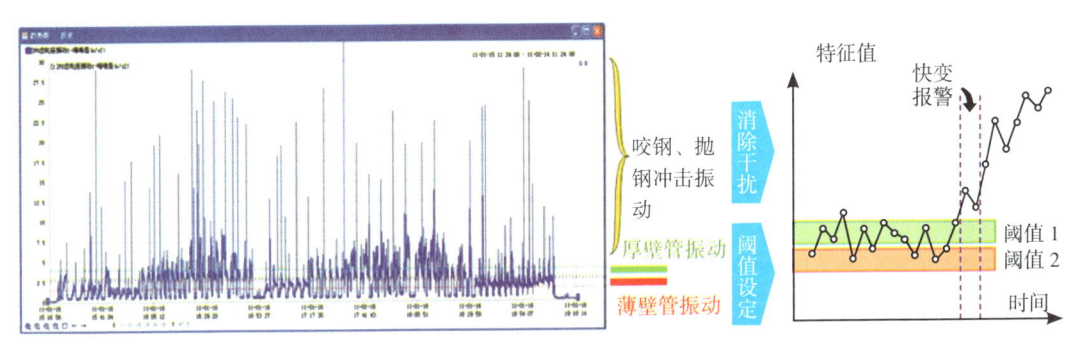

图13 热连轧无缝钢管生产线设备故障快速自动检测

三、关键技术与创新点

（1）发明了直压式三辊连轧机技术，实现每个轧辊独立调整、机架独立快速移出，使轧辊轴线和中心线完全重合，大幅提高调整精度。

（2）发明了连轧管机组侧换辊技术，实现轧辊和轧辊调整装置快速分离、任意轧辊机架的快速更换，提高了效率。

（3）提出了载荷变化伺服阀压力增益自适应前馈补偿控制方法，通过实时控制进脱管段轧制力，实现了头尾减薄，提高了成材率。

（4）发明了双伺服阀冗余控制轧辊压下技术，采用通用伺服阀，既满足高动态响应要求，又提高了可靠性。

（5）开发了热连轧无缝钢管生产线设备群状态监测和故障快速自动检测与诊断系统，实现故障快速定位，预防故障的蔓延和进一步恶化。

四、展望

太原通泽重工有限公司自主研发出首条国产无缝钢管连轧机组及生产线，打破外国企业的长期垄断。通过十多年持续对连轧管生产线中的关键技术进行攻关，取得了多方面的创新和突破，已实现了热连轧管机组及生产线的系列化。企业技术水平、创新能力获得了极大提升，推动了我国无缝钢管装备行业的技术进步，全面提升我国无缝钢管制造装备自主创新能力，促进无缝钢管行业整体技术进步，推进无缝钢管行业转变发展方式。

案例 4

φ820mm 大型精密轧管机组的数字化设计

太原通泽重工有限公司

φ820mm 大型精密轧管机组的设计，应用数字化技术将挤压与轧制两种工艺相结合，在降低生产成本的同时，扩大了生产线的生产规格和品种。根据生产线工艺要求，对两台主要轧制设备进行升级设计，赋予一台设备多种功能，适应生产线的多种工艺生产，可满足不同规格、不同品种钢管的高精度生产。

一、导语

国内外大直径无缝钢管生产，用挤压冲孔和拔伸的方法已经成熟（图1、图2），并不断完善，挤压过程中，金属受三向压应力产生变形，使内部金相组织得到改善。用轧制方法生产大直径无缝钢管也取得了一定的进展（图3、图4），生产节奏快、成材率高是轧制无缝钢管的主要特点。将挤压与轧制结合生产大直径无缝钢管的方法，国内外尚处于起步阶段，有些方面还在探讨与研发阶段。

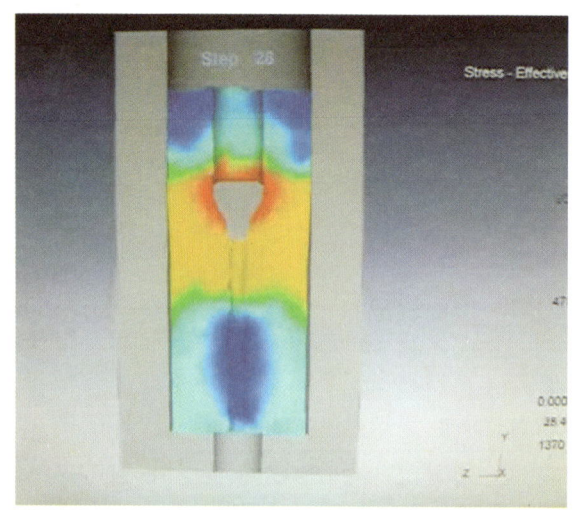

图1 挤压冲孔工艺演示图　　图2 挤压机三维立体图

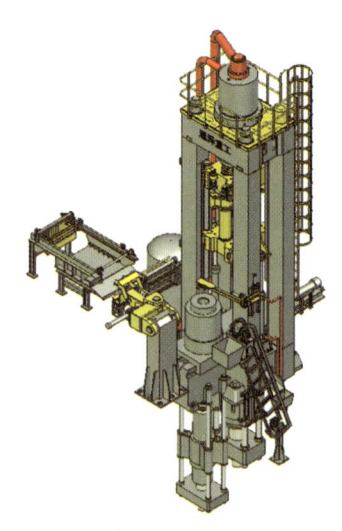

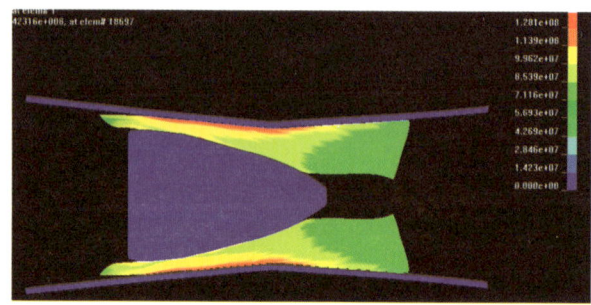

图3 穿孔工艺演示图　　图4 轧管工艺仿真图

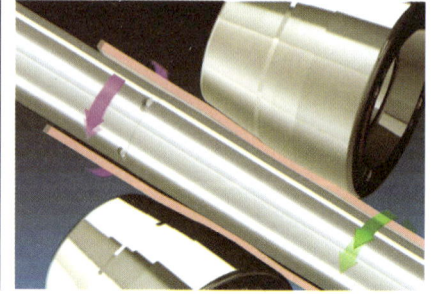

据了解德国V&M公司和阿根廷Tenaris集团，都用这两种方法生产大直径无缝钢管，最近也尝试将两种生产工艺进行组合，力求充分发挥两种工艺的优点，以适应市场的发展需求。在这个领域内，国内外的起点基本相同，都还没有明显的技术和实践优势。

国内一些厂家也在探讨将轧制与挤压工艺进行组合，生产大直径无缝钢管，但目前只处于试验阶段，并且在理论研究和工艺控制方面投入的技术力量和资金不足，使这个技术发展缓慢，没有取得突破性的进展。

φ820mm 大型高端精密轧管机组采用先进的斜轧技术，特殊管辅以挤压工艺，对机组中的穿孔机和精轧机进行升级和优化，采用数字化技术将挤压与轧制两种工艺相结合，专用工艺软件与设备进行结合，对生产线的变形工艺及设备的调整参数进行精确计算，保证了钢管的高精度生产。

二、工艺及设备

φ820mm 大型高端精密轧管机组是以挤压和轧制工艺、设备为基础，对传统生产工艺进行优化改进，以适应挤压与轧制组合的连续生产要求。针对新的生产工艺和生产路线中，通过计算分析、模拟仿真对设备的动作进行可行性分析，确认后进行详细设计。由于新的工艺路线和实现高精度轧制的要求，生产线需要有专用工艺软件对实际生产进行技术支持，专用工艺软件的开发需要得到用户等合作单位的大力支持。总之，是一个总体规划、分项实施、重点攻关的技术路线。

1. 挤压与轧制组合生产工艺

（1）生产温度。

不论挤压还是轧制，钢管在生产过程中，不同的生产工序要求不同的温度，每一次变形前的温度将是决定此次变形能否成功的关键，这就要求在生产过程中对坯料的温度加以控制。因此，结合生产机组的生产节奏考虑在新型锥形穿孔机前设有加热炉，可对坯料进行加热和补热。根据不同情况，挤压机与轧制设备可采用不同的布置方式，这也将决定加热炉的布置方式。

（2）挤压后钢管的尺寸控制。

由于挤压后钢管需要从模具中顶出，所以钢管沿长度方向外径有一定的差，称之为拔模斜度。而轧制则对钢管的外径有一定的要求，所以要考虑合适的拔模斜度，对轧制工艺进行一定的改进，或对此采取特殊的措施，满足新型锥形穿孔机的轧制要求。

（3）挤压后钢管杯底的处理。

坯料在挤压过程中，受三向压应力作用产生变形，形成带杯底的空心钢管，在常规的挤压生产工艺中可以利用杯底进行拔伸后将其切除或将其切除后再进行加工。而这样的生产方式，将加大材料的浪费，降低了成品管的成材率。所以，将杯底通过轧制变形成空心钢管，降低了材料的浪费，提升成品管的成材率。而挤压后钢管杯底受压后组织细密程度高，对轧制变形提出了更高更苛刻的要求，这需要对轧制工艺、工具进行特殊设计，对设备的结构也需作特殊考虑。

2. 新型锥形穿孔机

根据生产线工艺要求，新型锥形穿孔机要通过更换工具，对管坯进行穿孔和穿孔后毛管的二次穿孔，在一台机组上快速、自动实现对一支坯料一次加热后的两次轧制变形。这就对常规穿孔机提出以下特殊要求。

（1）前台受料槽高度调整。

穿孔因管坯和穿孔后毛管的外径不同，为了保证正常轧制，受料槽需保证进入穿孔机坯料的中心与机组轧制线高度一致，为了满足轧制要求，前台受料槽要在毛管二次穿孔前对其高度进行快速准确的调整。但常规穿孔机前台受料槽都是一个批次的坯料调整一次，也就是说一种外径的坯料在连续生产的轧制过程中不需调整，而新型锥形穿孔机则需在轧制过程中每轧制一次调整一次。这就要求前台受料槽保证快速可靠的高度调整以及轧制过程中设备的稳定、可靠。

（2）主机架锁紧、松开方便可靠。

主机架的精度会影响轧制后毛管的尺寸精度，但考虑了轧辊的更换和设备检修方便，上机盖可以移开，但要保证不影响管坯或穿孔后毛管从侧面进入穿孔机前台。主机架锁紧采用丝杠螺母结构，由液压缸驱动齿轮齿条实现松开和锁紧，保证了快速松开和锁紧。传统的主机架上机盖与下底座采用斜楔靠人工敲击来锁紧，或液压缸直接锁紧，这些锁紧方式都不能很好地锁紧主机架，在轧制过程中要产生较大的弹跳，影响轧制后毛管的尺寸精度。

（3）后台二段快速更换顶杆。

新型锥形穿孔在更换顶杆和顶头时，顶杆小车处于后工作位停止，当顶杆更换完成后，顶杆小车和顶杆在小车主传动的驱动下运动，这就要求顶杆移送装置不能与小车主传动及顶杆小车往返运动干涉。更换顶杆又不能像部分顶杆循环的机组那样实现顶杆更换，一是因为机组规格大，顶杆重量较大；二是设备部件多，设备投资大，日常维护量也大，不适合于产量相对较低的机组。采用相对简单的顶杆回转移送装置，既考虑了快速平稳的更换顶杆，又不要影响顶杆小车的往返运动。

3. 限动芯棒精轧机

（1）前台二段多功能组合。

前台二段主要功能是接受穿孔或二穿后的毛管，等待芯棒穿入毛管内，再将毛管和芯棒送入主机进行轧制，轧制过程中对毛管和芯棒进行导向。这些功能对常规机组实现起来没有什么难度，但对大规格机组，毛管和芯棒的送入既要考虑正常辊道送入，还要考虑特殊情况下推坯装置送入。而且，推坯装置使用要方便可靠，还要方便毛管从侧面进入前台二段。前台二段由升降斜辊道、三辊导向装置、推坯装置、接料装置、可升降的受料槽、穿棒挡板和支座等组成，这些结构组合在一起满足不同的功能需求，需要解决很多技术难题。

（2）创新主机架锁紧方式。

主机架的精度会影响轧制后荒管的尺寸精度，但考虑了轧辊的更换和设备检修方便，上机盖可以移开，要保证不影响穿孔后毛管从侧面进入精轧机前台。传统的主机架上机盖与下底座采用斜楔靠人工敲击来锁紧，或液压缸直接锁紧，这些锁紧方式都不能很好地锁紧主机架，在轧制过程中要产生较大的弹跳，影响轧制后荒管的尺寸精度。因此，必须创新主机架锁紧方式。

（3）出口台可主动旋转的导向辊。

出口台的主要功能是轧制过程中对荒管进行导向，轧制结束后，对荒管进行输送。传统的导向机构外形结构大，不能靠近精轧机主机，影响了荒管轧制过程中的稳定性。采用新型的可主动旋转的导向辊结构，对轧后的荒管进行全程导向，并对荒管增加主动的旋转动力，有利于提高轧制质量。由于机组产品规格范围大，导向辊需要在水平和垂直两个方向调整，但这样设备结构复杂，受荒管甩动的影响设备稳定性差，日常维护难度大。所以，需以两组导向辊调整并采用先进的特殊结构，来提高设备的稳定性。

4. 四机架三辊定径机

四机架三辊定径机通过有限元对轧制过程进行动态模拟仿真，对其结果进行分析，针对不同直径、壁厚的钢管各机架的减径量不同，要进行孔型设计，保证相同直径、不同壁厚钢管的孔型相同。

以工艺动态仿真的数据为依据，对整个设备进行研制。在设备的研发过程中，对设备各部分的动作、受力状态采用有限元进行动态仿真或分析，以保证设备的稳定和可靠。

5. 专用工艺软件

为了保证生产线生产高精度的无缝钢管，轧制工艺和轧制工具必须进行精确设计，并进行归纳分析，为分析研究提供实践经验，为提高生产钢管的质量奠定基础。运用专用工艺软件进行二次开发，对生产线的轧制工艺和工具进行分析计算，实现轧制工艺和工具的参数化设计，为实现高精度轧制提供条件。同时，也方便了用户对生产线的掌握。

三、关键技术与创新点

（1）采用理论计算和动态模拟仿真确定生产线各个机组的变形工艺。需要根据斜轧变形原理，进行反复分析、计算，并用有限元模拟确定整个生产线的轧制变形工艺。

（2）采用理论计算和动态模拟仿真确定生产线各个机组的变形过程力能参数。主要工艺设备的主轧制工艺参数的确定，小规格机组常用的根据管坯规格、温度和经验公式确定轧制力、轧制扭矩的方法，实践证明不适用于大规格机组。而轧制力和轧制扭矩恰是一台设备设计的关键技术参数，它的准确与否决定着设备及生产线的成败。

（3）新型锥形穿孔机可以一机两用，也可一机一用。新型锥形穿孔机能快速更换工具、高精度调整，实现管坯一次穿孔后，毛管快速返回到前台进行二穿，实现一台机组对一支钢管的两次轧制。

（4）限动芯棒精轧机可以对不同壁厚的钢管进行轧制。限动芯棒精轧机使用限动芯棒和相同的轧辊辊型可进行厚壁管的减壁轧制及薄壁管的均壁轧制，并且保证轧制荒管的外径和壁厚在要求的范围内。

（5）四机架三辊定径机用一套孔型对一种外径的钢管进行定径。由于厚壁管和薄壁管的应变不同，传统四机架三辊定径机对厚壁管和薄壁管的定径工艺是对相同的成品外径，按厚壁管和薄壁管两套孔型进行定径轧制的。而大直径无缝钢管的生产特点又不允许准备太多的孔型系列机架，只有将厚壁管和薄壁管用一套孔型轧制，并满足钢管生产精度要求，才能在实际生产中得以应用。

（6）专用工艺软件是生产线实现高精度轧制的重要保证。专用工艺软件对轧制工具进行参数化设计，对轧制工艺进行精确设计和轧制过程的控制，用户可运用专用软件进行工艺设计和工艺开发。将工具设计简单化、轧制工艺统一化，有利于斜轧技术的发展和进一步研究、分析，从而得出不同生产方式的优缺点，为轧制高端精密无缝钢管提供了必要的条件。

（7）轧机主机架锁紧程度是轧机精度的保证。主机架锁紧采用丝杠螺母结构，由液压缸驱动齿轮齿条实现松开和锁紧，保证了快速松开和锁紧。在不影响主机架精度的前提下，保证更换轧辊和检修方便。

四、展望

ϕ820mm 大型高端精密轧管机组采用先进的斜轧技术，特殊管辅以挤压工艺，对我国船舶行业、海洋工程的发展有重要的推动作用，对大直径无缝钢管生产提出了新的发展方向，促进了大直径无缝钢管生产工艺、生产设备的技术革新，使大直径无缝钢管企业实现跨越式发展。

案例 5

TZφ180 三辊连轧管机数字化控制系统

太原重工股份有限公司

钢管广泛用于石油钻采、输送液体、气体，并且在冶金、化学、建筑和军事等方面也都有较大的需求。三辊连轧管机组为目前生产无缝钢管最为先进的机型，太重自主设计和制造的 φ180 三辊连轧管机组将数控技术与人工智能技术应用到基础自动化和过程自动化系统中，实现了钢管在整个热轧生产中全程数字化、智能化和高效化。

一、导语

太原重工股份有限公司是我国无缝钢管生产设备的专业制造商。太重的无缝钢管生产设备主要有ASSEL轧管机组、ACCU-ROLL轧管机组、高强管多功能穿轧机组和连轧管机组、冷轧大口径轧机等，并且拥有这些设备的自主设计制造能力和自主知识产权，可生产产品规格 $\phi38\sim2000mm$ 的各类无缝钢管，先后为冶金企业及国外企业提供了上百台（套）无缝钢管生产设备（线），为推动技术进步，提供国产化设备及民族工业的振兴做出了突出的贡献，特别是TZϕ180三辊连轧管机组为国内首套三辊连轧管机生产线，可生产多品种、高质量和大产量的无缝钢管。

二、生产线组成及特点

TZϕ180三辊连轧管机组是把实心的管坯经穿孔机穿制成毛管后，由连轧管机组轧制成荒管，再经定、减径加工，最后经冷却和精整成最终成品钢管。

TZϕ180三辊连轧管机组热轧生产线（图1）采用锥形辊穿孔+5机架三辊限动芯棒连轧管（+VRS机架）+3机架脱管+24机架张力减径的生产工艺，具有工艺先进，设备运行可靠，生产效率高的特点。

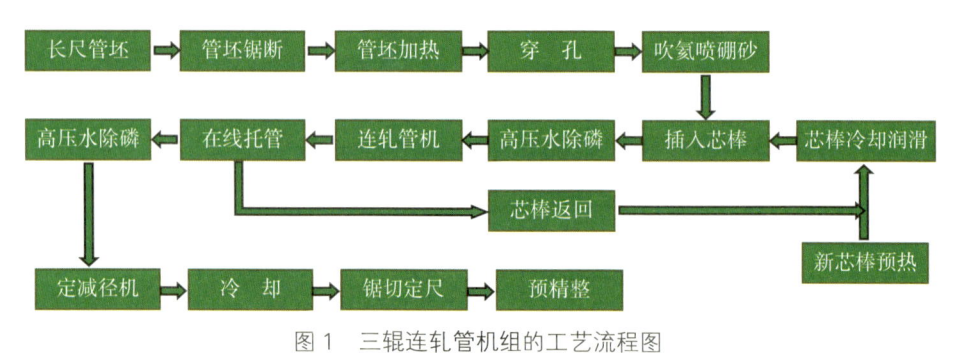

图1 三辊连轧管机组的工艺流程图

三、TZϕ180三辊连轧管机数字化控制系统

三辊连轧管机数字化控制系统总体结构（图2），共分为四级：生产管理级、生产控制级、过程控制级和基础自动化级。

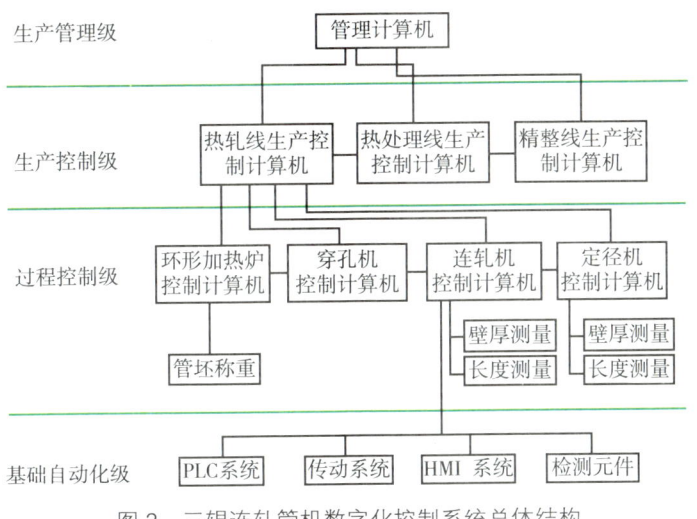

图 2 三辊连轧管机数字化控制系统总体结构

1. 生产管理级

生产管理级主要功能是接受用户订单,然后进行合同处理、质量设计、制订生产计划、协调各生产工序、收集生产实绩、对库存和质量进行管理、制订出厂计划、进行营销和市场活动全过程管理。

2. 生产控制级

生产控制级是根据生产管理级下达的生产计划指令执行生产计划,主要包括物流跟踪,在线实时生产调度、质量跟踪和生产实际数据采集等功能。

在热轧线上,生产开始时首先对管坯进行编码管理,并把编码与轧制批号、流水号、管坯重量对应起来;系统采用先进先出原则跟踪管坯通过加热炉;管坯出炉穿孔后,管坯将变为毛管,在毛管的数据记录中增加环形炉出口管坯温度、穿孔机后毛管的直径、长度、毛管壁厚等数据;连轧后,毛管将变为荒管,荒管的数据将增加壁厚、直径、长度、温度的实际值和设定值;跟踪系统跟踪荒管通过步进炉,并在炉子出口侧将炉子进出口侧荒管的实际温度加到荒管的数据中;从定径机后的测量设备中,跟踪系统取得长度、壁厚、直径、温度等参数。生产控制级由热轧线、热处理线和精整线三套控制计算机控制系统组成。

3. 过程控制级

TZϕ180 三辊连轧管机组轧制过程的控制非常复杂,它涉及压力、速度、流量、温度等大量物理参数,以及弹性变形、塑性变形、热力耦合等复杂过程、工件内部组织结构与性能的变化等诸多方面问题。从控制角度来看,金属轧制过程具有典型的多变量、非线性、强耦合特征。

因此在数控系统设计上,既要考虑轧制过程的基本流程和动态调整技术,又要将轧制数学模型和数字化技术应用于整个轧制过程中,用数字化技术指导整个轧制流程。同时要实时采集数据反作用于轧制模型,从而形成闭环控制。将设备与数控技术与人工智能、计算机控制、网络和现场总线有机结合,实现轧钢过程的最优控制。

(1)数据采集与过程监控。

生产线配备大量的传感器,随时对轧制过程的各种参数进行检测,如温度、轧制力、张力、速度、辊缝等。轧制过程的工作状态,可以通过这些参数充分地反映出来。

数据采集系统采用 IBA 公司的数据采集卡,通过光纤以太网和 DP 网对每个设备进行数据收集。数据采集周期可达到 1ms,受 TDC 系统程序扫描周期的影响,通常采样周期约20ms。IBA 数据采集系统可以对模拟量和数字量进行采集。模拟量用曲线形式表现,主要是用于分析轧制工艺和轧制时的相关数据,如转矩、电流、速度等;数字量的采集,主要用于对程序的监控,一个完整的自动化系统应能监测生产线系统的各种状态,根据分析、判断获取的信息,修复故障并使系统继续正常运行。

监控系统包括生产过程监控、系统故障监控、安全监控等几个方面。

(2)轧制工艺管理。

根据轧制理论我们开发出了一套工艺系统,可以实现工艺编制和孔型设计,并对生产中的数据进行分析和整理,得到最佳的轧制工艺控制。

工艺参数的设定包括离线和在线两种,前者如轧制表和孔型设计、过程优化分析等;后者是一些质量分检预测模型和主要用于基础自动化的简单控制模型,如自适应控制模型、前馈模型等。

工艺管理系统通过对数据采集系统采集回来的数据进行分析,来整合控制模型参数,维护过程控制软件,最终达到优化轧制过程的目的。需要采用的工具有:各种类型的数据库和各种类型的神经网络。

4. 基础自动化级

基础自动化级主要包括智能自动化网络、基础自动化控制系统、数字化的传动系统和智能监控系统。其主要任务是接收过程控制级计算机传来的指令,完成顺序控制、逻辑控制、位置控制、调速控制等。

(1)智能自动化网络。

三辊连轧管机组的热轧部分网络可划分为四大区域:环形炉区、穿孔区、连轧机区、张减机区。每个区都有各自的一套网络系统,为设备自动化提供了基础和保障。每个区的网络系统又互相关联,将每个区的交换机连接起来,实现了整条生产线网络贯通,方便区与区之间的数据交换。运用到的网络有 Profibus DP、Industrial Ethernet 和光纤。

（2）基础自动化控制系统。

PLC 是三辊连轧管机组基础自动化的核心，主要完成数据通信、数据处理、逻辑运算、顺序控制等。对于要求快速响应的控制环节，如自动辊缝控制系统（HGC），采用了高性能多 CPU 控制器。

1）PLC 控制系统，PLC 是微机技术与传统的继电接触控制技术相结合的产物，它克服了继电接触控制系统中的机械触点的接线复杂、可靠性低、功耗高、通用性和灵活性差的缺点，充分利用了微处理器的优点，又照顾到现场电气操作维修人员的技能与习惯，特别是 PLC 的程序编制，不需要专门的计算机编程语言知识，而是采用了一套以继电器梯形图为基础的简单指令形式，使用户程序编制形象、直观、方便易学，调试与查错也都很方便。

TZφ180 三辊连轧管机组按区分别配置西门子 S7 系列 PLC，根据处理的速度和数据量分选有 S7-300 或 S7-400PLC。

区域之间的 PLC 通过 Industrial Ethernet 网进行通信，各区域内远程 I/O 通过 PROFIBUS-DP 网连接形成分布式结构，使得整个系统的配置简单、可靠、实用，便于调试和维护。

2）连轧管机组 HGC 系统，HGC 即液压辊缝控制系统。可以实现轧辊的精确定位和调整、轧制过载保护、头尾削尖等功能。轧制时通过采集安装在液压小舱上的压力传感器和位移传感器的信号，计算出实际的轧制压力和辊缝值。将实际的辊缝值与给定值相比较，对其偏差进行 PID 调节，从而实现对轧机压下量的闭环控制。控制框图如图 3。

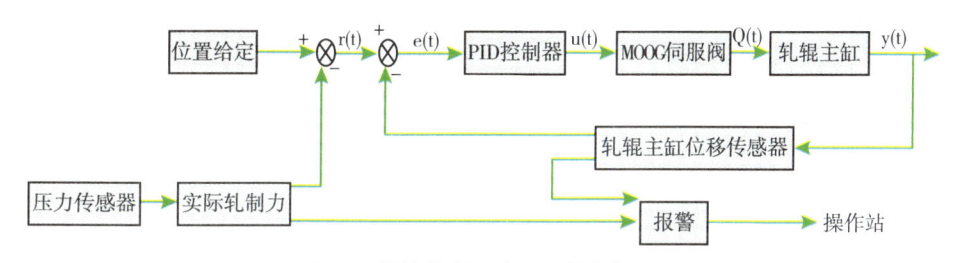

图 3　辊缝控制系统闭环控制框图

对于液压辊缝控制系统，其控制周期要求在 2～3ms 内，使用常规的 PLC 不能满足液压辊缝控制系统高速性的要求。所以三辊连轧管机 HGC 的电控部分采用了目前最先进的西门子公司的 SIMATIC TDC 控制系统。SIMATIC TDC 系统可配置成多 CPU 系统，擅长于解决处理复杂的控制、通信和驱动任务，在单一平台上拥有最大数量的处理器、框架和最短的循环周期。

（3）数字化的传动系统。

TZφ180 三辊连轧管机组上配置有大量的驱动电机，主要包括主电机如穿孔机 2×2000kW 两台，连轧机主电机 800kW 9 台、400kW 6 台等和芯棒限动电机 4×500kW、顶杆小车电机 350kW 等辅助传动电机。传动电机运行环境恶劣。主传动电机要求调速范围广，调速精度高，辅传动电机要满足四象限运行。为了满足轧机工艺要求，整个系统不但要求输出很大的功率与转矩，而且还要求有很高的控制精度与很快的动态响应速度。

TZφ180三辊连轧管机组采用了交—直—交交流变频传动系统，采用多台整流/回馈单元并联形成大容量直流公共母线电源供电和每台电机采用独立逆变装置的多传动技术，逆变装置具有速度外环+力矩内环控制的性能。

目前使用的主传动逆变装置有采用矢量控制的西门子S120装置和采用直接转矩控制的ABB的ACS800装置。S120装置的整流/回馈装置的功率元件采用二极管整流和IGBT回馈，逆变装置功率部件采用IGBT元件，ACS800整流/回馈的功率元件采用可控硅元件，逆变装置功率部件采用IGBT元件。在控制环节上还采用了数据查询和PWM脉宽调制等技术。采用西门子S120装置或ABBACS80装置后，传动系统的响应速度静态达到0.01%，动态精度达到0.1%。

（4）智能监控系统。

TZφ180三辊连轧管机组的智能监控系统采用WINCC软件来组态设备的监控画面，主要功能有：机组主要设备电机运行数据采集记录；现场检测元器件状态采集记录；机组生产工艺参数的设定；机组主要设备及生产工艺参数显示；历史及实时趋势图显示；流体系统运行情况显示；机组各设备故障报警显示和记录数据的打印报表等。

四、远程监控

随着网络技术的不断发展，可以通过有线或无线网络的方式对现场设备实现远程监控与诊断的功能。

TZφ180三辊连轧管机组的远程监控中心由多个服务器及配套软件组成（图4），负责与移动载终端交换数据，并存储数据，同时提供Web管理平台服务功能。至少具备设备监控、远程控制、维修管理、故障报警、生产数据统计等管理性功能，同时具备数据挖掘、关联分析等科研功能。

客户端用于管理和维护人员访问Web管理平台，在硬件上可以是PC终端或手机终端，在软件上可以是通用浏览器或专用客户端软件。

这样，我们可以随时获得TZφ180三辊连轧管机组现场设备数据，实现对设备的知识积累。通过总结现场设备出现的故障、报警及维护内容等信息，有效地对设备长期运行情况实施跟踪研究，对设备进行更进一步的改进，实现设备不断更新。TZφ180三辊连轧管机组远程监控的技术还可以让我们对设备现场工艺数据进行深入研究，学习和总结设备的工艺技术。

案例 5
TZφ180 三辊连轧管机数字化控制系统

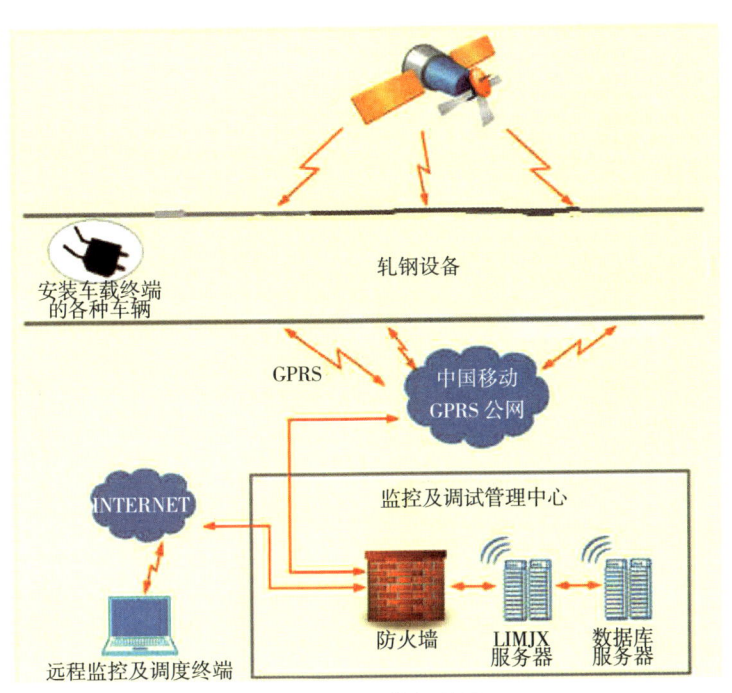

图 4　远程监控拓扑图

五、展望

随着社会发展，用户对钢铁产品质量、品种、性能的要求越来越高，传统的轧制理论已经远远不能满足现在轧制技术的需要，只有将数控技术与人工智能应用在轧制技术上才能赶上时代的步伐，与国际水平接轨。

当前，我国机械工业正处于产品数字化发展时期，全世界的机械工业也正处于产品数字化发展时期。由"电气一代"到"数控一代"是一场深刻的变革，必然要经过艰难的攀登过程。数控一代是中国机械产品升级换代的最佳机遇，是中国机械工业跨越式发展的最佳机遇，是中国智能制造水平提升的标志。

37

案例 6
年产千万吨大采高数字智能化采煤机

太重煤机有限公司

"年产千万吨大采高数字智能化采煤机关键技术研究"是国家"十二五"智能制造装备发展专项"煤炭综采成套装备智能系统开发与示范应用"项目子课题,通过了科技成果鉴定。该套智能综采成套设备各项机械性能指标和智能化功能均达到了设计要求,完成了千万吨级综采工作面产煤过程的自动化控制,满足煤矿大采高厚煤层工作面的使用要求。该成果实现了我国智能型千万吨综采装备高端制造的自主化、国产化。整体技术性能指标达到国际先进水平。

一、导语

煤炭综采智能煤机装备是实现煤炭安全、高效、高回收率开采的重要保障。目前，我国已能提供中低端系列煤机装备，但高端煤机装备与国外发达国家相比尚存在较大差距。因此，项目通过对煤层识别、井下双向通信、状态监测、远程控制、三机协调控制等关键技术的研究，开发出采煤机智能控制系统，研制装机功率2860（2660）kW，截割功率1100（1000）kW，最大牵引速度30m/min，最大牵引力1700kN，生产能力≥4500t/h的年产千万吨大采高智能采煤机，实现了工作面煤机装备的智能化控制和自动化生产，达到煤矿综采工作面减人、少人的目的。

年产千万吨大采高数字智能化采煤机由我公司牵头，联合西山煤电、中国矿大、太原理工大、太原科大以及国内外知名企业协同合作攻关，通过研发采煤机智能控制系统，开发关键核心智能装置，研制出国内首台年产千万吨大采高智能型采煤机。实现了对采煤机工作状态、健康状况监测监控，自动诊断、故障预警；滚筒高度自动调节；牵引速度自动调节；基于地理信息系统（GIS）的采煤机定位与煤层识别等智能化功能。

该采煤机经西山煤电晋兴能源斜沟煤矿一年多的示范应用，运行正常、平稳可靠，各项技术指标、智能化功能均达到了项目的要求。实现了采煤机、液压支架和运输系统的相互协调运行、工作面自动化生产，工作面跟班人员减少到1/3。创造出最高日单产3.2万t，最高月产85万t的佳绩，连续9个月内，该工作面累计推进3194m，生产原煤770万t。能够满足智能型千万吨综采成套装备的要求，达到了预期的效果，为我国煤炭智能高效安全开采起到示范作用。

同时，一年多的工业性试验也表明：该套智能综采成套设备在十五个关键核心智能装置的设计、制造和应用方面，实现了自主创新，达到国际先进水平。

二、主要创新点分析

1. 国内外现状

实现少人、无人的自动化采矿是当前国际采矿界研究的热点。JOY 6LS5、7LS6采煤机、Eickhoff SL500、SL30采煤机都实现了数据远程传输、集中监控和分集中控制，把信号传给矿井地面站。采煤机机身上还装备有红外线发射器，支架接到信号后，通过电液阀系统可以自动收/放护帮板、移架、推溜。

中国智能化采矿发展相对落后，2004年7月，山东新汶矿业集团公司从国外引进螺旋钻机采煤新工艺，工人在工作面以外的地点操作机电设备，可完成破煤、装煤、运煤等各工序，实现了无人工作面。2005年5月，大同煤矿集团从德国DBT公司引进了一套自动化刨煤机，实现了国内首个薄煤层刨煤机综采无人工作面。2007年10月太重煤机有限公司研制成功我国第一台智能化电牵引采煤机。

随着高产高效开采技术、综采自动化工作面安全高效综合配套技术的迅速发展，以及煤机装备自动控制和工况检测与故障诊断技术的实现，使工作面自动化程度迅速提高，但通过市场反应，煤机装备的智能控制系统在煤层识别、井下通信、远程控制、三机协调运行等方面还存在很多问题，缺乏系统性研究。

2. 市场需求分析

煤炭是我国的基础能源和重要原料，在一次性能源生产和消费构成中历来占65%左右，在国民经济发展中具有重要的战略地位。按照国家规划，"十二五"期间，煤炭生产以大型煤炭企业、大型煤炭基地和大型现代化煤矿为主，基本形成稳定供应格局，到2015年，形成10个亿t级、10个5000万t级特大型煤炭企业；全国煤矿采煤机械化程度达到75%以上，千万吨级煤矿达到60处。

"十二五"煤炭工业新的发展形势对煤矿装备提出了更高更新的要求，同时带来了新的发展机遇。煤炭生产集约化，要求煤矿装备向成套化、高可靠性方向发展；煤炭工业安全生产，对自动化、智能化、信息化的煤矿装备需求增加。为此，需要加快智能制造装备的创新发展和产业化、推动煤机装备制造业转型升级、提高综采工作面生产装备的智能化水平，重点围绕智能基础共性技术、智能测控装置与部件产业化、重大智能制造成套装备研发及应用等核心环节攻关。

3. 解决的技术难点

（1）采机状态监测、预警、诊断技术。
（2）采高位置的确定与精确调节技术。
（3）采煤机定位与煤层识别技术。

4. 解决方案与创新点

（1）主要技术参数。

装机总功率：　　　　　　　2860（2660）kW
截割功率：　　　　　　　　1100（1000）kW
最大采高：　　　　　　　　7.0m
最大牵引速度：　　　　　　26.6（30）m/min

最大工作牵引速度：	12.3m/min
最大牵引力：	1756kN
生产能力：	≥ 4500 t/h
自动调高控制最大误差：	< 10mm
机身倾角检测精度：	< 0.7°
远程通信接口：	10/100M 以太网
远程控制最大距离：	600m
远程控制总响应时间：	< 500ms
整机重量：	165t

（2）解决方案。

1）采煤机状态监测、预警、诊断技术。

采煤机状态检测依靠多传感器数据融合技术（图1），通过安装在采煤机的多个传感检测单元，对电机、电缆、摇臂、牵引传动箱、液压系统、水路系统等多个关键部件全面监测，经CAN总线至PLC与DSP架构的监测系统处进行准确诊断、快速预警并做出相应保护动作，可查看历史故障记录。

电器检测：整机供电电压、电机电流和温度、牵引变压器温度、煤机双轴倾角、变频器工作状态（输出电流、实际转速、给定转速、故障信息等）。

液压及水路系统检测：油箱液位、油箱温度、油高压压力、油低压压力、冷却水压力、冷却水流量、左喷雾水流量、左喷雾水压力、右喷雾水流量、右喷雾水压力、调高油缸压力。

机械传动系统检测：左右截割部——轴温度、牵引传动箱——轴温度、旋转编码器（滚筒高度）、旋转编码器（煤机位置）、摇臂高低速轴承振动。

安装三相电流互感器、绝缘监测模块、PT100传感器，完成电机的过载减速、重载反牵、漏电闭锁及过温等保护，对采煤机各个电机的状态进行实时监测、自动诊断并做出相应预警提示。

安装在电缆夹的称重传感器，对电缆张力监测和保护。

摇臂高速腔、牵引传动箱高速腔及泵站的油温监测、报警和保护，泵站油位监测与报警，调高系统高、低压油压压力监测。

冷却水、左右内喷雾压力流量实时监测、预警。

采煤机电气系统实时对其内部各个传感器部件与PLC与DSP架构的监测系统的通信状态进行监测，直观地给出各个传感器的通信状态。在PLC与DSP架构的监测系统对采煤机工况状态实时监测与处理后，通过10/100M自适应以太网接口，工作方式可选择TCP Server, TCP Client, UDP和Real COM driver等多种工作模式，工作端口、目标IP地址和端口均可设定，兼容SOCKET工作方式（TCP Server, TCP Client, UDP等），上位机通信软件编写遵从标准的SOCKET规则，实时将数据上传至顺槽集控中心。

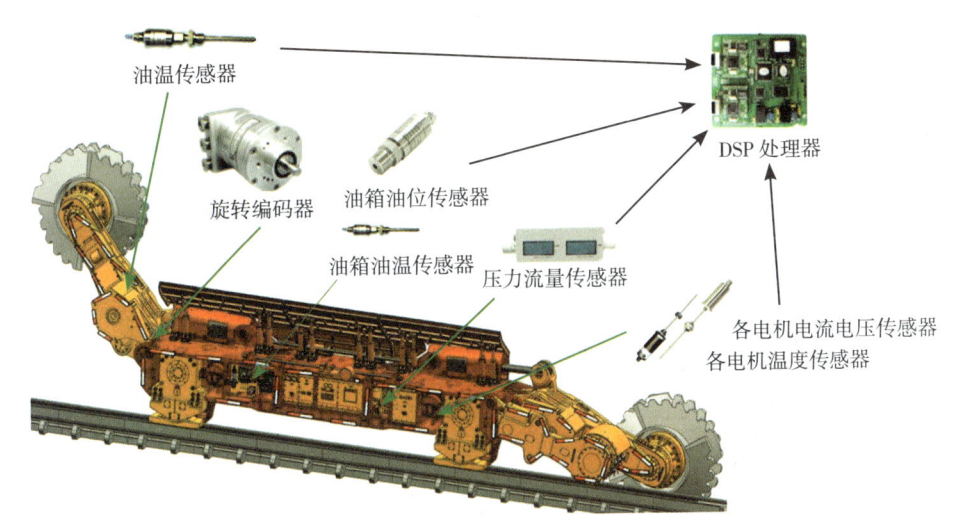

图 1　采煤机监测系统示意图

采煤机传动系统在线监测与故障诊断系统：引入振动在线监测系统，实现对采煤机传动系统状态的实时监控，及时掌握关键部件的故障程度、故障部位和故障的发展趋势，实现对采煤机的预测性维修。

在采煤机左右摇摆传动箱的低速轴和高速轴水平径向各加装 1 个振动加速传感器，共 4 个测点，传感器线缆通过盖板内部的间隙引向装在控制箱内的 DMX 采集单元，采集单元通过 TCP/IP 协议输出给顺槽集控中心，再传送给井上调度中心。最后分析软件通过集成加速度包络技术对原始振动信号进行特殊的滤波和整流处理，有效提取轴承和齿轮早期缺陷产生的振动信号。

2）滚筒高度自动调节技术。

用高精度旋转编码器测量采煤机摇臂与机身的相对角度，同时通过油缸位置传感器测量控制摇臂升降油缸的实际伸缩量，二者实现冗余监测滚筒高度，通过 CAN BUS 总线传输给专用的信号采集模块，数据采集模块再将数据打包发给在监控中心内部的 DSP 处理器进行数据的运算和进一步处理。结合水平安装在采煤机姿态倾角陀螺仪记录的数据，得出采煤机的综合工作姿态下的准确滚筒高度。

DSP 处理器在确切的计算出采煤机准确采高的同时，采煤机在记忆切割状态下会根据以往历史采高数据和 GIS 系统提供的地质模型进行运算，用来设定一个采高的目标值。

控制的方式：控制中心会对实测值和目标值进行比较，得出差距和具体的行程范围。然后控制中心发出指令给 PID 比例控制模块，近而控制比例阀动作，以积分调节电磁阀开度，驱动油缸迫近目标值。

顺槽集控平台根据煤机当前位置，查询历史数据库中煤机位置及对应的左右摇臂高度，同时接受人工干预和 GIS 系统导引，修正调节历史数据，实时计算出目标摇臂高度，发给采

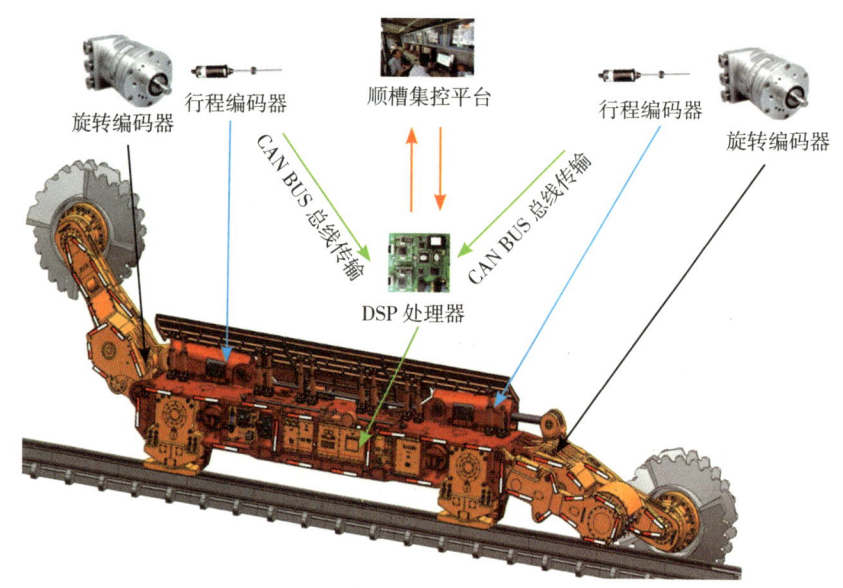

图2 自动调高控制示意图

煤机，煤机根据编码器或油缸行程计算出摇臂实际高度，通过PID比例驱动器使摇臂实际高度值连续平稳地自动逼近目标值，实现智能仿形切割。

3）牵引速度自动调节技术。

顺槽集控平台收集液压支架支护、移动状态和运输机负载的煤流相关参数，结合采煤机位置，依据三机联动控制要求，并综合其他可能的影响因素，给采煤机发出牵引速度的目标信号。

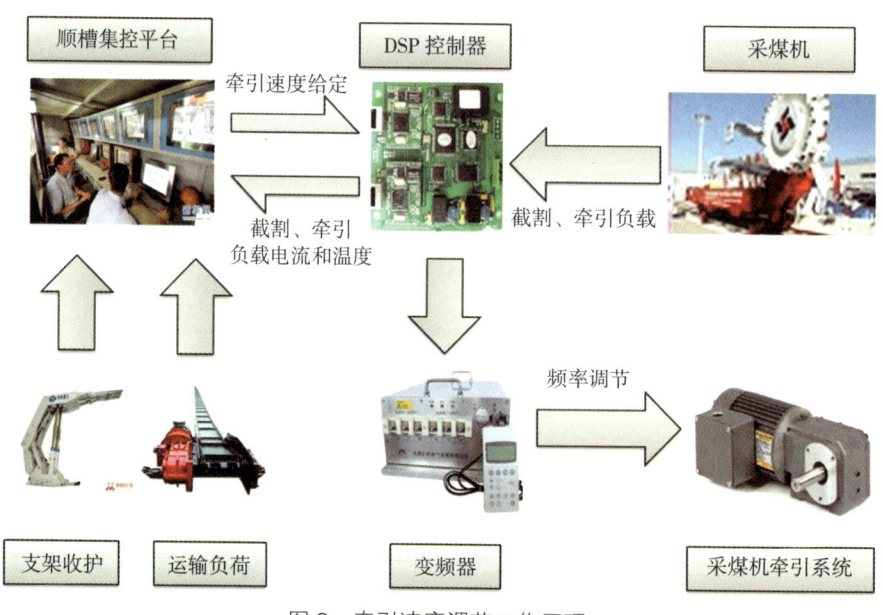

图3 牵引速度调节工作原理

采煤机内牵引部安装了专用的绝对值多圈防爆旋转编码器，其采样数据通过 CAN BUS 总线传输给 DSP 处理器进行数据运算，得出采煤机的准确位置，并连同采煤机截割电机、牵引电机的负载电流和温度信号一并打包通过 High BUS 总线传输给顺槽集控平台，做数据的综合处理。同时采煤机接收到顺槽计算机发出的牵引指令（包括牵引目标位置和牵引速度），采煤机 DSP 处理器实时接收和处理，并将其转化为控制指令传输给变频器，控制牵引电机转速，自动连续平滑达到给定速度（变频器也实时采集电机参数并通过 DSP 处理器反馈给顺槽集控平台）。

4）基于地理信息系统（GIS）的采煤机定位与煤层识别技术。

采用地震反演与层析成像技术建立工作面煤层的三维数字化 GIS 模型，确定 GIS 坐标系与采煤机坐标系之间的转换关系，通过研发的采煤机定位定姿装置，实时监测采煤机在 GIS 中的三维坐标位置，实现采煤机的绝对定位，并根据监测的采煤机在 GIS 中的三维坐标值，计算出采煤机所在位置的当前刀煤厚值和下几刀煤厚值，并结合采煤机记忆截割预测出当前和下几刀割煤趋势，从而实现煤层识别。

建立采煤工作面的 GIS 精细化模型：利用地震反演与层析成像技术，对斜沟煤矿 18201 工作面煤层厚度变化进行精细化探测与反演，构建了煤厚反演数据。在 ARCGIS 平台中，利用不规则三角网（TIN）与局部插值算法，建立了采区三维数字化 GIS 模型。

建立的 GIS 坐标系与采煤机坐标系之间的转换数学模型为：

$$\begin{cases} X_t = X_{t-1} + \dot{C}_b^n P_{ebx}^b \\ Y_t = Y_{t-1} + \dot{C}_b^n P_{eby}^b \\ Z_t = Z_{t-1} + \dot{C}_b^n P_{ebz}^b \end{cases} \quad \text{其中，}$$

$$\dot{C}_b^n = C_b^n \begin{bmatrix} 0 & -\left[\omega_{ibz}^b - C_n^b\left(\dfrac{V_{ebx}^n}{R_{xn}}\tan\varphi + \omega_{ie}\sin\varphi\right)\right] & \omega_{iby}^b - C_n^b\left(\dfrac{V_{ebx}^n}{R_{xn}} + \omega_{ie}\cos\varphi\right) \\ \omega_{ibz}^b - C_n^b\left(\dfrac{V_{ebx}^n}{R_{xn}}\tan\varphi + \omega_{ie}\sin\varphi\right) & 0 & -\left(\omega_{ibx}^n - C_n^b\dfrac{V_{eby}^n}{R_{yn}}\right) \\ -\left[\omega_{iby}^b - C_n^b\left(\dfrac{V_{ebx}^n}{R_{xn}} + \omega_{ie}\cos\varphi\right)\right] & \omega_{ibx}^n - C_n^b\dfrac{V_{eby}^n}{R_{yn}} & 0 \end{bmatrix}$$

上述公式能实现采煤机定位定姿装置把监测到的采煤机三维坐标位置转换到采区 GIS 坐标系下进行实时显示。

研制采煤机绝对定位定姿装置及监测软件：采煤机绝对定位定姿装置下位机主要由数据采集处理及控制单元、供电电源、行走部轴编码器、左右摇臂编码器以及三轴光纤惯导组成，数据经过交换机由定位装置传输至上位机。行走部编码器测出采煤机工作过程中的速

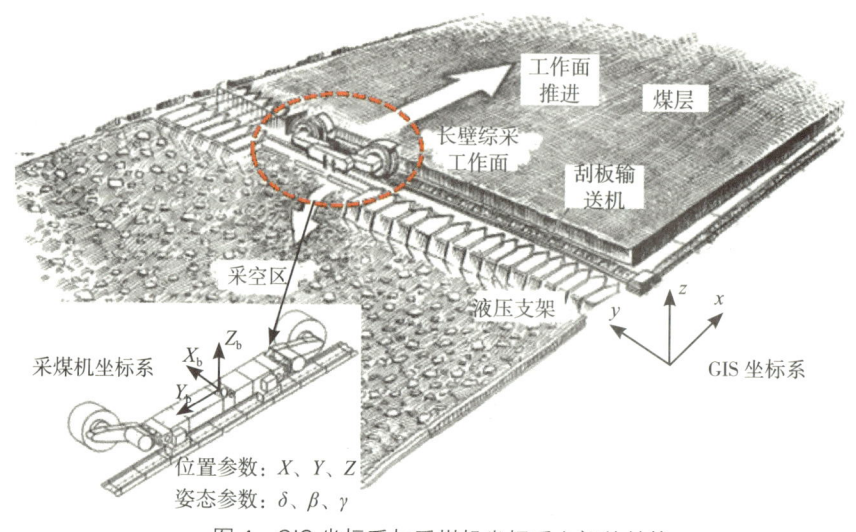

图4 GIS坐标系与采煤机坐标系之间的转换

度,三轴光纤惯导测出采煤机工作过程中的姿态角变化,通过传感器接口电路将数据传至数据采集处理及控制单元解算出采煤机在GIS坐标系下的坐标。左右摇臂编码器测出采煤机工作过程中两个摇臂的摆角,通过传感器接口电路将数据传输至数据采集处理控制单元计算得到采煤机滚筒上下截割曲线。

采用采煤机绝对定位定姿定位系统上位机软件对GIS精细化模型进行分析,得出采煤机截割煤层的厚度及其变化、煤层夹矸等地质环境参数将其与接收下位机得到的采煤机位置和上下截割轨迹进行匹配。为液压支架的调直和采煤机的自动调高提供所需的数据。

割煤趋势预测及煤层识别：建立的GIS坐标系与采煤机坐标系之间转换数学模型,根据采煤机在当前煤层三维数字化GIS中的坐标值,计算出采煤机所在位置的当前刀煤厚值和下几刀煤厚值,并结合采煤机记忆截割预测出当前和下几刀割煤趋势,从而实现煤层识别。

图5 采煤机当前刀和下几刀割煤趋势

（3）创新点。

1）建立了采煤机分布式并行信息处理与控制数学模型，研发了基于 CAN 总线的 DSP 与 PLC 冗余分布式机载监测与控制系统，实现了采煤机的数据快速处理、信息可靠传输、状态精确控制、提高了采煤机智能化程度。

2）研究了基于地理信息系统（GIS）的采煤机定位与煤层识别技术，采用矿井地震波 CT 探测方法首次建立了工作面煤层三维数字化 GIS 模型；成功研制了采煤机定位装置，实现了采煤机在工作面煤层的定位，获得了采煤机截割煤厚的预判数据，实现了采煤机基于仿形截割的智能截割。

3）建立基于仿形截割和工作面地理信息系统的调高控制模型，研发了基于电液比例控制技术的采煤机 PID 闭环调高装置，实现了采煤机滚筒高度自适应调节。

4）建立了基于振动加速度包络技术的采煤机摇臂传动系统故障诊断模型，研发了采煤机传动系统故障智能诊断系统，实现了井下开采工况的摇臂传动系统状态监测、故障识别与全生命周期管理。

5. 实施结果

该项目研制出国产首台千万吨级智能采煤机，并成功示范应用。实现了采煤工作面设备智能化控制及自动化生产，提升整个综采设备行业的智能化水平，促进国内智能成套综采工作面的国产化，具有良好的经济、社会效益和推广示范作用。

（1）经济效益。

该智能采煤机的使用，实现了工作面自动化生产。煤炭企业实现了减人增效，工作面跟班人员减至 1/3；节约了人力资源成本，降低了煤炭生产安全隐患。该采煤机每年可生产原煤 1000 万 t，为煤炭企业新增产值 40 亿元，为我国国民经济持续稳定的发展提供了能源保证。

（2）社会效益。

该智能采煤机的应用，改变了依靠机械化采煤的生产模式，完成井下跟机操作向远程遥控采煤作业的跨越，实现机械化向自动化的转换，形成高产高效智能开采先进新工艺，极大地提高了生产安全性及集约化开采水平。为我国类似煤层条件的高效开采提供了示范，在山西乃至全国类似条件下的开采具有广泛推广前景。

三、主要成果

研制出国内首台年产千万吨大采高智能采煤机，并成功示范应用，实现了采煤工作面的智能化控制及自动化生产。实现了六个关键核心智能装置的设计、制造和应用；形成了 19 项具有自主知识产权的专利技术，其中发明专利 8 项；发表论文 9 篇。

组建了一支集机、电、液、控制、CAE 为一体的创新型团队；建立了博士后工作站以及协同创新中心等产学研用合作创新平台。

四、当前存在问题

该智能采煤机还需要进一步加强自诊断、预警技术的研究。为今后智能综采工作面的建设与实施打下良好的基础。

五、展望

项目研制出我国首套具有完全自主知识产权的年产千万吨大采高智能采煤机并成功示范应用，实现了采煤机智能控制系统的感知、决策和执行等智能功能；能够与各设备的相互协调运行；实现了六个关键核心智能装置的设计、制造和应用；建成了智能型千万吨级安全高效工作面。提高了我国智能型千万吨综采成套装备自主研发、制造和配套能力，为我国智能型千万吨综采成套装备的市场开拓，提供了国产化和高技术的煤炭综采智能煤机装备。

案例 7

3.3kV防爆变频驱动智能型刮板输送机

山西煤矿机械制造有限责任公司

随着计算机控制技术和信息技术的高速发展，智能型机电一体化装备已成为高效自动化采煤技术的发展趋势。在国家项目的支持下，通过对综采工作面大功率刮板输送机 3.3kV 防爆变频驱动、链条自动张紧、设备状态监测与故障诊断等关键技术的研究，研制出了 SGZ1250/2400 智能型刮板输送机，并首次成功实现了示范应用，提高了煤炭综采工作面设备智能化水平和煤炭开采效率。

一、导语

本煤机装备依托国家"十二五"智能制造装备发展专项"煤炭综采成套装备智能系统开发与示范应用"的子课题"综采工作面智能型输送系统开发与示范应用"研制成功,开发了 SGZ1250/2400 智能型刮板输送机,整机输送能力 3750 t/h,设计长度 320m。

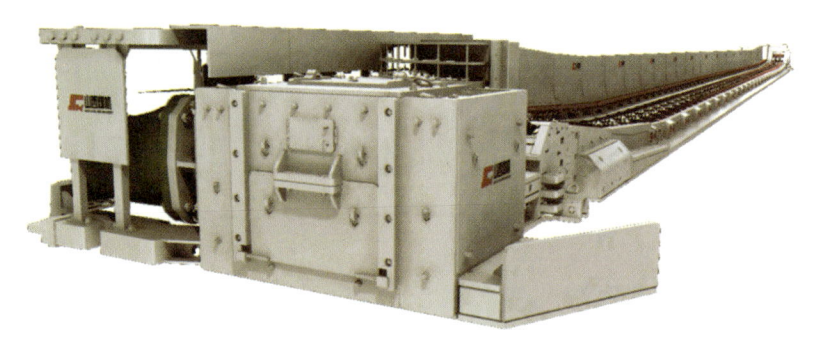

图 1 SGZ1250/2400 智能型刮板输送机

本装备建立了刮板输送机负载模型,开发了 BPJV-1600/3.3 防爆变频器控制系统和多变频器光纤通信技术,提出了基于主从控制的功率平衡方法,实现了刮板输送机断链保护、功率平衡和智能调速功能,提高了刮板输送机的运行稳定性和可靠性。

同时根据刮板输送机链条张力变化规律,建立了链条张力智能调控模型,开发了链条自动张紧系统,能够实时张紧、停车松链,实现了链条张力状况的在线监测与控制,提高了链条的使用寿命。

基于人工智能和多源信息融合的方法,建立了输送系统传动装置的故障诊断模型和专家系统,研制了状态在线实时监测装置,实现了对输送机在线监测、故障诊断和预警。

二、主要创新点分析

1. 3.3kV 大功率刮板输送机变频调速技术

(1)概述。

SGZ1250/2400 智能型刮板输送机应用了"一拖一"分体式变频驱动系统,即每套变频驱动系统由一台整流变压器、一台高压变频器、电机、减速器及其控制单元等构成,刮板运输机的每台电机均由一套独立的变频驱动系统单独控制。

该变频驱动系统由主回路和控制回路两部分构成。

1）主回路。煤矿井下 6kV 或 10kV 高压电源经过移动变电站的移相隔离变压器变压，变成 2 路 1903V 供电电源（二路电源相角相差 30°），输入至高压防爆变频器，变频器经整流和逆变变换后，输出（0~3300）V/（0~50）Hz 可调的三相电压，控制电动机调速运行，进而实现对减速器和运输机链条的调速控制。

2）控制回路。控制回路采用可编程逻辑控制器 PLC 实现系统所需的各种逻辑联锁和操控功能，控制回路连接外围低压控制设备、高压供电设备、操作台和远程监控中心，实现地面远程监控中心对井下刮板运输机的远程控制。

（2）防爆变频器本体。

变频驱动系统核心单元为防爆变频器本体（图 2），采用交—直—交结构形式，变频器本体主要由整流、逆变、正弦滤波、冷却及控制单元构成。采用最新的高压 IGCT 器件（集成门换流晶闸管）开关器件，具有更高的开关频率，更小的能量损耗，具有高的关断速度和对系统的保护性能。电路以三电平拓扑研制，具有元件少、结构简单、控制性能优异等诸多优势。

（a）防爆变频器本体内部结构

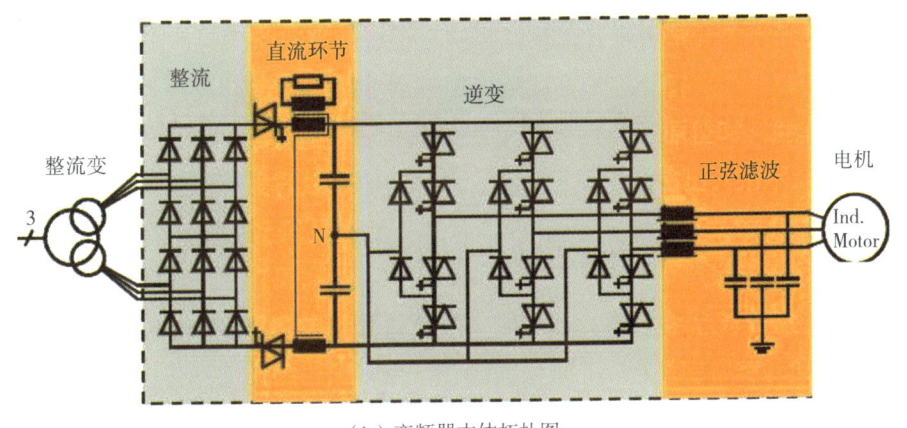

（b）变频器本体拓扑图

图 2　防爆变频器本体

1）12 脉整流器，将整流变压器输出的两路交流电源转变为直流；变频器采用 12 脉冲整流，消除了 5 次、7 次谐波对电网的干扰，也进一步降低了其他次数的高次谐波含量。在变频驱动系统实际应用中，通过对电网侧谐波含量测试，实际电压谐波总含量低于 3%。

2）DC-Link 及逆变器，DC-Link 采用自愈式薄膜电容做电压支撑，稳定直流电压，逆变器通过控制器信号驱动输出三路频率、电压可调的交流电源。

3）LC 滤波器，有效降低电动机侧的高压谐波含量，减少电磁干扰，提高电动机的使用寿命，可支持变频器长距离输出，变频器到电机的距离可达 5km。

4）采用水—水高效冷却技术，合理可靠。水—水冷系统分为内循环水冷和外循环水冷，变频器内部功率单元采用水冷板散热，内循环水通过管道进入水冷板，将 IGCT 等功率元件的发热传递给内循环水后，由内循环水带走，进入水—水热交换器，水—水热交换器通过和外循环水换热，热量由外循环水带出壳体之外排放掉。

5）控制单元。

变频器以西门子 S7 系列 PLC 为主控制器，连接内部和外部的控制系统部件。标配两套操作按键和两套 LCD 屏显示，一套用于防爆变频器本体参数的设定及运行参数的显示；另一套用于防爆变频驱动系统的操作及系统运行参数的显示，主要显示运行状态和故障状态。同时与管理系统联接，上传变频器信息，控制系统以功能块划分与相关设备联接，具有较好的开发与维护性。

（3）变频调速驱动刮板输送机机械特性。

1）断链保护技术。通过变频器实时采集电机转速、转矩等参数，自动判断刮板输送机链条受力情况，正常情况下限转矩运行，防止因卡阻发生断链事故。断链后，变频器自动控制电机停机，防止由于继续拖动链条等引起事故扩大。

2）链条张紧技术。变频器可以实现整机低速满扭矩启动运行，便于链条张紧，实现长期"不停机检修"操作，提高整机运行效率。

3）智能调速技术。可根据刮板输送机负载等特性，实时自动调整链速，节约电能。同时减少链条、链轮、中部槽等部件磨损，提高刮板机使用寿命。

4）功率平衡技术。基于 DTC（直接转矩控制）技术，通过直接光纤通信的高速主从控制原理在头尾电机之间建立合理的负载分配关系，充分发挥各电动机的转矩输出能力，实现多电机转矩及功率的动态平衡。

2. 刮板输送机链条自动张紧技术

开发的刮板输送机链条张紧自动控制系统通过采集监测伸缩油缸压力、油缸活塞位置和电机运行电流等参数，自动分析链条张紧状态，控制油缸的伸缩动作，实现对链条张紧力的实时监测紧力始终保持在合理范围之内，增强整机工作可靠性。

刮板输送机链条张紧自动控制系统，主要包括防爆电源、链条张紧控制主机、电液阀组等，传输接线如图3所示。

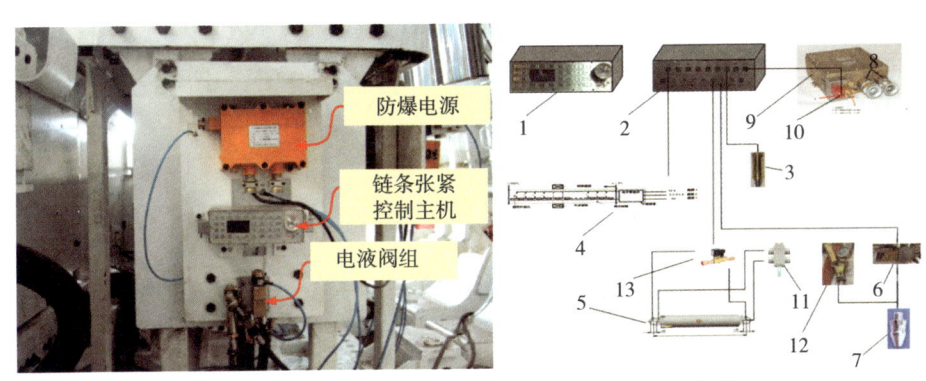

（a）自动控制系统组成　　（b）自动控制系统传输接线图

图3　刮板输送机链条自动张紧控制系统技术特性

1- 控制器正视图；2- 控制器的背面插接连接接头；3- 压力传感器；4- 行程测量杆；5- 夜压缸；6- 两功能电液控制阀组；7- 扁射流喷嘴；8-127V侧电源接头；9- 本安电源；10-12V侧电源接头；11- 手动伸缩阀；12- 压力表；13- 电磁阀

①通过链条自动张紧技术，可以实现链条在整机启动和运行时自动张紧；停机时张紧力自小应力腐蚀，提高寿命；②可以实现数据实时采集、分析、存储、显示和上传；③整个系统包括急停、预张紧、手动张紧、自动张紧和张紧架的冲洗等功能。

3. 整机运行状态监测监控技术

整机运行状态监测监控系统主要包括输送机机头和机尾两个分站。系统分站完成就地采集被监测物理量的模拟信号，将模拟量转换为数字量，判断所监测的物理量当前状态，实现简单的诊断功能，并就地显示监测点的实际值和各种报警信息。分站监测的物理量包括：减速器高速轴轴承温度和低速轴轴承温度，润滑油油温和油位，冷却水流量和压力；电动机绕组温度，转子前轴承温度和后轴承温度，冷却水流量和压力等。

远程终端则借助计算机的强大处理能力，实现故障的预警，历史数据存储、打印和查询等功能（图4）。

图4　远程地面集控中心

三、实施结果

SGZ1250/2400 智能型刮板输送机作为综采工作面主要输送设备于 2013 年 9 月在山西西山晋兴能源有限责任公司斜沟煤矿 18201 工作面投入为期一年多的工业性试验，运行一直稳定可靠，最高日产 3.2 万 t，最高月产 85 万 t，具有了良好的经济、社会效益。

2015 年 2 月，项目通过了省科技厅组织的成果鉴定，一致认为项目达到了国际领先水平，可完全替代进口。

四、主要成果

（1）研制的 SGZ1250/2400 智能型刮板输送机具有自主知识产权，并首次成功实现了示范应用，填补了国内空白。

（2）所拥有自主知识产权。发明专利：①一种矿用圆环链的热处理淬火方法；②一种煤矿井下刮板输送机及防断链控制方法。高压变频器获外观设计专利。

五、展望

智能型刮板输送机具有自主知识产权，满足年产千万吨综采工作面高端装备配套需求。希望进一步完善发展，使得设备功能更加先进，节能减员效果更好，取得显著的经济和社会效益，高端综采运输装备达到国际领先水平，不断满足市场需求。

案例 8
大型露天矿数字化控制挖掘机

太原重工股份有限公司

煤炭、铁矿、有色金属等是国家重要的战略资源，这些资源大部分通过露天开采获得，世界上约95%以上的露天矿山采用了大型矿用挖掘机进行采装作业，但由于矿用挖掘机的国外垄断，导致我国煤炭露天开采比例长期在低水平徘徊，针对该问题太原重工股份有限公司开发了 WK 大型挖掘机系列产品。该系列产品通过数字化设计、数字化控制、数字化运行，使变频调速装置成功地应用在齿轮齿条推压式大型挖掘机上，大大提高了挖掘机的性能与效率。

一、导语

露天开采因其资源利用率高、生产安全高效等优势而得到迅速发展。世界上约有 70% 的固体矿物资源由露天开采获得，年采剥总量达千亿吨；我国露采率约占 35%，年采剥总量达百亿吨。挖掘机是露天矿山开采系统中必不可少的关键龙头设备，承担着矿岩的挖掘和装载两大重要职能。

近年来，为满足露天矿山高效开采的紧迫需求，采装设备大型化、智能化已成为必然趋势，大型高效挖掘机的研制已成为制约露天矿山开采系统生产能力提升的瓶颈。通过多年的引进消化和自主创新，太原重工股份有限公司开发了大型挖掘机数字化设计平台，成功研制了 WK 系列变频控制矿用挖掘机，目前包括 WK-4、WK-10、WK-20、WK-27、WK-35、WK-55、WK-75，其中 WK-75 为世界最大的矿用挖掘机，其单斗挖装能力达到 135t（目前国外最大约为 109t），围绕着数字化变频挖掘机，公司创新性地进行了数字化设计、数字化控制、数字化运行等一系列研究，在控制技术方面取得了重大突破。

二、数字化控制挖掘机的关键技术

1. 产品研发存在的问题与难点

目前，产品研发面临的技术难题主要有：①大型挖掘机工作对象主要为性态各异的矿岩，服役环境极端恶劣（严寒等），工作载荷极其复杂（重载、强冲击、随机突变等），由此导致整机设计、制造难度极大；②变频调速在齿轮齿条推压式大型挖掘机上应用，并能够满足挖掘机大功率、低速、频繁起制动的使用工况，难度极大；③服役地点多为偏远山区且矿山地质条件复杂，设备 24 小时不间断运行及远程监控，难度极大。

2. 解决方案

矿用挖掘机的工作过程，主要由彼此独立而又紧密衔接的四个部分组成，分别为挖掘、回转、卸载和行走，此外，还有其他辅助机构。挖掘：即矿用挖掘机铲斗挖取物料的工作，它由提升和推压两个动作共同完成，推压机构使铲斗获得直线运动，保证铲斗插入物料内，并保持一定的切割厚度，提升机构使铲斗获得垂直升降运动，将铲斗提起，铲斗靠推压和提升沿采掘工作面作弧状运动铲取物料，完成采掘工作过程；回转及卸载：指挖掘过程结束后，将铲斗转向某一预定位置，打开铲斗底门，进行卸载，卸载后再转回工作面去进行继续采掘的工作过程；行走：指工作面采完后，要保证矿用挖掘机能继续采掘，需要让整个机体向前移动一段距离的工作过程。以上四个独立的工作过程，在实际工作中是相互交替、或同时进行的，从而构成矿用挖掘机的采掘作业。

（1）矿用挖掘机数字化设计。

本项目采用仿真分析与试验研究相结合的方法，以铲斗在挖装阶段（从切入至离开料堆）装满为前提，建立了模拟铲斗实际挖掘工况的离散单元分析模型，对矿岩的流动特性、矿岩与铲斗的相互作用、铲斗最佳轨迹与挖掘阻力的映射关系等进行了系统的仿真研究，经过与现场试验研究结果的对比和反复修正，确定了不同物理特性、不同松散程度、不同料堆形状矿岩条件下基于铲斗挖掘阻力最小的最佳挖掘轨迹以及相对应的挖掘阻力分布规律，形成了最佳挖掘轨迹族和挖掘载荷谱，解决了大型挖掘机研发中至关重要的"负载"这一重大技术难题。

（2）矿用挖掘机数字化控制。

矿用挖掘机由提升系统、推压系统、回转系统和行走系统协同作业，各个传动机构均由交流变频电动机独立驱动，提升机构由两台功率分别为1760kW的异步电机驱动、推压机构由一台功率为916kW异步电机驱动、回转机构由3台功率分别为700kW异步电机驱动、行走机构由2台功率分别为920kW异步电机驱动，各机构均采用速度闭环控制，与直流系统相比极大地提高了控制精度，成功地使变频调速装置在齿轮齿条推压式大型挖掘机上使用，在满足挖掘机使用工况的同时做到了机电的有机结合（图1）。

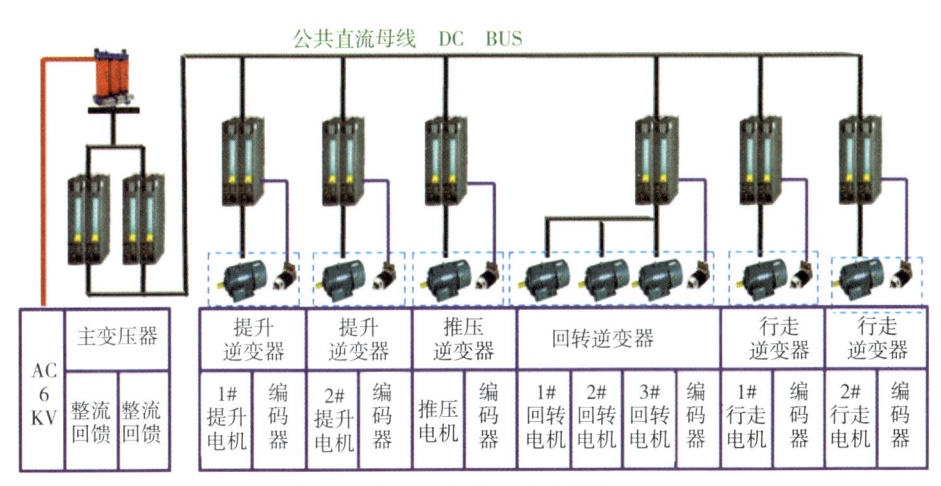

图1 WK系列矿用挖掘机驱动系统

针对挖掘机的特点，电控系统进行了以下几方面的数字化设计。

1）挖掘机特性曲线的设计。挖掘特性曲线的设计对实现挖掘机机械与电气系统性能的最佳匹配具有重要意义。通过对挖掘过程中重载挖掘、满斗提升、握持与制动、卸载、空斗握持及高速下放等各作业环节载荷、速度的动态匹配机理的研究，综合考虑挖掘载荷、电机

图2 挖掘特性曲线

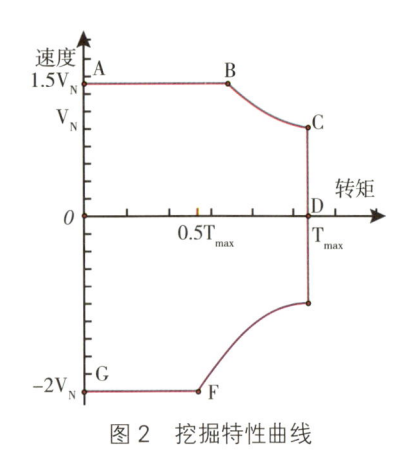

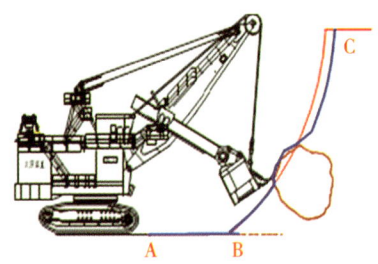

图3 适应载荷突变的挖掘轨迹

安装空间及系统成本等因素，提出了挖掘特性曲线关键参数的设计准则，建立了挖掘特性曲线设计的多目标优化模型，结合现场试验，设计出产品的挖掘特性曲线（图2），为定制设计高功率密度、低速大扭矩挖掘机电机提供了直接依据，填补了国内空白。

2）多系统协调智能控制的研制。由于地质条件多样、矿岩爆破不充分等因素，料堆内部暗藏的大块矿岩往往会导致挖掘载荷突变，传统作业方式无法实现连续挖掘，操作不当时还将引起起重臂异位和电机堵转，使挖掘效率和设备可靠性都受到了很大的影响。为了在载荷突变时可以实现连续挖掘，提出了适应载荷突变的提升—推压机构协调控制策略。通过对提升力矩进行判断，来限制推压力矩，以避免出现起重臂异位；通过对堵转趋势进行判断，来合理调整推压及提升力矩，以避免出现电机堵转，实现了以机构力矩和起重臂位姿为反馈信息的提升和推压机构相互协调的闭环控制，形成了与大块矿岩具体形状相适应的新挖掘轨迹（图3）。为了进一步提高系统在突变载荷下的挖掘效率，采用时窗滚动的策略，基于历史及当前检测信息预测突变载荷特征，提出了对提升力矩和推压力矩进行增量补偿的前馈学习控制方法，有效地减少了突变载荷作用下装备作业时间。

3）集成的控制系统。故障诊断（预控）系统由故障自诊断和运行监控组成，可在本机及远程控制。该系统实时检测设备的运行状态，包括制动系统状态、润滑系统状态、气路状态和辅助回路过流、过载等状态，可在人机界面自动提示的同时参与了系统控制，形成闭环，保护设备。除此之外，还监控设备的轴承、减速机、润滑油温等机械运动部件的运行状态，记录整机及机械零部件运行时间，实现状态预控，指导维护人员根据零部件的使用寿命及时维修和更换，避免发生故障或故障扩大。该系统实现了远程控制，可在远程进行故障分析和参数调整。

（3）矿用挖掘机数字化运行。

1）友好的适应矿山地质条件编程软件。大型露天矿主要有金属矿山及非金属矿山，地质条件千变万化，针对这种特殊工况，开发了"提升—推压优化控制软件"，可在HMI上灵活编程，实现提升、推压力量的最佳匹配，达到机械设备最佳的刚柔配合，可以缩短用户操作设备的培训时间，大大提高了生产效率。

2）运行状态监测—故障诊断。矿用挖掘机电气系统为综合监控（远程及本地）+PLC现场总线分布式控制＋多传动变频系统组成的三级控制系统。上位人机界面综合监控系统检测和显示挖掘机的运行状态及故障信息，实现运行状态模拟显示与故障自诊断；PLC通过PROFIBUS DP现场总线与整流回馈单元、各机构逆变器、人机交互控制界面、润滑控制系统等远程I/O连接，实现控制系统之间的数据交换及整机运行的时序逻辑控制；整流回馈公用直流母线多传动变频调速系统驱动各机构协同动作，实现对各机构变频电动机转矩与速度的精确控制。

挖掘机工作的特点是24小时不间断，其可靠性非常重要，通过对挖掘机工作过程的深入研究，自主开发了机械挖掘机运行监控系统，运行监控系统包括自诊断系统和远程监控两部分。

WK系列自诊断系统由矿用挖掘机的控制核心PLC和位于司机室的人机界面HMI组成，PLC通过其输入模块和PROFIBUS网路采集现场的信号，经过CPU处理将故障信息通过人机界面输出，当系统发生可复位及部分不可复位故障时，系统就会进行报警提示，对于曾经出现的故障可以通过历史故障界面进行故障的查询。

矿用挖掘机除可以进行实时故障提示和历史故障查询外，还可以通过"综合故障监测""润滑系统故障检测""辅助电机故障指示""通信故障和逆变器启动信号监测""逆变器故障监测"及"逆变器状态"等界面对系统运行状态及故障进行查询及监测。

3）远程监控。远程解决方案有无线数传电台、电话拨号连接、毫米微波通信、专线连接等方式，WK系列矿用挖掘机所采取的方案是基于互联网的VPN（虚拟专线）方案。VPN可以通过特殊加密的通信协议在连接Internet上的位于不同地方的两个或多个企业内部网之间建立一条专有的通信线路，就好比是架设了一条专线一样，但是它并不需要真正去铺设光缆之类的物理线路。

可以监控并直观显示挖掘机的工作状态是该系统的一个重要功能，实时读取数据，在中心服务站的PC/PG中打开wincc flexible软件，将所需要的数据在该软件画面窗口运行，画面中包括了与挖掘机相关的传动简图、运行状态、报警记录、辅助状态等状态数据，单击任何一个按钮相应弹出具体的子画面。

3. 实施结果

本项目的实施，彻底打破了发达国家对大型矿用挖掘机关键技术的封锁和产品市场的垄断局面，避免了我国大型露天矿山开采成套设备受制于人，为保障国家能源和资源供应、维护国家经济发展安全做出了贡献。也使太原重工股份有限公司成为了除美国卡特彼勒和美国久益环球两大跨国公司之外，世界上第三家拥有全系列大型矿用挖掘机自主研制能力的企业。

三、主要成果

本项目获授权发明专利 14 项、实用新型专利 42 项、软件著作权 3 项；制定国家标准 2 项，行业标准 1 项；发表论文 58 篇。

WK 系列大型矿用机械正铲式挖掘机于 2013 年获山西省科学技术一等奖；大型挖掘机变频调速系统于 2010 年获山西省科学技术二等奖。

四、当前存在的问题

露天矿山高效化、低耗化、智能化、绿色化开采的需求，对采装设备本身以及与之相匹配的运输设备，乃至整个露天开采工艺系统都提出了更大的挑战，主要体现在国内基础零部件研究尚不能完全满足大型矿用挖掘机发展的需求，例如：高可靠性优质电气元器件以及大功率、高可靠性、高适用性 IGBT 等基础元器件。

五、展望

数控系统在挖掘机上的成功应用，攻克了 WK- 系列大型挖掘机的技术难关，突破了制约我国大型挖掘机电控技术的瓶颈，使我公司成功地开发出了新一代系列矿用挖掘机产品 WK-12C、WK-20、WK-27、WK-35、WK-55、WK-75。未来露天矿用设备的控制与监视系统将通过遥测技术全面与矿山调度与维护管理信息系统连接在一起。未来 5 年时间里，我国将建立 15～20 家数字矿山，这是现代矿山向高产高效转型的必然结果。矿用挖掘机作为矿山的主要设备，也将得到飞跃性的发展。

案例 9

数控自动集体落纱细纱机研发

经纬纺织机械股份有限公司榆次分公司

细纱机近年发展表现在节能降耗、高质高产和高度自动化方面，呈现智能化、柔性化、模块化和复合化趋势。JWF1562E型数控长车细纱机以数控技术、信息技术为主导，以高精度自动化机械加工技术为基础，综合运用机、电、仪、光、气等先进技术手段，用数字化电子技术产品替代传统的复杂机械机构，典型机构有集体落纱气架升降伺服系统、卷绕成型电子凸轮等；该型细纱机具备准确可靠的数字化自动控制性能，使细纱纺制工序实现全过程自动化。

一、导语

随着我国"人口红利"优势的日益减弱，国内产业用工日趋紧张，劳动力成本逐年上升，特别是密集型用工的纺织行业，迫切需要高速节能，高效率智能化设备。环锭细纱机是纺织生产中量大面广的重要设备，在纺纱工艺流程中成纱的优劣集中体现在细纱工序，细纱机的综合性能直接影响成纱质量、用工多少、劳动强度以及经济效益各个方面，细纱机的技术经济指标可以反映棉纺行业的技术发展水平。

国产细纱机其设计技术水平、产品质量、可靠性、稳定性等性能指标相对稳定，国内市场占有率达到90%左右，但在智能化、自动化等方面与世界最先进设备相比尚有欠缺。近几年立达、丰田等企业将重心转移到中国市场，实现本土化生产，设备技术先进、性价比提升，尤其是在超长车、电子牵伸细纱机等方面优势凸显。因此，加快开发智能化、自动化、模块化、节能降耗的数控长车细纱机尤显迫切。研制的JWF1562E型数控长车细纱机外观见图1。

图1　JWF1562E型数控长车细纱机外观

二、主要创新点

1. 国内外同类产品的现状描述及分析

（1）国内外技术现状。

目前国外新一代棉纺成套设备以信息技术为主导，以高精度自动化机械加工技术为基础，运用机、电、光、气动、液压等先进技术，研制高效现代棉纺成套设备生产线。新一代棉纺设备的目标是实现纺织生产过程工艺参数的在线检测、显示、自动控制和自动调节，严格按照设定的工艺要求，以定性、定量、规范化、自动化的机械动作，完成传统纺织生产依靠人工完成的繁琐重复的手工操作，保证和提高产品质量，提高生产效率。

发达国家注重用高新技术装备传统环锭细纱机，高速度、高效率、节能、以电代机、自动控制技术都得到全面应用，现代环锭细纱机的机械速度达到 25000r/min，牵伸倍数达到 120 倍，适纺支数范围 4～200 英支，捻度范围 100～3500 捻/米。在牵伸、传动、电控等方面都处于优势，纺纱专件的性能和寿命也都处于领先水平。瑞士立达 K45、日本丰田 RX300E、德国青泽 351 以及意大利马佐里 MDS1 等各种新型细纱机的推出，尤其是细纱长车传动技术先进、制造精度高、自动控制灵敏，具有较高的可靠性和较强的市场竞争力。国内经纬纺机、上海二纺机等企业也在积极研发超长型、电子牵伸细纱技术。

（2）生产现状分析。

经过多年的技术创新，国产细纱机在高速、大牵伸、自动化和智能化的方向上也有较大发展，锭速可达 22000r/min，牵伸倍数 80 倍，并实现粗细联、细络联（可选配紧密纺装置）。

近几年，全国纤维加工量每年都在 2600 万 t 以上，占世界总量的 35%～45%，预计未来数年，还将以每年 6% 的速度增长。专家预测：我国纺机企业通过加强自主研发和引进消化国际先进技术，将实现具有自主知识产权的新型纺织机械技术的重大突破，进而加快纺织机械技术装备自主化，进一步提高设备的数控化和机电一体化水平。

2. 解决方案

（1）总体结构。

本项目研发的新型数控环锭细纱机，以现有机型成熟技术为基础，紧跟国际先进水平，满足用户对高速、节能、高可靠性的要求，达到机械锭速 25000r/min，工艺锭速 20000r/min，牵伸倍数 80 倍。全面适应国际最先进的棉纺技术发展新趋势。

重点研究适合环锭细纱机长车的电子牵伸、电子加捻、电子成型等技术，研究纺纱过程工艺参数的在线检测、在线调整等技术，简化工艺调整，减少用工，提高功效。研究 canbus 现场总线控制伺服技术，制定采用伺服控制器分别驱动前后罗拉实现电子牵伸、驱动钢领板实现电子成型的整体技术方案，采用直流母线断电同步的技术。

本机开发了新型油浴车头，解决了罗拉传动的薄弱环节，提高了可靠性。牵伸、卷绕、集体落纱均采用成熟的传动原理、路线，按照 6 锭一节罗拉的机架排列；人字臂采用拉的方法，避免推杆弯曲造成气架走形；理落管采用新型小滚轮、外错位机构，解决卡管问题。

（2）设计方案。

1）电控系统。

新型数控环锭细纱机动作复杂，程序控制严谨，可满足各种工艺的纺纱要求。电控系统既要有一套严密的、逻辑性很强的程序作保证，同时要有精确可靠的检测系统和保护措施。该新项目的控制程序依托经纬集落长车控制系统基础，重点在三个方面研究提高：稳定可靠性、提高留头率、扩展纺纱品种适应性。

细纱机电控系统由车头电气箱（图2）、车尾电气箱（图3）、车身电气三部分共同构成。车尾电气箱由可编程控制器、主轴变频器、集体落纱伺服控制系统和各种控制器件组成，主要完成风机启停和主轴的变速运行控制，同时与集体落纱伺服控制器和气动控制系统共同完成集体落纱的动作，并通过和触摸屏实时通信实现参数的设定和显示；车头电气箱由可编程控制器、牵伸伺服和钢领板伺服控制系统组成，主要通过跟踪主轴的转速来实现电子牵伸、电子加捻、电子成型。

由触摸屏作为人机界面提供人机交互系统，完成参数的设定、显示以及集体落纱系统的手动控制操作。整个控制系统以可编程控制器（PLC）作为主控器件、外围的输入器件（包括：按钮、传感器等）及输出执行器件（包括：变频器、伺服控制器、电磁阀等）相互配合，共同完成各种复杂的电气动作的控制。

在主控制系统中，通过触摸屏设定各种纺纱工艺参数，触摸屏通过RS485通信将设定数据传输给PLC，PLC将接收到的数据经过运算、处理，依据工艺要求控制整机的正常运转；输出模拟量控制变频器的运转频率实现主轴按预设速度运行；电子成型系统依据设定控制钢领板的升降完成纺纱成型。

2）主机与各模块的柔性化组合。

为了满足用户对细纱机的不同需求，在满足高品质高速纺纱基本功能的同时，进一步研究开发了集聚纺、赛络纺、粗细联及细络联等功能模块。在基本型主机设计时兼顾并预留各功能模块的接口，功能模块可柔性化组合，方便用户的选用和升级换代；各控制系统之间通过数字网络方式链接。

图2 车头传动及电气控制箱　　　　图3 车尾电气控制箱

3）电子牵伸、电子加捻、电子成型技术。

使用电子牵伸、电子加捻、电子成型技术后在更换纺纱品种时无需更换齿轮；只需在触摸屏上依据不同纺纱品种，设定最优化的纺纱工艺参数。提高功效、稳定质量，使化纤、粘胶混纺都能达到97%以上的留头率。

4）自动集体落纱。

集体落纱系统由电控系统、气动系统、人字臂气架部分组成。通过控制伺服驱动器完成集体落纱气架的上升和下降，控制气缸完成集体落纱气架的里、外摆，各个停顿位置由接近开关的输出信号确定。集体落纱系统可以在纺满纱后自行启动，当落纱信号发出后集落系统启动，完成满纱的拔取和空管的插放等一整套动作。

5）全自动理落管装置。

全自动理落管装置通过空管提升系统、空管落管系统、满纱输送系统，实现空管往凸盘上的放置和满纱的输送。

6）车头传动系统。

采用油浴齿轮箱，齿轮箱取消中间环节，轴承直接安装在箱体上，传动精度高。变换齿轮模数统一为2.5，承载力更强。改进摇臂、轴、轴承等牵伸传动部件环节，满足大牵伸，重载纺纱要求。车头传动系统三维示意图见图4。

7）新型凸盘输送机构。

凸盘输送导轨采用新型型材，用销轴定位，直接装在中墙板上，使用新型撑爪，保证每个撑爪正常工作，避免托盘错位，专利技术保证左右侧同步。凸盘输送气缸设计在整机中段，可以优化撑条的受力状况。

图4 车头传动系统

8）节能措施。①采用高效节能电机，中高频工作。②设计独特的锭带加压机构。③提高机架稳定性，减少振动以节能。

1200锭长车空车运转，国家标准19kW，新机设计16kW，机械测试运行比同锭数普通机型节能5%以上。

3. 经济技术指标

锭距（mm）：70；锭数：792~1200锭，每24锭递增；罗拉（mm）：3列 $\phi27$，每6

锭一节；升降动程（mm）：165、180（配铝套管锭子）；钢领直径（mm）：38、40、42、45（PG型平面钢领）；适纺纤维长度（mm）：≤60；适纺线密度：tex（Ne）2.95~98.4（6~200）；适纺捻度（捻/米）：162~1917（22锭盘），196~2202（19锭盘）；捻向：Z捻；牵伸倍数：总牵伸10~80倍，后区牵伸1.06~1.53倍；锭速（r/min）：12000~25000（变频调速，机械锭速）；锭子传动：滚盘传动，单张力盘；牵伸型式：三列罗拉，上短下长双皮圈，摇架加压；升降型式：电子升降。

4. 实施结果

数控长车细纱机具有高度自动化、柔性化、模块化的特点。最高锭数1200锭，最高机械转速25000r/min；集体落纱时间小于3min，满空管循环时间少于50min；插拔管率大于99.9%，落纱留头率大于97%。与国外同类产品相比，成纱质量相当，机器结构简单，维修方便，制造成本低，具有良好的性价比。

数控长车细纱机的实施，使公司获得了具有自主知识产权的纺纱工艺技术、大幅降低了设备能耗，提高了成纱质量、提升了产品技术附加值。分析未来纺织业发展趋势，数控长车细纱机有着广阔的市场前景，预计年销量1000台以上，销售额超7亿元人民币，在长车细纱市场占有率将达到50%。

三、主要成果

1. 专利情况

项目已拥有6项实用新型专利、3项国家发明专利，十余项专利正在受理中。授权实用新型专利6项：环锭细纱机主传动装置；环锭细纱机集体落纱抓管器；环锭细纱机集体落纱凸盘输送装置；上吸风紧密纺环锭细纱机；环锭细纱机锭带张力装置；自调心侧位夹持气动抓管器。授权发明专利3项：细纱机筒管自动理落管装置；环锭细纱机集体落纱凸盘输送装置；上吸风紧密纺环锭细纱机。

2. 标准制定

制定纺织行业产品标准《棉纺环锭纺纱机》《纺织机械电气设备通用技术条件》。

3. 人才培养

项目实施过程中，先后选送5名项目团队成员赴外深造学习，通过企业内部培训、技术比武和校企联合办学，分层次培养多名项目负责人、技术专家、专业技术拔尖人才。

通过与"经纬—意大利 MECHWORK 科技研发中心"、武汉纺织大学、中北大学等科研机构长期合作研发，与东华大学、天津工业大学等结合课题开展科技活动，增强团队成员的研发思维能力，提高理论水平。

四、存在问题

随着纺织行业设备的更新换代，纺机市场尤其是细纱机的市场容量很大。现阶段国内超长、高档细纱机推广应用尚在初级阶段，还需要用户技术、经济、管理各方面实力达到一定水准，因此市场对数控新型机型的应用需要有适应和熟悉的过程。

集体落纱中的钢带式凸盘输送机构是首次推出，虽采取多项技术措施以加强其运行稳定性，但毕竟是新产品，仍可能尚存不足，需在样机在生产运行过程中不断提高、改进。

五、展望

国家《纺织工业调整和振兴规划》明确纺织产业振兴基调，即调整市场结构、产品结构、产业结构和区域布局结构。把结构调整放在突出的地位，指出了纺织工业未来发展的方向和主流。我国是棉纺大国，环锭纺装备量约占到全球的 50%，其中国产细纱机占到 95% 以上。

数控长车细纱机机电一体化水平高，可便捷地设定和调整纺纱工艺参数和智能化操作，纺纱品种适应性广泛。在数控长车细纱机研发基础上，借鉴其核心技术，进一步可设计制造最高锭数达 1680 锭的超长车，并开发具有数字化智能化特征的粗细络全自动联合机，最终实现无人或少人生产车间的目标，进而推动我国棉纺行业的产业升级。

案例 10

全自动转杯纺纱机控制系统

经纬纺织机械股份有限公司榆次分公司

JWF1681型全自动转杯纺纱机是高速、自动化、智能化的高端纺纱机,具有独特的自动接头、全程纱线质量监控等功能。全机纺纱、接头、清洁、落筒各阶段动作全部实现数字化自动控制,自动接头机、自动抬筒机构、纺纱箱吹气取纤装置、恒张力纺纱控制装置等设计具有完全自主知识产权。程序软件可对花色纱的效果、复合纺的纤维组织等高级工艺设计进行分析和仿真。纱线质量和接头质量均达到国际先进水平。

一、导语

纺织工业是我国的国民经济主要产业之一，与此相关联的纺织机械制造业也是我国装备制造业的重要组成部分。大力振兴装备制造业，是党的"十八大"提出的一项重要任务，也是"十三五"发展的重要内容。

国内转杯纺纱机经过多年发展，虽然有不小的进步，但与国际先进水平相比，特别是在纺纱机械当中，差距依旧是最大的。因此，全自动转杯纺纱机技术被列为中国纺织工业协会十项纺织工业新型成套设备技术攻关和产业化项目之一，更是《国务院关于加快振兴装备制造业的若干意见》中"发展新型纺织机械"有关"高效现代化成套棉纺设备"的重要组成部分。

二、国内外转杯纺纱产品的技术水平描述及分析

国内外转杯纺纱机的技术水平有较大差别。高档的转杯纺纱机，其纺纱技术已发展得相当完美，转杯实际转速高达 15 万 r/min，引纱速度可达 250m/min，带全自动接头车，有纺纱全过程的纱线质量监控系统，可实现高度的自动化和生产的灵活性，并正在向自动化、智能化、个性化和更强的适应能力方向发展，代表机型有 Autocoro8、R60。

国内转杯纺纱机经过几十年的发展，从无到有，国内厂商主要以半自动中档产品为主，主要有日发、泰坦、淳瑞，高档转杯纺纱机则基本依赖进口。据估计，目前我国拥有 700 万～900 万头转杯纺，而环锭纺大约在 13000 万～15000 万锭，转杯纺纱头数占环锭纺锭数的比率约为 5%～8%，而且以低档产品为主，中高档产品只占到总数的 20% 左右。德国 Schlafhorst 公司 Autocoro 系列占有国内全自动纺纱机的大部分份额，剩余的份额为瑞士立达公司的 R 系列所占有。

经过不断地发展，目前国外全自动转杯纺纱机转速最高 20 万 r/min，引纱速度达 300m/min，单机纺纱头最多可配 600 头，智能化的全自动接头车和主机，由微机来控制其运行，其接头和落筒功能都集于一个自动接头车上，接头动作、清洁动作、落筒动作通过三套机构由微型控制器组合起来完成接头车所需的各种动作，纱线实现全过程监控。纺纱器单锭独立地步进马达喂入系统，使棉条的喂入更易控制，纱线品种更加多样。软件控制系统，使纱线全过程监控，能够实现竹节纱的效果分析和仿真、织造组织的设计与仿真以及可以拓展的许多功能。

三、全自动转杯纺纱机的技术发展趋势

现阶段，转杯纱已占据了低支纱领域的主导地位，随着转杯纺纱技术的发展，在中支纱领域，转杯纱的市场份额也越来越大。随着客户对纱线质量和生产效率的追求，中档转杯纺纱机有取代低档转杯纺纱机的趋势，而高档的全自动转杯纺纱机正在不断蚕食传统细纱机的领域。

随着市场的推动，转杯纺纱技术正在向高速、自动化和智能化方向发展，全自动转杯纺纱机正是这种技术发展趋势的体现者。这种趋势基本可概括为：① 高速化：转杯加捻速度达 15 万 ~ 20 万 r/min。② 自动化：高度机电一体化的产品，是无人化纺纱厂所选设备之一。③ 智能化：纱线生产全过程监控，接头全过程监控，可实现自我诊断，不同纱线风格的仿真。高度的生产灵活性以及满足不同个性化的需求。

四、解决方案

利用最新数控技术，开发高速、自动化、智能化的全自动转杯纺机。通过创造性工作，使我国国产转杯纺纱机的装备水平达到转杯速度 15 万 r/min、引纱速度 300m/min、全过程纱线质量监控、锭距 230mm 的新型全自动转杯纺纱机，可以生产真正的无接头纱，纱线质量和接头质量达到同期国际先进水平，与国际领先的 Schlafhorst 公司、Rieter 公司、Savio 公司产品充分竞争。

1. 转杯纺纱机控制系统概述

JWF1681 转杯纺纱机（图 1）控制系统主要由车身控制部分、中段控制部分及车尾清洁部分三部分组成，其中车身控制部分主要用于整机启停、传动电机控制和调速、纱线品质管理、参数设定、生产管理、故障管理以及在线监控等；中段控制部分主要用于自动接头功能的实现、单锭产量信息的统计以及单锭纱线品质监控等；车尾清洁部分主要用于左分梳辊电机、右转杯电机、工艺风扇、排杂风扇、筒纱传送带以及抬筒电机的控制。转杯纺纱机控制

图 1　JWF1681 转杯纺纱机外形

系统中人机界面与变频器之间采用 CANopen 通信，人机界面与从站控制器之间采用 CANopen 通信，设备其余运转部件的控制、故障检测等是由人机界面经扩展模块 X408 完成，人机界面与 X408 模块间采用 X2X 协议进行通信。

2. 转杯纺纱机主控系统控制要求

转杯纺纱机主控系统主要用于整机启停控制、传动部件控制、故障管理以及生产管理。

（1）运行控制。

主控部分传动部件启动顺序流程如图 2 所示，主控部分传动部件停机顺序流程如图 3 所示。

（2）传动部件控制。

1）工艺风机。工艺风机为变频控制，由工艺风机压力传感器测试实际负压，将所设定的负压值与实际负压值进行比较并实时调整，保证负压在一定范围内波动（6000～8000Pa），由此构成闭环控制。如果超出要求的范围且不能调整时，进行报警处理，通知工作人员清理废棉。

2）转杯电机。转杯电机包括左转杯电机（车头）和右转杯电机（车尾），左、右转杯电机转速相同。左、右转杯电机有变频调速及皮带轮调速两种形式，左、右转杯电机配置相同。

3）分梳电机。分梳电机包括左分梳电机（车尾）和右分梳电机（车头），分梳电机有变频调速及皮带轮调速两种形式，若为变频调速则其速度为开环控制，左右分梳电机可设置不同值，左右分梳电机参数相同。

4）引纱卷绕电机。引纱卷绕电机为变频调速并做闭环控制，即引纱卷绕电机自带旋转编码器与变频器之间做闭环控制，要求转速误差 ≤ 0.1%。

5）喂给电机。喂给电机为变频调速并做闭环控制，即引纱卷绕电机自带旋转编码器与变频器之间做闭环控制，要求转速误差 ≤ 0.1%。

6）横动电机。横动电机为变频调速，目前暂无横动测定。

（3）故障管理。

机器在运行过程中或停机未断电期间，发生故障后，通过报警指示灯提醒用户进行相关处理。根据故障特点，将故障分为状态指示、可控停车、限制或停止机器运转三种。状态指示故障仅作为故障提示，可在机器运转状态下复位故障，机器可正常运转；可控停车指由专业检修人员确定是否需要停车检修。

（4）生产管理。

生产管理根据从站控制器的数据统计信息及相关参数的设定，由主站控制器汇总计算后形成相关生产数据及其报表。生产管理模块框架如图 4 所示。

案例 10
全自动转杯纺纱机控制系统

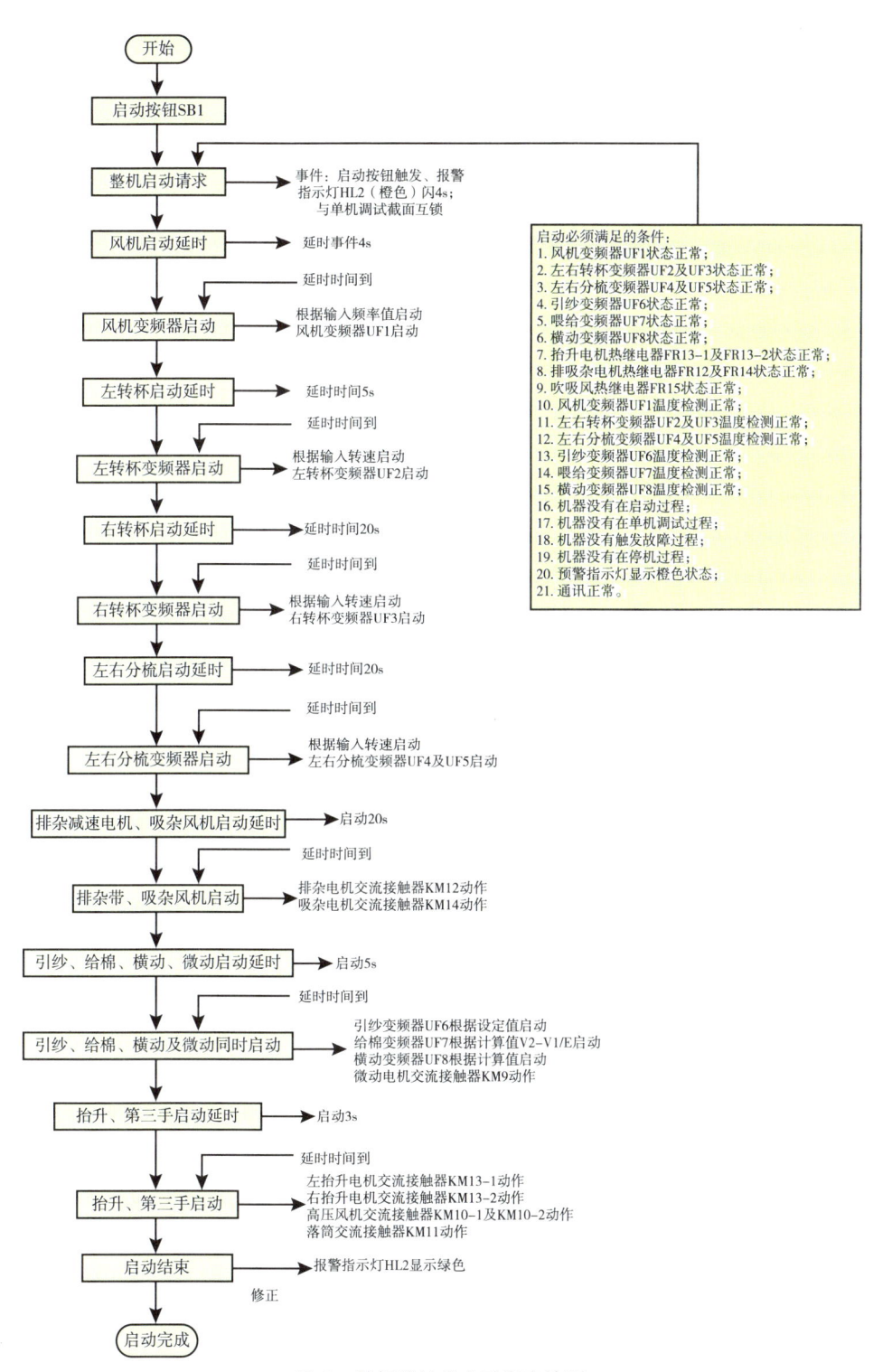

```
开始
 ↓
启动按钮SB1
 ↓
整机启动请求 → 事件：启动按钮触发、报警
               指示灯HL2（橙色）闪4s；
               与单机调试截面互锁
 ↓
风机启动延时 → 延时事件4s
 ↓ 延时时间到
风机变频器启动 → 根据输入频率值启动
                风机变频器UF1启动
 ↓
左转杯启动延时 → 延时时间5s
 ↓ 延时时间到
左转杯变频器启动 → 根据输入转速启动
                  左转杯变频器UF2启动
 ↓
右转杯启动延时 → 延时时间20s
 ↓ 延时时间到
右转杯变频器启动 → 根据输入转速启动
                  右转杯变频器UF3启动
 ↓
左右分梳启动延时 → 延时时间20s
 ↓ 延时时间到
左右分梳变频器启动 → 根据输入转速启动
                    左右分梳变频器UF4及UF5启动
 ↓
排杂减速电机、吸杂风机启动延时 → 启动20s
 ↓ 延时时间到
排杂带、吸杂风机启动 → 排杂电机交流接触器KM12动作
                      吸杂电机交流接触器KM14动作
 ↓
引纱、给棉、横动、微动启动延时 → 启动5s
 ↓ 延时时间到
引纱、给棉、横动及微动同时启动 → 引纱变频器UF6根据设定值启动
                                给棉变频器UF7根据计算值V2-V1/E启动
                                横动变频器UF8根据计算值启动
                                微动电机交流接触器KM9动作
 ↓
抬升、第三手启动延时 → 启动3s
 ↓ 延时时间到
抬升、第三手启动 → 左抬升电机交流接触器KM13-1动作
                  右抬升电机交流接触器KM13-2动作
                  高压风机交流接触器KM10-1及KM10-2动作
                  落筒交流接触器KM11动作
 ↓
启动结束 → 报警指示灯HL2显示绿色
 ↓  修正
启动完成
```

启动必须满足的条件：
1. 风机变频器UF1状态正常；
2. 左右转杯变频器UF2及UF3状态正常；
3. 左右分梳变频器UF4及UF5状态正常；
4. 引纱变频器UF6状态正常；
5. 喂给变频器UF7状态正常；
6. 横动变频器UF8状态正常；
7. 抬升电机热继电器FR13-1及FR13-2状态正常；
8. 排吸杂电机热继电器FR12及FR14状态正常；
9. 吹吸风机热继电器FR15状态正常；
10. 风机变频器UF1温度检测正常；
11. 左右转杯变频器UF2及UF3温度检测正常；
12. 左右分梳变频器UF4及UF5温度检测正常；
13. 引纱变频器UF6温度检测正常；
14. 喂给变频器UF7温度检测正常；
15. 横动变频器UF8温度检测正常；
16. 机器没有在启动过程；
17. 机器没有在单机调试过程；
18. 机器没有触发故障过程；
19. 机器没有在停机过程；
20. 预警指示灯显示橙色状态；
21. 通讯正常。

图2 转杯纺纱机启动顺序流程

73

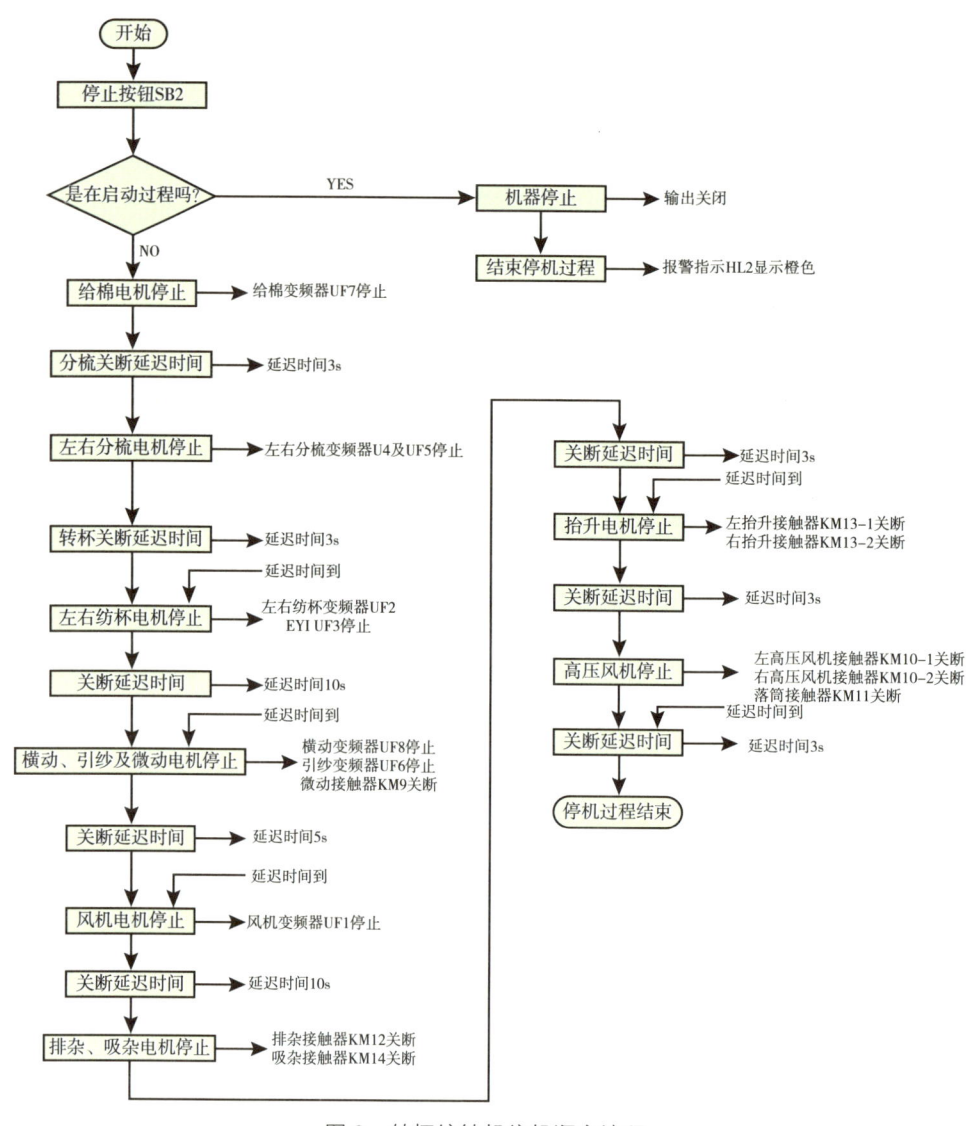

图 3　转杯纺纱机停机顺序流程

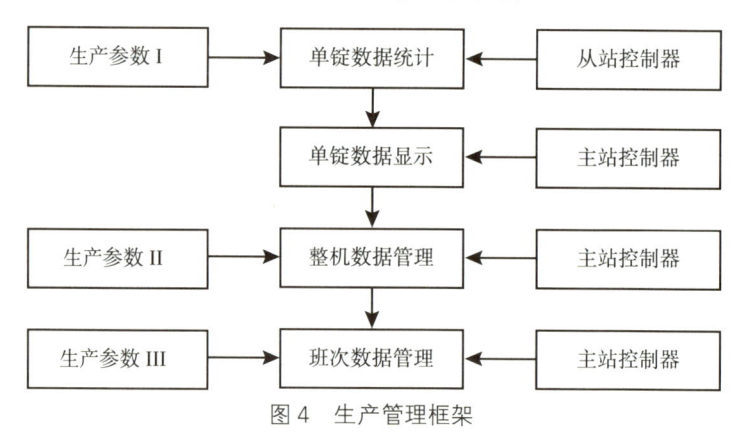

图 4　生产管理框架

3. 转杯纺纱机从站控制器控制要求

从站控制器主要完成自动接头、正常纺纱运转、单锭记长、产量统计、纱线质量检测等功能。

（1）自动接头功能的实现。

自动接头功能实现流程图如图5所示。

1）初次开车状态。

计算机记长清零，喂棉电磁铁G40不得电，抬筒电磁阀G35得电，筒纱止动电磁铁G36不得电，抬皮辊电磁阀G37得电，送纱电磁铁G39不得电，清除损伤纤维电磁阀G41不得电，吸纱电磁阀G56不得电，指示灯G50红闪烁，如有底纱，发出接头准备信号，如无底纱，进行"临时停锭或落纱打底纱"操作。

2）接头状态。

在发出接头准备信号时即G50红闪烁，工作人员拉出适当长度的纱线，按下按钮开关（2）G31，筒纱止动电磁铁G36得电，指示灯G50绿亮，发出接头信号，工作人员拉紧纱线，定长切断，打开纺纱器，接近开关G42断开，清洁纺纱器，合上纺纱器，接近开关G42触发，接头程序开始并计时t1（必须在G50灭时），同时，吸纱电磁阀G56得电，清除损伤纤维电磁阀G41得电，在这段时间内，工作人员把纱线按要求送入引纱管，t1结束，喂棉电磁铁G40得电，开始喂棉，t2开始；t2结束，清除损伤纤维电磁阀G41失电，t3开始；t3结束，送纱电磁铁G39得电（延时1s后失电），t4开始；t4结束，抬皮辊电磁阀G37失电，吸纱电磁阀G56失电（延时5s后失电），筒纱止动电磁铁G36失电，电子清纱器G55验结检测（如有问题转入清纱状态），t5开始；t5结束，抬筒电磁阀G35失电，t6开始；t6结束，断纱传感器G45开始检测（如有问题转入断纱状态），同时记长开始继续，指示灯G50灭，其他延时结束后，接头完成。

3）断纱状态。

断纱传感器G45检测到断纱，发出断纱信号，喂棉电磁铁G40失电，中止喂棉，抬筒电磁阀G35得电，筒纱止动电磁铁G36不得电，抬皮辊电磁阀G37得电，送纱电磁铁G39不得电，清除损伤纤维电磁阀G41不得电，吸纱电磁阀G56不得电，指示灯G50红闪烁，发出接头准备信号。

4）预清洁状态。

（可设定，6~20小时，连续纺纱）主控计算机发出预清洁信号，发出预清洁信号，喂棉电磁铁G40失电，中止喂棉，抬筒电磁阀G35得电，筒纱止动电磁铁G36不得电，抬皮辊电磁阀G37得电，送纱电磁铁G39不得电，清除损伤纤维电磁阀G41不得电，吸纱电磁阀G56不得电，指示灯G50红闪烁，发出接头准备信号。

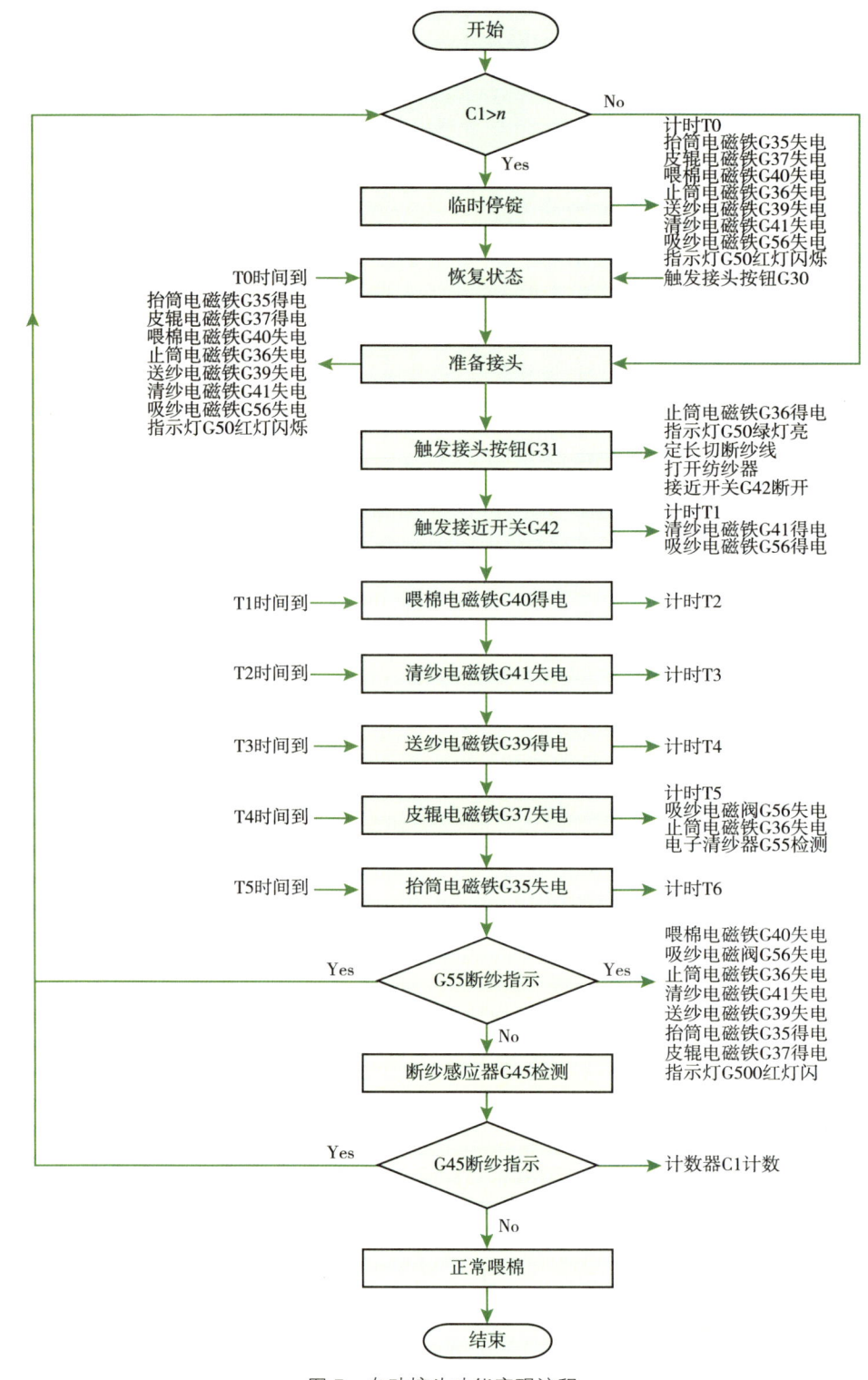

图 5　自动接头功能实现流程

5）电子清纱器中断。

电子清纱器 G55 检测超过设定值，发出清纱信号，喂棉电磁铁 G40 失电，中止喂棉，抬筒电磁阀 G35 得电，筒纱止动电磁铁 G36 不得电，抬皮辊电磁阀 G37 得电，送纱电磁铁 G39 不得电，清除损伤纤维电磁阀 G41 不得电，吸纱电磁阀 G56 不得电，指示灯 G50 红闪烁，发出接头准备信号。

6）休眠状态。

按按钮开关（1）G30，喂棉电磁铁 G40 失电，中止喂棉，抬筒电磁阀 G35 不得电，筒纱止动电磁铁 G36 不得电，抬皮辊电磁阀 G37 不得电，张力补偿钩电磁铁 G38 不得电，送纱电磁铁 G39 不得电，清除损伤纤维电磁阀 G41 不得电，吸纱电磁阀 G56 不得电，指示灯 G50 红灯亮，发出临时停锭或落纱信号，可手动抬到最高位，可落纱（换管打底纱）；加空筒管并使筒管与卷绕罗拉接触，再按按钮开关（1）G30，人工恢复；恢复状态，喂棉电磁铁 G40 不得电，抬筒电磁阀 G35 得电，筒纱止动电磁铁 G36 不得电，抬皮辊电磁阀 G37 得电，送纱电磁铁 G39 不得电，清除损伤纤维电磁阀 G41 不得电，吸纱电磁阀 G56 不得电，指示灯 G50 红闪烁，发出接头准备信号。

7）故障状态。

由于接头连续 n 次不成功（n 可以设定）；程序出现故障等原因，指示灯 G50 亮，发出临时停锭信号，按人工恢复，不操作 2S 后自动恢复。

8）满筒状态。

（可设定）计算机记长到达规定值，发出满筒信号，喂棉电磁铁 G40 失电，中止喂棉，抬筒电磁阀 G35 得电，指示灯 G50 绿闪烁，抬皮辊电磁阀 G37 得电，发出满筒信号，进行"临时停锭或落纱打底纱"操作。

（2）纺纱管理功能的实现。

纺纱管理功能实现主要指从站控制器经断纱感应器统计纺纱产量、纺纱时间、断头率以及当前纺纱状态，并通过 IQplus 统计纱线棉结、粗节、细节及周期性纱疵，从站控制器统计完成上述参数后，经 CAN 总线将统计值发送至主站控制器。

上述参数在无主机清零指令时，需要连续统计，并需掉电保持。参数清零后，自零开始统计。

4. 转杯纺纱机人机界面设计要求

人机界面主要包括生产管理、质量管理、信息管理、参数设定、班次设定、服务设定及测试功能等。

设备正常运转时，根据用户权限的不同，主界面显示不同的数据内容，可供选择的主界面内容有三页，分别定义为人机首页、速度监控及单锭监控，当设备发生故障时，主界面显示当前出错的屏幕，在出错屏幕上显示故障位置、错误代码等帮助信息。

五、主要成果

项目所涉及的产品具有完全自主知识产权，项目中一些独特的硬件设计，如自动接头部分的设计以及自动抬筒机构的设计，获得国家发明专利。包括：机、电、气一体化半自动接头系统，纺纱箱吹气取纤装置，恒张力纺纱控制装置。

六、展望

全自动转杯纺纱机是高度机电一体化的产品，市场进入的门槛非常高，全球至今只有3家公司生产。中国作为全球最大的纺织设备市场，预计10年内，国内对全自动转杯纺纱机的需求将稳定在每年300～500台，国际市场需求每年基本在500～1000台。将全自动转杯产品快速推向市场，将能够为用户提供更多的选择机会，为我国纺织行业的产业升级和技术进步起到积极的推动作用。该项目缩小了国产转杯纺纱机与国际先进水平的差距，加快了振兴纺机制造业数字化自动化智能化步伐。

案例 11
数字化高效精梳机技术研究

经纬纺织机械股份有限公司榆次分公司

精梳工序是提高成纱质量的关键工序之一。JWF1275型数控高效能精梳机利用数字化三维仿真对关键零部件车头传动、中墙板和锡林、钳板动态平衡机构、分离罗拉传动机构进行深入技术分析和全面优化设计，采用了包括可编程控制器、主机变频及其编码器、带电子凸轮的伺服控制器、人－机界面、采样执行元件等数控和机电一体化部件。该机型高速、优质、高产，性能优良，自动化程度高，可实现生产现场网络控制，从而大大提高劳动生产率。

一、导语

纺织工业"十二五"计划要求纺织行业要大力发展无卷绕、无接头、无梭布和精梳纱的产品(简称"三无一精"),到"十二五"末纺织企业的"三无一精"纺机设备要达到65%以上,要求加快纺织行业结构调整、产品升级的步伐,逐步用先进的自动化数控装备代替用工多耗能高的旧型设备,提高企业核心竞争力,实现我国由纺织大国向纺织强国的转变。

据统计,目前我国精梳纱占全部纱线总产量的比例为23%,与发达国家51%的水平差距较大。根据2014年国内市场调查估算,将精梳纱的比例提高到35%以上,才能基本满足市场需要。精梳机是生产精梳纱的核心设备,按常规每万锭配置一套精梳机组(包括六台精梳机、一台条并卷联合机)计算,精梳设备拥有巨大的市场空间。图1为研制的JWF1275型数控高效能精梳机。

图1 JWF1275型数控高效能精梳机

二、主要创新点分析

1. 国内外同类产品的现状描述及分析

梳理速度是精梳机技术水平的重要标志,瑞士立达公司生产的E66型精梳机,设计速度500钳次/分,理论产量75kg/h;最新产品E80型精梳机,产量84kg/h,小卷定量80g/m,生产效率达到96%。意大利马佐利公司的CM500型精梳机,设计速度为500钳次/分,理论产量80kg/h；最新机型CM600型精梳机，设计速度为600钳次/分，理论产量90kg/h；国内最新型精梳机设计速度450钳次/分，理论产量66kg/h。在工艺性能及质量方面，为了保证精梳条的质量，国外先进机型已实现生产操作、工艺设置、质量监测的智能数字化自控，较国产精梳机在自动化控制方面有明显优势。

2. 市场需求分析及产品存在的问题和难点

随着人民生活水平的提高，纺织品向高档化、多功能、高附加值和深加工方向发展，精梳工序是提高成纱质量的关键工艺之一，国内和国际市场对精梳纱的需求一直持续增加。精梳纱的售价比普梳纱要高30%左右，使用先进的精梳设备是企业改进产品结构、提高经济效益的有效途径。目前我国精梳纱占全部纱线总产量的比例还有很大的上升空间，高效能精梳机市场前景看好。

多数纺织机械的工作机构以连续回转运动为主，而精梳机主要工作机构钳板等则是间歇的往复运动，因而传动系统多而且复杂，数字化伺服驱动系统研发难度要高于其他纺织机械。经多年的研发试制，无论是全数字化伺服多轴驱动型或是局部数字化伺服单轴驱动型的棉精梳机，虽然都推出了试验样机，但都未全面推向市场，JWF1275型数控高效能精梳机是在借鉴国外先进技术的基础上，自行开发研制的具有自主知识产权的新型纺机产品。

3. 解决方案

（1）研发内容概述。

机械结构设计：在深入研究分析精梳机各个部件工艺功能、动作机理、组成结构之后，对整机进行三维造型设计和数字模拟装配，内容包括：车头墙板、车中墙板、底板的结构和工业造型设计；锡林钳板变速原理、机构设计；梳理部件材质改进、分离罗拉传动优化设计以及钳板动态平衡机构和梳理隔距设计等。

控制系统设计：完成数字化传动自动控制系统设计研发和试验验证，包括可编程控制器、带电子凸轮的伺服控制器以及分离罗拉伺服电机的软件编程、人机界面设计等。其中分离罗拉伺服电机驱动系统见图2。

（2）机械结构设计。

1）主传动系统稳定性设计。精梳机的速度高低是衡量其技术水平的重要标志，而高速带来的机器振动是限制速度提高的原因之一。为此，新型精梳机设计增加分离罗拉直径，改变行星轮系的齿数比，在增加精梳棉网接合长度

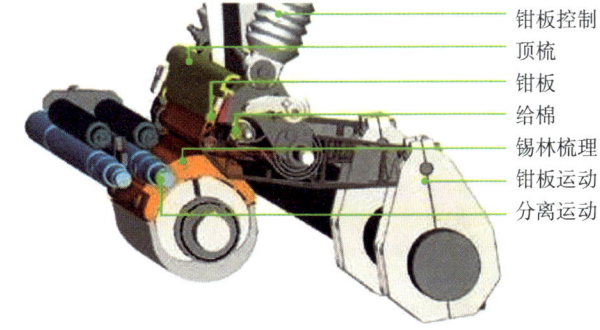

图2 分离罗拉伺服电机驱动系统

的同时，使分离罗拉顺转瞬时速度降低，加速度也随之降低，这样可以有效遏制分离罗拉的扭振，新型车头传动系统见图3。

2）新型模块化车头传动箱体。新型精梳机的车头传动箱采用模块化设计，根据传动系统的结构布置，对车头墙板、底板的成形及车中机架采用Pro/E三维设计软件重新设计。增加整体下机座强度，改进车头箱、中墙板铸件结构，更好保证铸造、机加工和装配的精度。

图3 新型车头传动系统

为验证设计的有效性，在车头箱体样坯加工完成后，反复试验检测车头传动，验证设计方案。机架、箱体，稳定性、抗震性都有较大提高，车速从300钳次/分到500钳次/分，运转震动减小，噪声降低。

3）高速变速梳理技术。高速精梳机并非仅仅提高机械速度，生产速度大幅提高后在纤维梳理—输出往复过程中对棉网的保护就提出更高要求，如何保持高速下精梳棉网的梳理效果，是机构设计重点解决的问题之一。由于高速锡林梳理过的棉丛抬起时间减少，新旧棉丛接合困难，将直接影响精梳条的条干质量。为了使梳理过的棉丛有足够的抬起时间，新型精梳机锡林轴传动采用了两对非圆齿轮组成的两级变速传动机构，产生升速和降速的速度转换，这样在锡林分梳阶段中，上、下钳板闭合时夹持棉层，锡林以高出车速40%左右的速度进行梳理。

4）钳板传动系统和钳板开口控制技术。钳板机构是精梳机高速运转的关键件之一，钳板机构通过曲柄滑块实现高速往复运动，直接与惯性力和惯性力矩相关，是机件设计重点之一。根据钳板机构的运动学和动力学分析，计算不同状态下钳板结合件的受力情况：①优化钳板座结构形状；②优化上下钳口便于纤维的控制；③优化上钳板加压机构；④采用镁合金钳板座；⑤优化钳板的稳定加压，适应重定量工艺。通过一系列技术创新设计，有效地降低钳板组件的运动惯量，减轻机器振动，降低噪音，为机器长期稳定的高速运转创造条件。

5）三上三下附压力棒曲线牵伸装置。影响精梳条干CV水平的原因是各种机械波的干扰，其中牵伸波主要是因牵伸机构的精度不良、摩擦力界分布不合理造成的。因牵伸装置对不同长度纤维控制效果不同，牵伸波的控制主要是通过牵伸隔距与牵伸加压，控制在牵伸过程中浮游纤维变速的随机性。因此，通过改变精梳机牵伸装置和形式，确保精梳条重量偏差减小，棉条波谱图质量提高，条干不匀率降低0.4个百分点。新型牵伸机构使精梳条搭接波的调整非常理想和稳定，条干质量和成纱水平有很大提高。

（3）控制系统设计。

1）系统概述。电气控制系统安装于车中部电气箱内，使用可编程序控制器控制变频器的运行，从而带动全机。

显示单元包括两部分，触摸式显示屏可以设定工艺、控制等参数，并显示班产量、总产量、条筒定长、出条速度、车速等参数及设备的状态和故障。

工艺流程模拟显示板上有12只发光二极管，它们按照故障的发生情况，分别显示在面板上精梳机示意图的相应部位，有故障时相应的指示灯亮，便于操作人员迅速排除故障。工艺流程模拟显示板见图4。

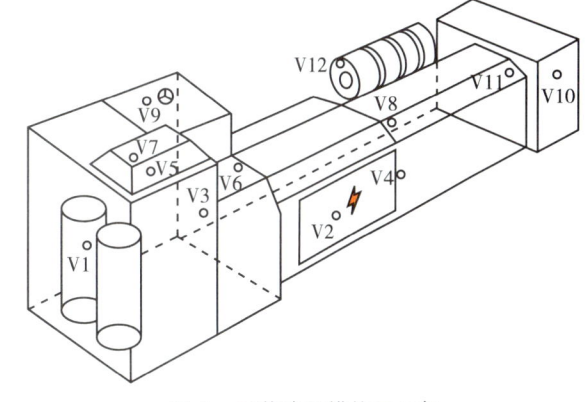

图4 工艺流程模拟显示板

本机电气控制系统以可编程序控制器（PLC）为主控制中心，PLC将其输入点所接按钮、开关等输入装置的状态读取后，根据预先编写并储存的程序，执行逻辑、顺序、定时、计数及算术运算，产生相对应的输出信号或具体数值，输出信号控制各指示灯、变频器、电磁阀、接触器等输出装置的起停。

2）控制电路单元。控制电路单元由经纬精梳专家系统、CAN-BAS现场控制总线、交流变频驱动、触摸屏显示仪及行程开关、传感器和电机等执行元件组成，具备故障显示、运行保护和生产管理等功能。其中32位嵌入控制系统，CAN-BAS现场控制总线，可实现生产现场的网络连接，具备远程监控功能。触摸屏可显示机器故障位置名称和故障代码，提供对用户设备故障诊断能力，具有更好的可操作性。实时准确检测、显示吸风负压，便于监控、调节。开关量单眼光电控制系统，随时检测台面棉网状况。

执行系统由气源输入、气动三联件和压力阀、电磁阀、节流阀、执行气缸及管路和管路接口件组成。采用费斯通（FESTO）气动元件，确保整机控制系统的稳定性。

3）空筒拨杆位置控制。调整磁感应开关位置，使得拨杆在原位时，触点有输出，同时指示灯亮；当拨杆拨入空筒，拨杆处于摆出的最大位置时，触点输出，指示灯亮。

4）计长传感器。调整接近开关位置，在计数齿轮齿顶接近时，触点动作，指示灯亮；齿顶离开时，触点复位，指示灯灭。

5）换筒精确定位停车。调整接近开关位置，使感应片接近触点时，感应动作，指示灯亮。两者间隙一般在3mm左右。由于感应片装于圈条器上，故每转一转，触点被感应一次，即正常运行时，指示灯为闪烁指示。

6）单眼检测控制。调整单眼传感器和小台面板的位置，使单眼传感器的指示灯在正常工作时灭，当台面上棉网过轻或过重时，均能倾斜，使传感器动作，报警指示灯亮，同时使对应的 PLC 输入扩展模块的指示灯灭，延时到，发出停车信号。

7）圈条器罩保护控制。圈条器罩关闭时，反射板反射的光线能被反射板接收到，无信号输出，指示灯不亮。当圈条器罩打开或圈条管堵塞后，接收不到反射光线，指示灯亮，发出停车信号。

8）定位停车控制。主轴每转一周，指示灯亮一次。根据实际的停车情况调整分度盘内的定位圆盘初始位置，使车能准确停在指定位置。

9）飞花通道检测。飞花通道的检测使用了一组对射式光电开关，调整二者的相对位置使通道内无堵花时，接收端能接收到发出的光，指示灯灭；而当光路被堵时，指示灯亮，当堵花持续到所设定的延时时间时，发出停车信号。

10）漏条检测控制。漏条检测传感器的位置与机械零件配合调整，使开关与零件在中间位置。当有漏条发生时，触点灯亮。正常过棉条时，触点灯灭。

11）后拉门位置保护。两扇后拉门用两只光电开关来检测其是否关闭。调整光电开关的位置，使拉门完全关闭后，光电开关能动作，使 PLC 指示灯亮。任一扇后拉门拉开后，光电开关能复位，指示灯灭，切断输出，使主机停止运行。

12）牵伸系统门位置保护。调整行程开关位置，当牵伸系统门完全关闭后，压下行程开关压轮，使常开触点闭合，指示灯亮，允许开车。当门打开时，常开触点能脱开，切断主机控制回路。在按下消除光电监控按钮后，在"光电监控"时间内，可在牵伸门开启情况下启动主机。

13）牵伸喇叭口检测。调整接近开关，使牵伸喇叭口放下后触点感应，指示灯亮，喇叭口抬起后，指示灯灭，断开主机控制回路。

14）牵伸罗拉缠绕行程开关控制。小气缸接触自停共 6 个开关，当摇臂放下并加压后，任何一个都不会接通，当罗拉缠花到一定程度时，靠近缠花处的一个或数个开关会接通，使指示灯亮，切断主机控制回路。

4. 实施结果

（1）实现网络连接及通信；具有主电机变频调速，有效保证车速稳定、牵伸可靠；触摸屏故障处理，屏幕可显示机器故障位置名称和故障代码，提供用户设备故障远程诊断能力，具有很好的可操作性。

（2）具有高速、优质、可配置不同控制方式的功能，自动化程度高、性能稳定，实现生产现场网络控制。

（3）制造精度和安装精度高，省工省时。纺纱优质高产，成纱质量达到乌斯特公报 5% 水平。

（4）改善劳动条件，减少维修保养工作量，劳动生产率提高，减少用工。经用户生产实践，每套机组（6台车）用工可减少1人。

三、主要成果

1. 专利情况

项目共产生8项实用新型专利，4项发明专利。

2. 标准制定

参加制定了《纺织装备可靠性设计》等五项国家标准；制定了《棉精梳机》《棉条并卷机》等4项纺织行业产品标准；制定了《精梳机》《条并卷机》等多项企业标准。

四、展望

由于高质量、高品质、多附加功能的棉纺织产品的需求不断增加，国内外对高支精梳纱的需求量增长迅速，纺织企业已普遍采用高速高效的精梳机。研发具有数字化自动控制的新型数控高效能精梳机，完全符合国家的产业政策，是纺织机械装备发展的主流方向。

案例 12

多轴伺服无梭织机控制系统研究

经纬纺织机械股份有限公司榆次分公司

多轴交流伺服无梭织机通过研究新型大功率伺服电机直接驱动主轴的控制技术，选用稀土永磁交流伺服电机，解决了高速打纬、多电机控制同步协调和电子送经电子卷取等关键技术问题。该机经过生产实验，实现了织造的全过程数字化，是一种集高速、高效、优质、省工、适应品种范围广等优势为一体的新一代国产高档无梭织机。

一、导语

无梭织机是集电子技术、计算机技术、精密机械技术和纺织工艺技术为一体的高新技术产品,是织造产业升级、纺织产品换代的关键设备。近几年来,无梭织机技术进步的速度正在加快。

目前国内无梭织机生产企业有十多家,大多生产低档织机,整体水平与国外差距较大,涉足高档织机的更寥寥无几,在高档高速织机领域,几乎是进口织机一统天下。开发具有自主知识产权的高档高速织机,替代进口织机,对促进民族工业振兴,打破国外品牌一统天下的格局,对我国织造产业的产品更新换代,意义重大。为此,经纬纺机研发了JWG1732型多轴交流伺服无梭织机(图1)。

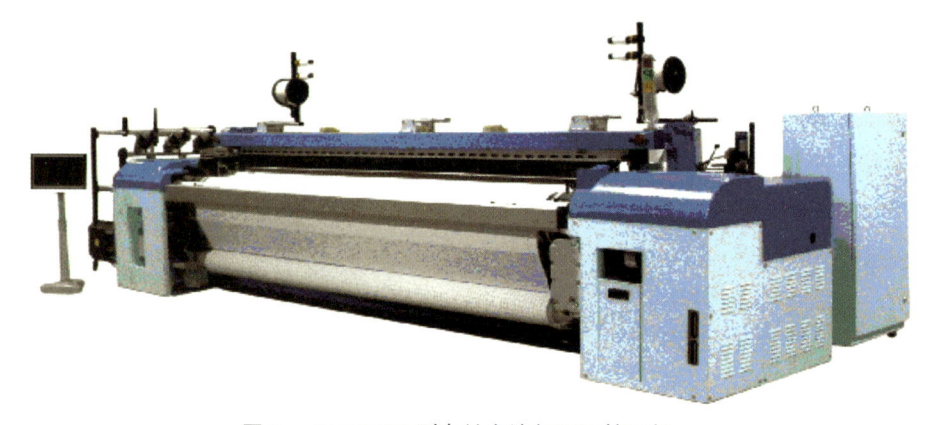

图1 JWG1732型多轴交流伺服无梭织机

二、主要创新点分析

1. 国内外同类产品的现状描述及分析

(1)国内外技术现状。

无梭织机制造商主要集中在欧洲和日本。欧洲以瑞士苏尔寿(Sultex)、德国多尼尔(Dornier)、比利时必佳乐(Picanol)、意大利意达为代表,日本以津田驹、丰田、日产为代表。欧洲生产的织机具有高智能、高可靠性特点,日本生产的织机特点是简单实用、价格适中。国外剑杆织机生产效率都比较高,其入纬率高达1520m/min,最高转速650r/min。

国内研制、生产无梭织机的状况：一是直接引进国外技术、合作生产；二是通过消化吸收国外技术，自主开发适合我国国情的无梭织机；三是近几年外国公司在国内合资或独资建厂，生产高档无梭织机，他们的先进技术与国内制造资源相结合，形成明显优势。如比利时必佳乐（Picanol）公司在苏州生产的GTM系列织机，就具有很强的竞争力。近年来国内研制生产无梭织机厂家有近50家，产品集中在中低档次，如剑杆织机车速低于400r/min，入纬率小于1000m/min，多数企业的产品质量和可靠性还有待进一步提高。国内有为数不多的企业虽然可以生产档次较高的产品，但在技术上与国际先进水平的产品相比仍有较大差距，进入市场销售也较少。

（2）国内外技术发展趋势。

综观世界无梭织机制造企业，主要有欧洲、日本两大阵营，对其产品进行全面分析研究，可以看出国外无梭织机技术发展的总体趋势。

电子送经、电子卷取已成为剑杆织机和喷气织机的标准配置；电脑控制的步进电机实现电子选色、电子绞边、电子剪纬；调整引纬参数、调节喷气织机的引纬供气量，都用电脑软件，可实现智能化。特别是自动巡航、织造导航、调整导航、自我导航、跟踪导航，使织机状态显示功能更加全面、充实。

具有超强启动功能的Sumo电机和大功率伺服电机直接驱动的应用，使织机结构紧凑、效率高、能耗小、变速方便快捷；并可以根据不同品种纱线原料，在运转过程中变换车速，同时可以节能。

织机的高速、高效及广泛的品种适应性是世界上先进的无梭织机技术发展趋势，剑杆织机的入纬率可高达1300m/min（转速680r/min），喷气织机入纬率可高达2470m/min（转速1300r/min）。

总之，先进的无梭织机都已配置具有当代设计特征的完整的电子控制系统。织机的整体性更加完备，自动化、智能化程度更高，其高速、高效、优质、省工、适应品种范围广等优势也更为明显。无梭织机的多种功能控制技术已趋于成熟，其记忆、存储、计算、数据处理、故障自我诊断、自动报警以及织造工艺参数设定的专家系统（控制软件）也由专业公司成功研发，从而全面增强了无梭织机快速、灵活的应变能力，充分满足不断变化的市场需求。

2. 解决方案

（1）技术论证。

JWG1732型多轴交流伺服无梭织机重点研究织机大功率伺服电机直接驱动主轴的控制技术，研究电子送经和电子卷取的控制要领，达到纬密和织造张力的恒定，提供用户有效处理开车痕的控制方法，实现织造过程的自我监控，确保机器的稳定工艺车速度达到600r/min，入纬率达到 1400m/min。

项目的技术关键是新型大功率伺服电机直接驱动主轴的控制技术、电子送经、电子卷取控制技术、多个伺服电机的集成控制和同步协调技术和整机的控制技术。包括如下关键课题：①空间连杆结构及高速引纬技术的研究；②共轭凸轮高速打纬、增大打纬力的研究；③剑杆织机减振、降低噪声的研究；④整机运转节能技术的研究；⑤主传动采用伺服电机直接驱动技术的研究；⑥四相交轴空间连杆制造、装配技术的研究；⑦提高整机运转可靠性、稳定性的研究；⑧经线穿轴路线、织造工艺专家系统的研究。

（2）技术创新点。

1）剑杆织机空间连杆高速引纬、共轭凸轮打纬技术。

2）随着机械结构的日趋完善，实现自动化程度的水涨船高：①高速：主轴伺服电机直接驱动及与电子送经、卷取同步控制技术；②节能：电气技术的应用使产品结构将会越来越简洁、能耗越来越低；③高效：稳定性要求大大提高、故障率随之下降；④节约人力成本：机电一体化程度提高，伴随着车速的提高，织机的产量及生产效率自然大幅提高，大幅减少劳动力成本。

3）织造品种的广泛适应性技术。

4）四相交轴空间连杆各构件的制造技术。

3. 研究内容

（1）整机设计与制造。

新型多轴交流伺服驱动无梭织机是高度机电一体化产品，织机的五大运动须密切配合，不允许有丝毫差异；高速往复运动决定了织机具有高水平的自动控制技术和加工制造难度。特别是引纬机构、打纬机构、箱式墙板和主梁的结构、电子送经的恒张力控制、电子卷取和主机的同步控制、大功率伺服电机直接驱动主轴控制以及安装调试、筘幅机构等都是设计和开发重点。

（2）大功率伺服电机直接驱动主轴的控制技术。

该技术是高速织机的核心技术。无梭织机的启动停车要求很高。启动时织机在一转内实现从零加速到最高速度，停车时要求定位停车。控制精度很高，这些要求是实现布面高质量的必要条件。国内大部分织机的主轴通过电磁离合制动器带动的，本机采用大功率伺服电机直接驱动主轴的控制技术，减少传动链，优化零部件设计，使其满足高速运动的需要，同时可节能 10% ~ 15%。

（3）高速剑杆打纬技术。

剑杆织机由于引纬运动的需要，筘座在大部分时间内是静止的，打纬运动在一转中最多占到 150°，即在 0.04545s 内完成一个打纬循环，对打纬凸轮、打纬滚轮、打纬滚轮座以及摇轴筘座的设计都提出很高的要求。

（4）高速剑杆织机的调试技术。

高速剑杆织机是宏观与微观结构的巧妙结合，既有大而笨重的机架，又有小如绣针的机构，十几个动作迅速准确、协调一致，整机装配调整技术要求很高，严格精准。

4. 控制系统设计以及实施

JWG1732型剑杆织机电气控制系统采用先进可靠的板式PLC，控制精确高，信号响应快，故障率低。触摸屏界面提供友好人–机互动系统，完成参数的设定和显示，并具有故障自我检测显示和自动报警功能。送经卷取控制伺服马达的高定位精度和快速响应特性可以克服机械送经/卷取部件的缺陷所产生的隐档，同时通过触摸屏的设定，可以方便地设置织机纬密，对于一些高档布料，电子卷取可以按一定规律进行变纬密织造。卷取和送经两部分的手动和联动运行可以方便调整织口位置，更加有效地消除停机档。张力控制更加平稳、精确，非正常张力的快速保护，主轴跟踪性好，很好地解决了开车痕、稀密路等织造难题，提高了织造织物的适应范围。控制系统框图见图2。

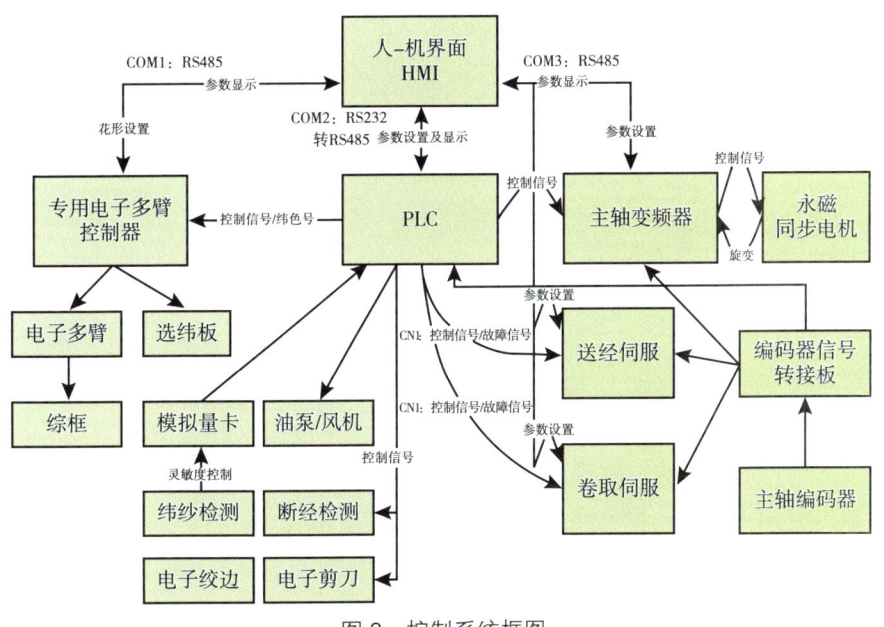

图 2 控制系统框图

下面结合织机五大机构：开口、引纬、打纬、送经、卷取等分别说明JWG1732的电气实现方法。

（1）五大机构之送经、卷取装置。

送经机构作用：织机运转过程中送出定量经纱，保持一定的张力。

卷取机构作用：将织物引离梭口，卷到卷布辊上。

动力源：两套伺服电机。

动作实现：①伺服内置送经，卷取两种工艺算法，用户可以根据需要随意选择；②配置 I/O，主编码器信号并联接口，方便用户配线；③伺服自带高精度模拟量处理，张力信号直接进伺服，节省成本；④开放了补偿功能，用户可以根据不同的织物设定补偿系数，最大限度消除开车稀密路，停车痕等因素对布匹的影响，确保织物优质化；⑤张力快速收敛及参数自整定，定角度区间张力采样，张力稳态波动 1% 以内。

JWG1732 送经卷取控制部分示意图见图 3。

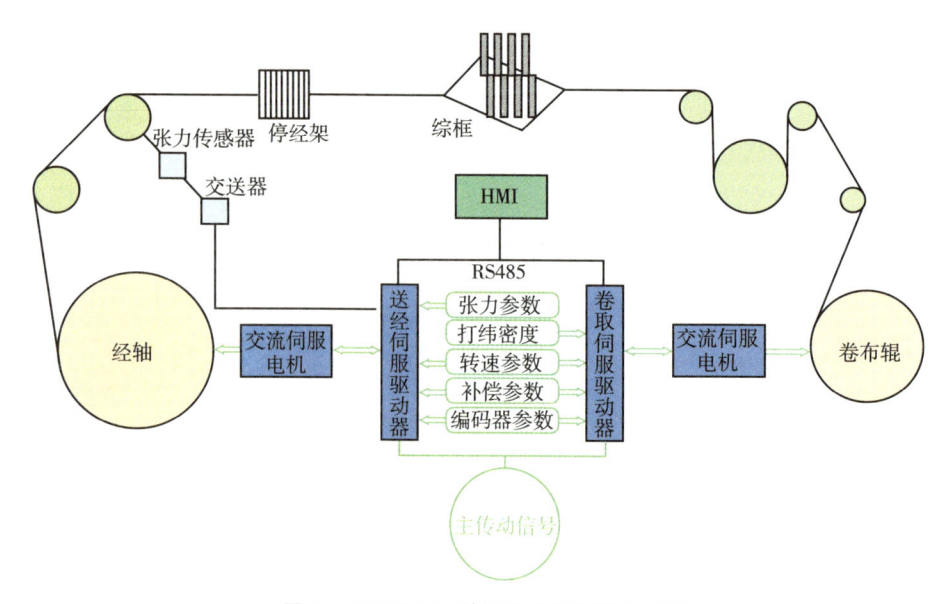

图 3　JWG1732 送经卷取控制部分示意

（2）五大运动之引纬及相关装置控制。

引纬机构由剑带、剑头、剑杆等组成，运动方向：左右。

动力源：主伺服电机（超级马达）。

引纬装置动作：纬纱从筒子上退绕下来卷在储纬器上，穿过压电陶瓷，积极式电子控制选纬指选中纬纱，然后送纬剑头夹住纬纱，纬纱电子剪刀剪断纬纱，纬纱进入梭口与接纬剑交接，接纬剑拉住纬纱退出梭口，纬纱释放，电子绞边装置绞住纬纱。

控制方式实现：剑杆引纬是主伺服电机带动的机械运动，通过 PLC 和多臂控制器控制选纬指步进电机实现电子选纬。JWG1732 纬纱相关控制部分示意图见图 4。

主伺服电机以及驱动器研究：

散热方式由原来的风冷换成油冷，彻底解决风冷方式导致风道堵塞的问题；

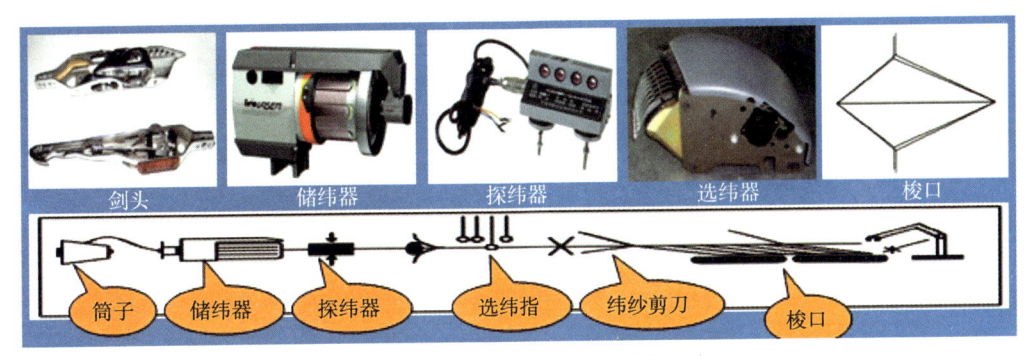

图 4 JWG1732 纬纱相关控制部分示意图

内部底层优化了电流环和弱磁控制算法，响应性大大提高；超级马达以及驱动器性能提升已达到国内外先进水平。超级马达以及驱动器试验数据见表1。

JWG1732 的主轴控制器由原来的伺服驱动器切换到 MD380M 变频器平台，实现 650rpm 的快启快停，并且留有余量，为织机将来的再提速做好了准备。

（3）五大机构之开口装置及电子多臂控制。

开口机构的作用：①使经纱上下分开，形成梭口；②根据织物的组织要求，控制经纱的升降次序（即形成织物的花纹）。

表1 超级马达以及驱动器部分试验数据

车速（rpm）	停车指令角度（°）	开始停车角度（PLC/变频器）	停车用角度（PLC/变频器）	停车角度（°）	停车原因
580	259.2	277.9/282.9	252.7/246.6	174.9	纬停
	265.3	284.0/289.0	252.0/247.0	181.8	纬停
	295.5	314.6/323.6	256.3/245.9	215.2	经停
	299.8	318.9/327.7	254.8/245.9	218.8	经停
590	266.4	285.8/292.2	263.5/257.5	195.4	纬停
	268.2	287.2/295.3	265.3/258.1	199.0	纬停
	304.5	324.0/329.4	262.0/256.5	231.1	经停
	300.6	320.4/326.9	227.1/261.3	227.1	经停
600	259.5	278.6/283.0	273.2/269.2	198.0	纬停
	262.8	281.8/286.5	273.2/268.6	200.8	纬停
	297.3	317.1/324.6	274.6/266.8	236.8	经停
	295.5	315.3/322.5	273.6/265.8	234.0	经停

续表

车速（rpm）	停车指令角度（°）	开始停车角度（PLC/变频器）	停车用角度（PLC/变频器）	停车角度（°）	停车原因
610	264.9	284.7/294.8	292.3/281.3	222.1	纬停
	265.3	285.1/292.4	288.3/280.1	218.5	纬停
	294.8	315.0/321.0	280.8/273.5	240.4	经停
	297.0	316.8/326.1	286.5/275.4	247.3	经停

动力源：主轴伺服电机（JWG1732省却找纬电机）。

电子多臂动作：综框上升—静止—综框下降，配合形成不同的组织开口。

控制方式：根据"0""1"信号控制电磁铁得电，匀速回转并通过偏心轮和连杆带动综框上下运动。

（4）五大机构之打纬装置。

将引入梭口的纬纱推向织口，使之与经纱紧密交织形成织物。

动力源：主伺服电机JWG1732（省却找纬电机）。

动作：钢筘在主轴的带动下做一个往复运动，将进入梭口的纬纱打入织口。

控制方式：机械。

注：五大机构除了引纬和打纬仍为机械驱动，其他都已实现电子控制和驱动。

三、实施效果

JWG1732型剑杆织机经过2014年的样机试生产、电气控制优化升级、外观造型等工作，目前已经具备以550～600r/min生产转速运转，可以满足15盎司以上厚重织物的织造要求，在试生产过程中生产效率大于90%，下机一等品率大于98%，整机运行功耗小于6kW，样机在用户厂家正常运转9个月，受到好评。目前JWG1732型织机已经发到印度客户。

四、主要成果

项目具有完全自主知识产权，已在超级马达设计制造和驱动控制方面取得实用新型专利。

五、存在问题

　　无梭织机是集电子技术、计算机技术、精密机械技术和纺织工艺技术为一体的高新技术产品，是织造产业升级、纺织产品换代的关键设备。近几年来，无梭织机技术进步的速度正在加快，国内高性能的伺服控制系统（伺服电机及其驱动器）尤其是在大功率伺服技术上的研发进展缓慢，虽然在伺服控制技术方面的研发投入较大，时间也比较长，但绝大多数研发基本上仍停留在实验室和样机试制阶段，各高校和一些研究所对基本控制技术有所了解，试制了一些样机提供不同领域的控制系统试用。总体上国内的研发尚未形成产业化生产，与国外的同类产品无论在性能、质量、可靠性上都存在着较大的差距，因而国产中高档无梭织机电控箱多数采用进口伺服控制系统进行集成，比如日本的松下，欧姆龙，德国的西门子、伦茨、美国的科尔摩根等产品，几乎占据了国内无梭织机伺服驱动系统的全部市场。

六、展望

　　高速织造、减少用工、提高无梭化率是我国"十二五"的织造发展趋势，新型剑杆织机具有高速、高效、高质、节能、高可靠性和品种适应性广等技术特征，可满足用户对生产速度高、劳动生产率高、降低能耗的需求，使剑杆织机的整体技术水平达到国际先进水平。我国作为全球最大的纺织品生产国，随着纺织行业无梭化进程的发展，国内及周边市场对高档无梭织机的需求逐年旺盛，新型多轴交流伺服驱动无梭织机的研发生产，将有力推动我国制造装备技术的提升和进步。

案例 13
全自动电脑横机数控系统研发

经纬纺织机械股份有限公司榆次分公司

经纬纺机收购意大利 PROTTI 电脑横机生产企业，引进先进技术、设备、工艺，成功研发新型电脑横机。该机包括编织主机和花型准备系统两部分，重点开发了牵拉、机头传动、针床横移、编织系统、人机界面等电控系统，解决了嵌入式系统设计制造、关键零件的制造、整机装配调试等关键技术问题。通过自主创新，在针织机械数字化全自动方面实现了重大突破。

一、导语

横机编织是我国针织工业中最后一个以手工操作为主的行业。近年来，我国毛衫的内需和出口都保持着良好的发展态势，随着市场生产效率需求和劳动力成本不断上升的状况，以电脑横机取代手动或半自动横机已是横机编织行业产业升级的必由之路，电脑横机已成为生产毛衫类产品的主要装备。我国在电脑横机关键技术、质量可靠性方面与国外厂商存在较大差距，目前高端电脑横机市场被德国斯托尔公司和日本岛津公司所有。

经纬纺机收购引进意大利普罗蒂公司的先进技术、设备，研发新型电脑横机产品（图1），通过自主创新，期待在针织机械科技方面实现重大突破，支持中国纺织工业的技术改造和升级换代。

图1 新型电脑横机

二、产品市场分析

电脑横机是一种机电一体化的针织机械。它以生产羊毛衫类产品为主，所用的纱线包括棉纱、化纤等各种材料，可以编织几乎所有的纬编针织物。电脑横机是手摇横机伴随电子计算机、信息技术飞速发展的必然结果，新型电脑横机具有自动化程度高、生产效率高、花型变换方便、产品质量易于控制等特点，特别的是电脑横机产品适应性很广泛。

三、技术解决方案

1. 研究重点及技术创新

经纬新型电脑横机的研究重点和主要技术创新点如下：

（1）设计独特起底板装置，剪刀夹纱装置要灵活多变，适应不同结构的织物编织需求。

（2）设计全新沉降片控制系统来辅助脱圈，要求独立控制程序，适合不同织物的编织需求。

（3）设计分针工艺装置，此装置可弥补空针编织的洞眼（绞花），不用更换三角即可使用。

（4）两段式辅助度目：此装置可由程序控制每一系统及每一行编织较松或较紧度目。两段密度调节（同一行中实现大小线圈的突变）。

（5）分段卷取罗拉，新式的卷取罗拉系统。

（6）后针床横移，自由编程控制。

（7）主辅牵拉辊自由编程控制，有利于达到更好的成圈效果，可调节牵拉力度和速度。

（8）具有优化的自动清洁润滑系统。

（9）配备有多种自动报警保护系统。

（10）使用独立花型软件、针织模拟技术，灵活控制编织品种和纱线数量。

（11）研究机头迅速折返技术，操作系统及电子器件的改进让机头在非编织区域运行时间更少，速度更快。

（12）USB接口，以太网连接，可以实现顺畅的人－机对话，最大程度地方便了操作者。

（13）个性化的织物效果，广泛领域的编织花样，织物高品质，设备易维护。

2. 关键技术

（1）控制系统设计。

新型电脑横机控制系统是一个在线实时控制系统，设计时要求同时考虑控制的可靠性及实时性。根据横机电脑控制的功能要求，综合考虑芯片式设计方法和工控机设计方法存在的优缺点，提出将电脑横机控制器设计方案改用嵌入式。该方法具备以下优点：①有强大的处理能力，能对外部事件进行及时准确的响应，这些处理一般是并发进行的。电脑横机控制器必须针对外部的众多信号进行实时的决策，保障针织的实时、顺利进行。②嵌入式产品一般都是稳定而又可靠，不会像通用PC机一样会死机。尤其是工业环境的嵌入式产品，往往条件十分恶劣，它对系统稳定性可靠性要求非常高。

电脑横机由编织主机和花型准备系统两大部分组成，花型准备系统作为全自动横机强大功能的重要支撑，大大提高了花型处理速度。从花型输入到产生加工数据，仅需几秒钟，这是手工方式无法比拟的，大大缩短了生产周期，尤其利于花色品种的更新，增强了产品的市场竞争力。

1）控制电脑横机的机头。

电脑横机机头在运行中必须确保机头正确的定位，它是由伺服电机控制的。控制顺序为：ARM控制器、I/O模块、伺服电机驱动板、机头伺服电机、皮带。双系统机头是实行半闭环控制，半闭环反馈部分是机头主电机采用模拟量控制，加工数据的发送时机依据伺服电机编码器返回的中断信号，机头每走一针，编码器返回一个中断；相应地，ARM控制器向执行相

图 2 控制系统结构框图

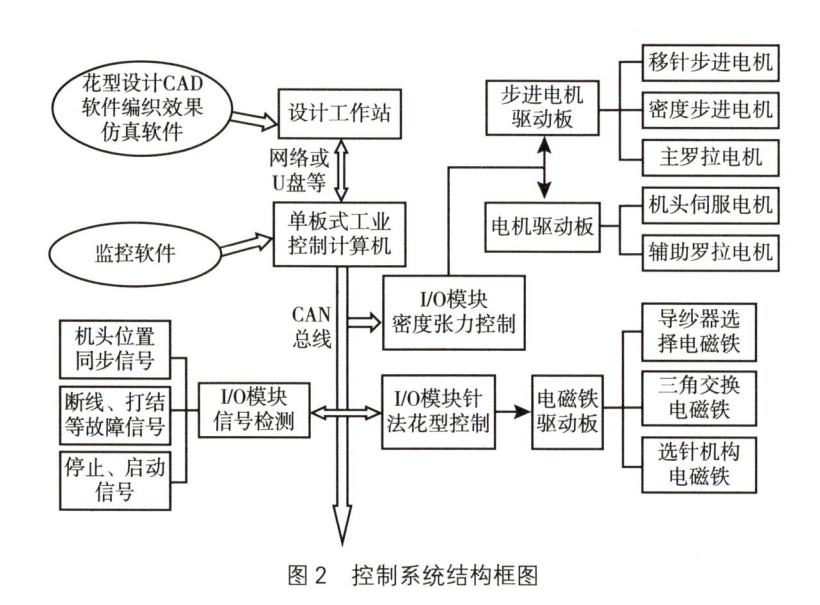

应动作的 I/O 模块发送一针的加工数据。

2）控制电脑横机的针板。

电脑横机在运行过程中，根据衣片组织的不同需要，必须不断地通过改变针板位置来获得前后织针的正确位置，以保证各种织针动作顺利完成。所以针板横移位置定位精度要求比较高，如果针板的位置精度得不到保证，会直接导致织针被打掉。运动控制链为：ARM 控制器、I/O 模块、步进电机驱动器、移针步进电机、滚珠丝杠、针板。同时在滚珠丝杠的末端装有编码器，信号检测 I/O 模块对编码器的信号进行处理后反馈给 ARM 控制器。通过这种半闭环控制，可以补偿由于步进电机失步引起的误差，完全可以满足编织的要求。

3）控制电脑横机的罗拉。

电脑横机罗拉的作用是把已经编织好的衣片及时地拉下。罗拉器本身是一个旋转装置，它根据机头编织速度的快慢、线条的粗细和编织密度来调整罗拉量。罗拉量太多会使衣片太紧，导致织针变形，或者拉断线条导致编织中断。罗拉量太松会使得已经形成的线圈浮在织针上，阻止后面线圈的形成。运动控制链为：ARM 控制器、I/O 模块、电机驱动器、罗拉器。控制环为开环控制。

4）控制电脑横机的密度电机。

电脑横机的密度三角是一个非常关键的部件，它直接影响到衣片的密度松紧，在相同的转数下影响衣片的长短公差。电脑横机共有多个密度三角，分别由不同步进电机控制。控制每个步进电机需要 2 根信号，一根方向、一根脉冲。运动控制链为：ARM 控制器、I/O 模块、步进电机驱动器、步进电机、密度三角，也是开环控制。

5）控制电脑横机的选针器。

电脑横机编织衣片成功与否，首先取决于选针的正确性，选针器是选针过程最关键的部件。选针器共有多片选针片，每个选针片都是由 0、1 二值开关量信号控制。运动控制链为：ARM 控制器、I/O 模块、电磁铁驱动板、选针机构电磁铁。

6）中断信号的输入。

电脑横机在编织过程中往往会遇到一些意外的情况，比如断纱、断针等。电脑横机一旦发生意外，就必须中断编织，待操作人员排除意外后才能继续编织。因此意外发生后，硬件便会产生信号，这些信号通过 I/O 信号检测模块输入给 ARM 控制器，嵌入式控制系统进行实时监控处理。控制链为：中断信号、I/O 信号检测模块、ARM 控制器。

7）数据处理。

嵌入式全自动电脑横机数据处理具体步骤为：①花型准备系统根据衣片样品所需的组织或者图案，按照衣片参数，比如编织密度、衣片宽度、衣片长度、编织速度、编织系统等，生成衣片编织控制代码。②花型文件编译对操作人员输入的花型文件进行编译，如果输入有误或者不符合花型文件定义语法，可以返回到 PC 电脑对文件进行在线修改，保存。③花型文件解释是对经过编译的文件进行解释，把它转化成直接可以用于控制的数据，并把这些数据按照一定的数据结构进行存储、管理。④ ARM 控制器取出经过第 3 步骤处理获得的数据控制各 I/O 模块来驱动相应的执行电机，完成编织动作。⑤中断检测是对中断源做一定周期的检测，如果监测到有信号，马上产生一个中断信号，通知 ARM 控制器处理中断。⑥数据反馈与显示，把衣片信息、加工信息通过操作界面反馈给操作人员。

与 PC 机通信的嵌入式系统采用闪存和少量的 RAM 作为存储介质，由一个微处理器及其扩展组成，结构简单。其优点在于具有良好的中断处理能力和良好的实时性，缺点是处理复杂的、大容量的数据能力较差。嵌入式系统与 PC 通信，把控制系统中需要的数据处理交给 PC 机完成，通过 PC 强大的数据处理能力，弥补嵌入式系统处理大容量数据能力差的缺陷。数据处理系统接受用户编程，自动产生下位机加工数据文件，定义了一套简单的用户程序，可以对用户程序中的加工数据自动采集，并能定义严格合理的数据结构，保证产生的数据顺序正确，最后把采集好的加工数据做成文件，供嵌入式横机使用。

（2）核心零件加工及整机装配。

核心零部件的制造、专用零部件的制造、主要质量的工艺控制、产品涂装、产品总装、性能试验由企业自己完成，其他零部件、标准件、电器件、外包装件都通过社会、专业生产厂配套协作。

整机装配重点如下：

1）机头导轨装配：沿整个导轨方向上，精度误差在 0.05mm 以内，关系到机头运行的平稳性。

2）针床装配：要进行反复校平，才能安装好针床。针床上还有诸如沉降片，织针及其附件的安装，如采用镶片式针床，其上还要安装镶片。

3）机头的装配：机头安装于机头导轨上，要求其运行轻快、平稳，机头与针床之间的间隙均匀一致。

四、实施效果及主要成果

2014年6月，在上海国际纺机展览会上，我公司成功展出自主研发的新型高端电脑横机。新型数控电脑横机拥有全部知识产权，包括：注册商标、专利、知识产权、网络销售等与品牌相关的有形与无形资产，其中包括5项电脑横机核心技术专利。

五、存在问题和下一步打算

1. 存在问题

尽管我国电脑横机行业有了较大的发展，但总体技术水平低，产品自主研发和创新能力薄弱，专用配套件研发能力不足，国产原件许多是测绘模仿，一些核心技术无法掌握，仅仅做到形似而神不似，控制系统不稳定以及生产能力低下。就目前现状，国产电脑横机与国外设备同台竞技，仍有较大难度。

2. 下一步打算

经纬纺机在收购意大利公司的基础上，整合双方在技术、人才、产业、渠道等方面资源，成立联合研究机构进行合作研发，以国外技术充实国内企业实力，有效发挥国际合作在解决横机制造关键技术瓶颈、填补国内空白、缩小工艺差距、实现跨越式发展中的作用。

六、展望

电脑横机自动化程度高、节约劳动力、操作便捷，可有效提高毛衫企业的生产效率和产品品质，实现毛衫的智能化生产。该项目成功实施可推动我国横机技术水平发生跨越式变化，促进国内市场有序、良性发展，为我国毛、绒制衣设备行业的振兴做出积极贡献。

案例 14

7m 顶装焦炉成套装备的数字化设计与控制

太原重工股份有限公司

7m 顶装焦炉成套设备是太原重工自主研发设计制造的大型炼焦设备。本文通过对该套装备中的车辆联锁系统、炉号识别及自动对位系统、远程在线监测维护系统、取门机构位置检测记忆系统等数字化设计、数字化控制技术的研究，使得焦炉车辆的智能控制系统在数字化应用方面达到国内先进水平。

一、导语

目前,世界上生产焦炭的焦炉主要有两种形式,一种是顶装焦炉,一种是捣固侧装焦炉。经过多年的发展,焦炉炭化室的高度由 4m 左右增高至 8m 以上,国内已经成功研制的配套焦炉装备规格有 4.3m、5.5m、6.25m 捣固焦炉成套装备和 6m、7m 顶装焦炉成套装备。

随着国家焦化产业政策的不断调整,优化资源利用,节能减排,发展节约型企业成为国家产业政策的主导方针,同时国家环保法规的不断完善和监管力度的加大,更加促使炼焦企业在污染物排放等诸多方面加大人力、物力的投入。严酷的市场环境,推动炼焦企业向规模化方向发展,向产业延伸要效益,这就为大容积焦炉和成套装备的研制,提供了发展契机,同样也为自动控制、智能管理等高新技术的开发应用提供了基础平台。

2010 年,太原重工股份有限公司通过数字化设计与控制,自主创新设计开发了 7m 大容积环保型焦炉成套装备,该成套装备在使用、维修、环保等方面安全、可靠、技术先进,在 2011 年成功投产,使得 7m 大容积环保型焦炉成套装备在数字化技术方面取得了重大突破。

二、关键技术与创新点

7m 顶装焦炉成套装备由装煤车、推焦车、除尘拦焦车、CSQ 熄焦车、干熄焦焦罐车、炉门服务车组成。如图 1 所示。

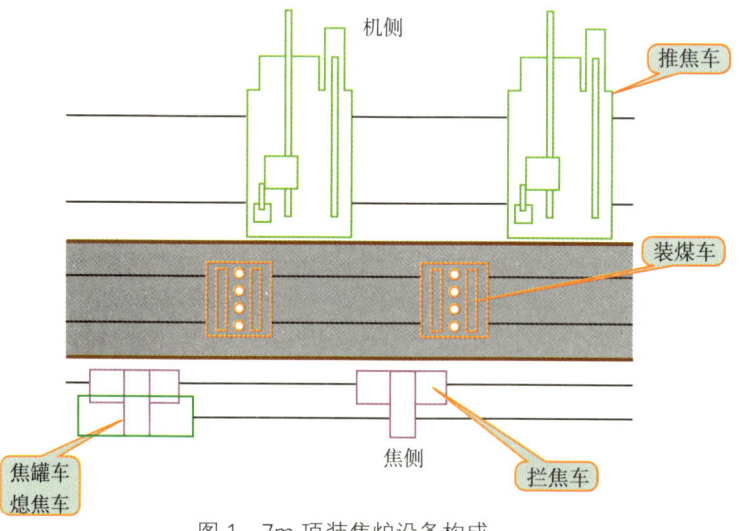

图 1 7m 顶装焦炉设备构成

具体功能及组成如下：

装煤车在焦炉炉顶的轨道上走行，它的工作是接受煤塔的煤，并运往焦炉，倾倒入相应的炭化室中。

推焦车主要功能是开、关机侧炉门；将红焦从焦炉炭化室推出；与此同时进行炉门和炉门框清扫；头尾焦处理；机侧除尘装置，小炉门开闭、平煤、余煤处理等工作。

除尘拦焦车的主要功能是取、装焦侧炉门、推焦时用导焦设备将红焦炭导入熄焦车或焦罐车内、将出焦烟尘导入集尘干管、清扫炉门、清扫炉框、处理头尾焦等。

CSQ熄焦车为一点定位熄焦车。熄焦车运行在焦炉焦侧的熄焦车轨道上，用来接运从炭化室推出来的红焦，运到熄焦塔湿法熄焦，并将熄焦后的焦炭卸到焦台上。

炉门服务车用于炉门的维护和修理。

1. 7m顶装焦炉设备数字化控制技术

（1）焦炉车辆联锁系统。

随着焦炉技术的发展，焦化企业对焦炉机械设备的要求也越来越高，其中很重要的一项就是焦炉设备的安全运行。焦炉车辆安全系统由最初的推焦车与电机车的滑线联锁发展到目前广泛使用的四大车自动定位联锁系统。7m顶装焦炉设备四大车联锁系统运用感应无线数据通信技术和协调计算技术来实现各机车与地面中控室的数据通信。

1）感应无线数据通信技术。

感应无线数据通信是介于有线通信和无线通信之间的新颖通信方式，它通过安装在移动机车上的感应天线和沿机车轨道安装的编码电缆之间（5~20cm）的电磁感应而实现数据通信，其优点是避免了无线通信在焦炉及车辆上的反射、屏蔽、吸收和空间电离层的干扰，通信误码率达到了10^{-7}，通信接口为RS-485 422，通信波特率为2400bit/s。

2）协调计算技术。

协调计算主要作用是将各车的位置数据及状态信号汇总，并做相应的逻辑判断、数据转发、界面显示等功能，同时提供数据共享接口。

各机车与地面中控室通过感应无线数据通信技术，将机车的操作信号、状态信号、地址等数据发送至中控室；同时，也接受中控室发送来的数据。当中控室的协调计算机接收了各机车发送来的数据，进行数据处理、逻辑判断后，将联锁信号、各车位置信号及相关的控制信号分别转发给各机车，实现四车联锁控制功能。

中控室计算机以动画方式实时跟踪显示全炉区三维俯视图，机车移动状况及所处炉号，推焦和平煤过程，熄焦过程。在推焦开始后，显示推焦三维横向图及红焦从炉孔通过流入熄焦车的过程。显示各碳化室焦炭成熟程度（以颜色表示成熟程度）。显示推焦电流和装煤电流动态曲线。显示机车到达位置。可全幅模拟显示机车显示屏。

在生产过程中，自动记录每一个碳化室的装煤时间、出焦时间、开关门时间、推焦电流和平煤电流等，在推焦装煤结束后，自动形成一条记录。可随时查询记录。

（2）焦炉车辆自动对位系统。

目前焦化企业采用的自动对位系统有码盘+编码器自动对位联锁系统、编码电缆自动对位联锁系统、红外对位联锁系统、激光对位联锁系统等。

7m顶装焦炉设备上我们采用了编码电缆自动对位联锁系统，利用编码技术、位置及速度检测技术，进行长距离设备运行位置检测、炉号识别、精确定位系统，可实现偏差不超过±5mm的对位精度；再接入焦炉管理系统后，完成推焦和装煤计划自动编制，推焦、装煤操作管理，推焦日报表自动生成、数据查询；从而实现焦炉各车辆间的自动走行、联锁对位，避免推焦车、电机车、拦焦车不在同一炉号下工作的情况出现，避免红焦落地及烧毁拦焦车等事故的发生。

编码电缆自动对位联锁系统的关键技术有位置检测技术、自动对位技术。

1）编码电缆感应无线位置检测技术。

地址数据是连续的绝对地址，地址检测精度达到±2mm；

抗干扰能力，能适应恶劣的工作环境，工作稳定；

电缆采用特殊防火材料生产加工，工作温区宽（-40 ~ 200℃）；

安装简单，免维护；

具有地址自动修正功能，能自适应炉体的变形；

自动增益控制PGA功能，能自适应电缆变形，保障信号稳定。

2）自动对位技术。

依靠车上位置检测的精密地址和通信功能，通过手动输入或自动获取目标位置的地址，再计算当前车辆的地址与目标地址的距离，根据距离的远近，按特定的曲线函数计算当前车速，即走行变频器的输出频率值，并将此频率值和走行控制命令通过现场工业总线通信方式发送至变频器，实现对变频器的控制，使机车按不同速度移动，直至到达目标位置，停止走行，自动定位精度达到±5mm。图2为走行调速曲线。

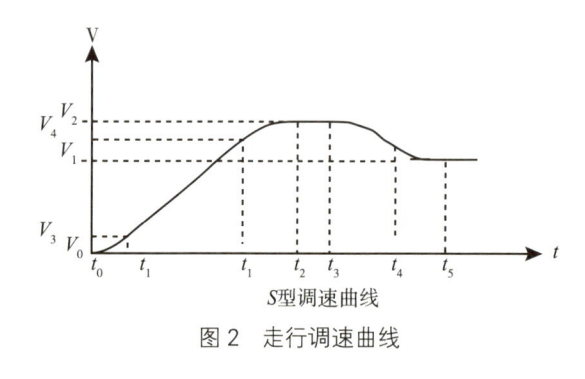

图2 走行调速曲线

（3）远程监控系统。

由于焦炉是24h连续运行，所以焦炉设备车辆运行的可靠性非常重要。为了避免因设备车辆故障造成的经济损失，除了厂家需要加强日常维护外，我们应用先进的无线技术，远程对车辆进行在线监测、调试及维护，尽早发现车辆异常状态，从而实现对故障的早期预防与诊断也变得非常迫切。

远程解决方案有无线数传电台、电话拨号连接、毫米微波通信、专线连接等方式，7米顶装焦炉设备上所采取的方案是基于互联网的VPN（虚拟专线）方案。VPN可以通过特殊加密的通信协议在连接在Internet上的位于不同地方的两个或多个企业内部网之间建立一条专有的通信线路，就好比是架设了一条专线一样，但是它并不需要真正地去铺设光缆之类的物理线路。我们只需在中心服务站的PC/PG打开编程软件，就能通过VPN通道对7m顶装焦炉设备上的程序进行在线监控，对车辆当前运行状态以及出现的故障进行实时分析诊断，直接在线修改设备车辆远程站的程序，或者给现场维护人员提供准确的解决方案，从而快速解决故障，保证车辆正常运行。

2. 7m顶装焦炉设备电气系统数字化设计

7m顶装焦炉设备电气系统为"上位人机界面+PLC现场总线+变频传动"组成的三级控制系统。上位人机界面监控整机的运行状态及故障信息，实现运行状态模拟显示与故障自诊断；PLC通过现场总线与上位机、各机构变频器、司机室控制台及各处限位和检测元件等相连，实现控制系统之间的数据交换及整机运行的时序逻辑控制；所有车辆的运行机构均采用变频调速，实现对运行机构变频电动机转矩与速度的精确控制。

（1）操作方式。

操作方式有自动、手动及机旁手动三种操作方式；操作员主要用工控机对设备进行操作，工控机采用键控式工控机。工控机可显示各车辆各机构状态信息、例如装煤电流、推焦电流、报警信息等显示和记录功能，同时工控机上能够实时显示车辆管理系统传给装煤车、推焦车、拦焦车、电机车上的各种信息。由人机界面和现场操作箱两种方式完成各种信号的操作和显示。

（2）人机界面。

人机界面用于人和机器进行交流。每台设备的人机界面由供电总述、设备的平面布置、设备的各项功能、运行机构、液压系统、润滑系统、空调系统、报警系统、报表等画面组成，操作员通过鼠标和键盘进行操作。

自动方式和手动方式下，操作员在各项功能的详细画面中进行正常的操作和监控。为便于操作者进行操作，安装有报警系统，它可以诊断系统内发生的事件和错误，同时有产生错误的原因和理由的说明。相应的连锁信号可在总体布置界面上进行监控。

（3）带位置检测和记忆功能的炉门装置。

为解决多炉门位置差异的问题，在炉门取闭装置等关键机构的液压缸里内置了位移传感器，自动检测门的倾斜、检测门的高度、确认门的倾向、打开门闩、压弹簧、提门等动作，完成对不同炉门位的检测，然后通过在程序中处理实现炉门原轨迹复位，保证摘取炉门的全自动化操作运行。

三、主要成果

7m顶装焦炉成套装备已获国家专利2项，获中国机械工业科学技术三等奖。

四、展望

目前国内焦炉行业的技术水平与国外相比存在一定的差距，焦炉设备依然存在可靠性低，自动化、智能化水平一般，装备运转过程环保措施少、效率不高等问题。7m顶装焦炉设备电气控制系统在数字化、信息化方面有了极大地进步，为焦化行业清洁、安全、低碳、高效生产做出了有益的尝试。根据国家可持续循环经济发展战略，我国焦炉机械装备向大容积、环保化及智能化方向发展。特别是随着数字化控制技术的发展，对焦炉机械成套设备的控制水平不断提出新的要求，提升大型焦炉成套装备的数字化、信息化技术水平，是我们不懈的追求。

案例 15

数字化运行的干熄焦提升机系列产品的研发

太原重工股份有限公司

干熄焦是当前生产焦炭时采用的一种先进、节能、环保的冷却方式,而干熄焦提升机是干熄焦系统中运送焦炭的关键设备。为打破国外垄断,响应国家节能减排的要求,太重经过十多年的科研攻关,掌握了提升机数字化设计制造的关键技术,拥有了具有自主知识产权和核心技术的系列提升机设计制造能力,解决了精准定位、吊具自动脱挂钩等技术难题,实现了提升机无人操作、数字化运行,焦炭生产过程自动化、清洁化、节能化。

一、导语

干熄焦提升机（以下简称提升机）是焦化厂干熄焦系统中运送焦炭的关键设备。主要用于将红焦（约1050℃）焦罐提升到干熄炉顶并装入干熄炉内。由于其工作环境恶劣、长期满负荷自动运行、定位精度要求高，加上国内焦炉型式多样，之前提升机产品一直由国外企业垄断。

为适应市场需求，打破国外垄断，响应国家节能减排的环保要求，经过十多年的科研攻关，掌握了提升机设计制造的关键技术，拥有了具有自主知识产权和核心技术的系列提升机设计制造能力，解决了精准定位、数字化运行、吊具自动脱挂钩等技术难题。主要技术创新成果如下。

（1）远程精准定位、数字化运行的节能型电气控制技术。

首次提出时间—速度控制曲线，采用PLC控制与多种传感器配合，实现了提升机数字化运行；自主研发出高精度可校验定位系统，采用能量回馈装置，实现了精准定位，节能降耗。

（2）自动脱挂钩的吊具。

采用自动开闭式吊钩等新型结构形式，依靠吊具自身的结构、重力及止挡，配合高精度高度传感器及电控系统的控制，在起升机构的带动下，无需人工操作即可完成板钩吊具的开合，实现了焦罐自动抓取与脱放的快速及高效，解决了自动运行的关键一环。

二、关键技术及创新点

1. 提升机的组成

本项目研制的系列干熄焦提升机由机械部分和电气部分组成。

参见图1，机械部分主要由车架、起升机构、运行机构、吊具、检修用电动葫芦、检修用手动葫芦、机械室、司机室以及润滑系统等组成。起升机构安装在车架上部，通过钢丝绳与吊具相连，带动焦罐进行上升或下降运动。运行机构安装在车架下部，通过车轮的转动，带动提升机进行横向移动。针对提升机起重量不同、起升速度、运行速度不同、工作循环时间不同等实际情况，起升机构采用不同的钢丝绳倍率、卷筒装置、减速器、上滑轮组和平衡臂型式设计；运行机构采用不同的车轮组、传动轴、减速器、电机。在吊具和焦罐盖的设计方面，可根据不同的起重量、不同焦罐的大小、形状进行配置吊具和焦罐盖，从而可满足多

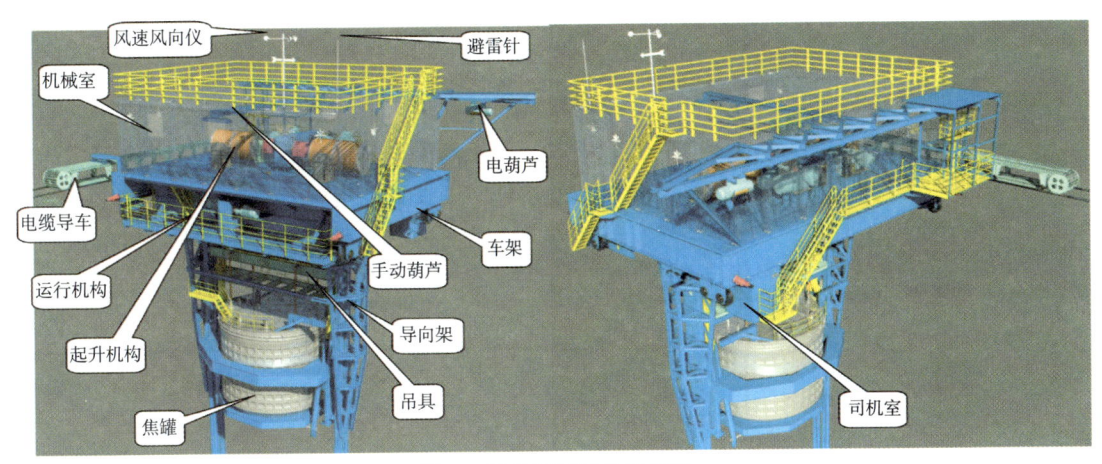

图 1 提升机三维仿真模型

种干熄焦系统的不同使用要求。车架设计依据起升机构、运行机构而定。

提升机的电气部分主要包括：供配电系统、变频驱动系统、PLC 控制系统、综合监控系统、传感器和保护限位、照明及辅助系统等。其中供配电、变频驱动系统、PLC 控制系统及综合监控系统等放置在地面控制室内，室内防尘并设置有空调，良好的环境可以保护提升机电气系统稳定、可靠的运行。在提升机本体上放置有辅助柜和司机室操作台，提升机上与地面控制室通过电缆连接。

2. 关键技术及创新点

（1）远程精确控制、精准定位、数字化运行的节能型电气控制技术。

1）远程精确控制技术。采用动力电缆、控制电缆及信号电缆分离技术和同步移动技术降低相互间的信号干扰，实现提升机本体与地面控制室电气控制装备连接，实现提升机的准确定位与运行。按照提升机的工艺要求，对时间—速度关系进行深入研究，绘制时间—速度曲线图，实现提升机精确控制，如图 2。

图 2 时间—速度曲线表明，提升机起升和运行机构的速度随着位置的变化而变化。通过多次现场测试、经验总结和不断改进设计，将提升机运行区域分为多个不同的速度区间，PLC 系统依据提升机自身的运行位置实时调整相应的速度和加速度，在整个运行周期内实现了平稳、高效、安全地将高温焦炭搬运至干熄炉内，达到了工作的最优组合。

采用远程监控系统，对提升机精确位置信息进行实时监控。在提升机的地面控制室和提升机本体司机室内的操作台上，各设有一台综合监控设备，通过人－机界面实时显示提升机的位置和状态信息、变频驱动系统的状态以及电动机的电流和速度等信息，提供故障报警功能，记录、保存一定时间内的提升机运行数据，为生产管理提供数据支持。

2）精准定位控制技术。在整个提升机的控制系统中，提升机的运行状态是依靠定位信

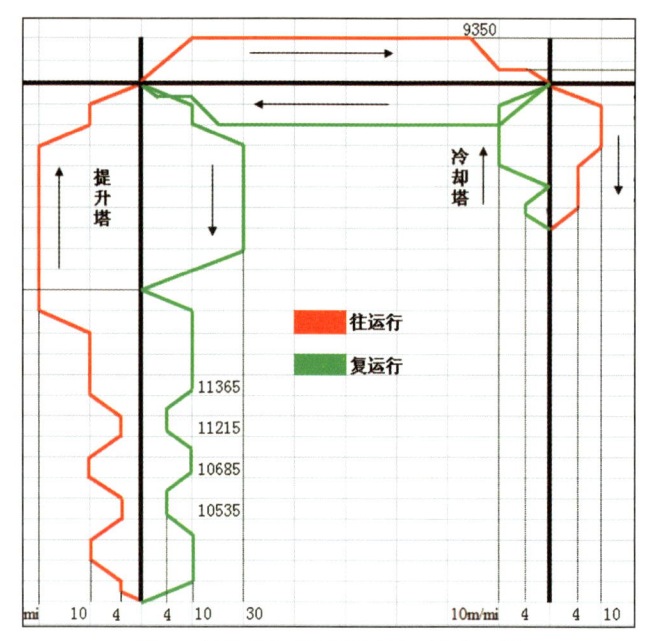

图2 某焦化厂提升机时间—速度曲线

号而作出调整的。项目应用测距编码器与定位开关进行实时位置校验的技术，开发了冗余式的提升及走行定位系统，共同为提升机控制系统提供精准的位置信息。两套系统实时监测对方的位置信号，从而可以在线监控编码器或接近开关的工作状态，及时发现故障，并在综合监控设备的人–机界面上显示故障的具体元件，减少工作人员检修或更换元件的时间，提高设备的正常使用率。

3）全自动冗余控制技术。采用 PLC 自主研发的控制程序，实现时序逻辑和位置信息自动运行。PLC 采用双 CPU 热备冗余设计，如有一台 CPU 出现故障，可在不停机的情况下自动切换到另一台 CPU。PLC 系统主站设置在地面控制室，同时在提升机本体上设置有 PLC 的远端子站，提升机上所有的控制信号集中采集到远端子站，通过现场总线与地面的 PLC 进行信号传输，实时远程控制，大大减少了现场电缆施工、连接的工作量，提高了控制系统的紧密性和可靠性。

提升机使用先进的变频驱动技术，速度闭环控制。变频驱动系统采用编码器速度反馈的闭环控制，精确控制电动机转速，并且实现零速抱闸控制，这使得系统具有非常高的速度控制精度以及动态响应，零速抱闸可以降低机构停止时传动链上冲击，延长传动系统各部件的使用寿命。

4）控制系统能量回馈技术。根据提升机往返工作时起重量差别较小的特点，从节能的角度出发，电气系统采用了"整流回馈装置 + 逆变器"的方案，将提升机减速或下降运行时电气制动的能量转换为电能回馈到电网中，从而大大节约了提升机设备的用电量。

提升机配置两套整流回馈装置，每套装置与一台起升逆变器和一台运行逆变器连接，即两台起升逆变器和两台运行逆变器分别驱动行星减速机上连接的一台（组）电动机。当一套整流回馈装置或者一台逆变器故障时，由其驱动的电动机停止输出，而另外一套整流回馈装置或逆变器可继续工作。

（2）多规格、快速高效的系列化自动脱挂钩吊具（图3）。

吊具是提升机吊取焦罐的专用装置，采用了挂脱钩检测、定位技术，并巧妙地利用四连杆原理，通过吊具自重，配合高精度高度传感器及电控系统的控制，实现了自动脱挂钩（图3）。该吊具由二套四连杆板式吊钩、二套下滑轮组、上下二根横梁、二套共六组导向轮和焦罐盖等组成完成焦罐自动挂取、自动脱放的动作。下降距离由高精度传感器控制，并采用冗余配置，确保安全可靠。

研制的系列吊具可配套各种规格、多种型式的焦罐，满足了焦化企业的生产需要。其无人操作，自动脱挂钩的功能满足了系统快速高效、自动运行的要求。

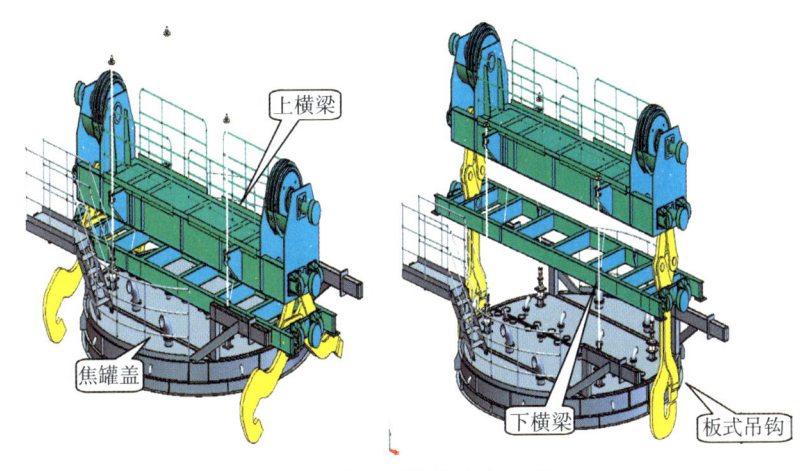

图3 吊具及焦罐盖动作示意图

（3）可切换动力的手动离合器。

为平行轴减速器与应急用电动机的连接，特别研制了手动离合器，实现了在事故状态下电动机可通过手动离合器装置切换动力。该手动离合器采用插入式柱销传递动力，利用螺纹联接、手动操控转盘切换离合器。该离合器传递扭矩大，操作方便快捷，运行安全可靠。该手动离合器已获发明专利授权。

（4）钢丝绳调节装置。

研制了钢丝绳调节装置，其设置在起升机构中，可以方便维护人员通过调节装置调整校核吊具的不平衡。该钢丝绳调节装置已获实用新型专利授权。

（5）焦罐盖落座定位装置。

为了实现圆形焦罐盖载荷分布均匀，落座时准确、稳定；研制了锥套导向定位装置，利用锥体穿过锥套时可导向定位的功能,实现了焦罐盖准确落座,避免了提升机发生不必要的事故。该导向定位装置已获发明专利授权。

(6) 防风锚定装置。

因提升机在室外高空运行,在遇到大风时要求固定某一位置,以防提升机跑动。为此,在提升机车架两侧设置了新型锚定装置,利用杠杆原理,人工便可放下沉重的锚杆,插入到井架空槽中,以确保提升机的安全。同时设置的传感器可及时检测锚杆的位置,并将信号提供给控制系统,使得提升机在锚杆插入空槽后无法启动提升机运行,只有在锚杆脱离空槽后才能启动提升机。该锚定装置已获实用新型专利授权。

三、主要成果

在干熄焦提升机系列研发过程中,已获发明专利4项,实用新型专利7项,2014年获中国机械工业科学技术奖二等奖、太原市科技进步奖一等奖、绿色制造科学技术进步奖优秀奖。

四、展望

国内的干熄焦技术已经较为成熟,包括提升机在内的主要设备已全面实现国产化,整体成本已经降至合理的水平,干熄焦取代湿式熄焦是焦化行业未来发展的主要方向。国家一直在推动焦化企业干熄焦作业,以实现节能减排,同时,干熄焦技术推广应用的条件已成熟。本项目打破了国外技术垄断,解决了提升机精准定位、数字化运行、吊具自动脱挂钩等技术难题,拥有了具有自主知识产权和核心技术的系列提升机设计制造能力,契合了我国焦炉型式众多、规格各异的现状,提高了我国干熄焦工艺装备水平,为干熄焦工艺的发展起到了积极的推动作用,为实现焦炭生产的安全、环保、低碳、节能奠定了坚实的基础。

案例 16
数控技术在短行程铝挤压机上的应用

太原重工股份有限公司

短行程铝挤压机的电气控制系统采用开放式体系结构，针对挤压机的特殊工况，运用 PLC 编程语言，编制了用于挤压机控制的专业应用软件包，实现了速度、位置、温度等参数的数字化控制。在供锭机械手和运垫机械手等机构上，采用伺服控制系统，简化了机械结构，降低了运行成本，实现了供锭机械手伸缩和运垫机械手行走的精确定位。

一、导语

数控技术的不断发展和应用领域的扩大对挤压机制造业的发展起着越来越重要的作用。因此实现挤压机的数字化设计与制造，创造中国数控挤压机品牌，是现代发展的大趋势。

太原重工股份有限公司应用数控技术集成创新，开发并研制成功了具有完全自主知识产权的国内首台新型结构和传动系统的双动铝挤压机设备——110MN 卧式双动短行程前上料铝挤压机，改变了落后的挤压技术和方法，适应了国家发展战略的需要。110MN 双动卧式铝挤压机的设计在控制领域有重大改进，其人性化的设计和齐全的功能使控制系统能够更好地控制主机。设备结构采用短行程前上料方式，有助于减少铝锭外部摩擦，提高变形效率；伸缩式自适应供锭器可以根据坯锭长度进行调节，即挤压筒和挤压杆的回程距离可以依据实际坯锭长度进行控制，缩短非挤压辅助时间；控制系统在硬件配置和软件编程方面做了全新的设计，提高了速度控制精度和压力控制精度并减少无功作业时间。

二、关键技术

短行程铝挤压机的电气控制系统采用开放式体系结构，由上位工业控制计算机和工业可编程序控制器两级控制，通过计算机和 PLC 系统的协调工作，实现对挤压机工作过程的在线智能管理和控制。短行程铝挤压机的自动控制系统软件主要有信号采集、信号输出、工艺控制、数据传输和通信联络等几部分组成，共同完成挤压设备工作过程的控制和管理。针对挤压机的特殊工况，编制了用于挤压机控制的专业应用软件包，实现了速度、位置、温度等参数的精确控制。在供锭机械手和运垫机械手等机构上，用伺服电机驱动取代了普通电动机，简化了机械结构，降低了运行成本，实现了供锭机械手伸缩和运垫机械手行走的精确定位。这些数控技术的应用，使短行程铝挤压机的数控系统有更好的通用性、柔性、适应性、可扩展性，可以较容易地实现智能化、网络化，不仅具有信息处理能力强、开放程度高、运动轨迹控制精确、通用性好等特点，而且在很大程度上提高了现有挤压机应付市场需求的能力，其主要技术创新点。

（1）开发了适用于短行程铝挤压机的挤压筒加热数字控制技术，提高了挤压筒温度控制精度，使挤压筒均衡加热。

（2）开发了具有穿孔针力能参数保护和位置参数控制功能的液压定针数字双闭环控制系统。

（3）利用模块化设计思想，开发了基于 WinCC 组态软件的上位机监控系统，实现了故障诊断、数据采集、状态监控、智能化控制和生产管理等功能，提供了良好的人–机界面。

（4）开发了采用 Sinamics S120 伺服驱动控制系统驱动供锭机械手伸缩定位和运垫机械手行走定位的伺服控制技术，控制精度高，定位准确。

1. 挤压筒加热数字控制技术

挤压筒是挤压机设备的关键部件，同挤压杆一起限制坯锭的变形方向，承受挤压杆传递到坯锭的压力，使坯锭受压后，经过挤压模具，从前梁出口挤出，挤压时流动的金属和挤压筒之间存在着接触摩擦力。当挤压筒内壁上的摩擦力很小时，变形区范围小且集中在模孔附件，金属流动比较均匀；当摩擦力很大时，变形区压缩锥和死区的高度增大，金属流动则很不均匀，产生很大的附加应力，造成金属制品扭拧、弯曲等缺陷。铝合金型材高温挤压时，其接触摩擦力不同将使工件的表面层和中心层之间剪切变形量产生很大的差异，从而加剧了金属流动的不均匀性。

通常挤压时，挤压筒温度要求保持 425～430℃。在挤压前，需要进行挤压筒加热温度控制，使挤压筒依据较为平缓的温升曲线从常温升高到设定温度。挤压筒加热过程中的温升斜率必须严格控制，如果温升斜率过大，则挤压筒容易出现温升不均匀，发生挤压筒外套开裂等现象；如果温升斜率过小，则挤压筒加热时间过长，会降低生产效率。挤压筒温度升高到规定温度时，挤压筒进入保温过程，挤压筒温度要求控制在 ±5℃ 的范围内。

挤压筒加热数字控制技术采用 SCL 语言进行编程，运用 PI 控制理论对开关元件进行控制，控制方式采用闭环控制。这种控制方式解决了各加热分区在加热过程中温差过大的问题，使各区之间的加热过程基本保持同步，温度均衡，达到精确控制挤压筒温升和保温过程的目的。

加热数字控制技术程序包的优点是易于阅读，便于诊断和维护，能够适用于不同厂家的 PLC，降低 PLC 程序二次开发的工作量。软件包中改变温升斜率无需调整程序结构，只需更改温控子程序的输入输出参数即可实现；软件包自带加热主回路的自诊断和自动报警功能，调试人员通过软件包中的诊断和报警功能能够快速准确地查找出故障点，缩减调试时间，避免元器件的损坏。

利用挤压筒加热数字控制技术，控制挤压筒均衡加热，使挤压筒内部热量均匀，通过对温升斜率的控制，提高了挤压筒的温度控制精度，满足挤压工艺的要求，保证了挤压机的生产效率，同时能够保证挤压筒的正常使用的温度范围，提高了挤压筒的使用寿命，在实际应用中产生了显著的经济效果。

2. 液压定针数字控制系统

挤压过程中，由于挤压筒温度、铝锭温度、铝锭材质和变形率等不同，导致挤压时流动的金属与穿孔针的摩擦力会发生变化，这种变化会影响穿孔针相对与挤压杆的反向移动速度，使穿孔针相对模具的位置发生变化。液压定针挤压时，流动的金属与穿孔针之间的摩擦力超过液压定针力，穿孔针将在摩擦力作用下，随着金属流动向模具方向移动，直至穿孔针尖超过定针带最后撞到模具上，导致设备损坏。同时定针速度的波动将会造成制品内壁表面出现波纹，影响管材制品的内表面精度。

针对挤压机定针速度控制系统高压、大流量和调速范围大等特点，以及高精度的控制要求，开发设计了液压定针数字控制系统。液压定针数字控制系统对电液比例控制阀为先导阀的新型大通径节流阀的阀芯的位置控制、流量特性进行了研究，得到了节流阀阀芯位置控制系统仿真模型的响应时间和超调量，以及节流阀阀芯位置控制系统的实际响应时间和超调量，建立了节流阀阀芯位移控制系统的数学模型，由 PLC 对电液比例方向阀阀芯开口度采用闭环控制，利用 PI 控制器，根据实际位置与设定位置的偏差值，生成速度输出，作为比例方向阀的基准给定，根据穿孔缸杆腔的实际压力值对比例方向阀的基准给定做出偏移调整，将最后结果作为比例方向阀的最终给定值。比例放大器精确调节电液比例阀的输入电流大小，通过连续成比例地调节进入电液比例方向阀的阀芯位置来精确控制电液比例阀的流量，从而控制由高压泵经电液比例方向阀流入穿孔液压缸的流量，最终实现对穿孔缸定针速度的精确控制。在电液比例方向阀压差变化时，系统自动调节阀芯位移以维持电液比例方向阀一定的过流流量，从而使定针速度稳定。

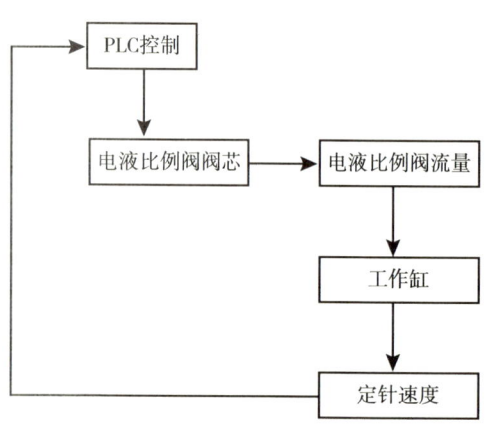

图 1 定针速度控制整体框图

液压定针数字控制系统的压力控制是根据通过压力传感器检测穿孔缸前后腔的压力变化，当压力变化到设定值时，开始降低挤压速度，从而调节金属的流动速度，减少流动的金属与穿孔针之间的摩擦力，使该摩擦力小于液压定针力，液压定针位置控制可以有效控制定针位置。

液压定针数字控制系统具有穿孔针力能参数保护和位置参数控制功能，系统响应快，可靠性高，有效地解决了流动的金属与穿孔针之间的摩擦力过高时液压定针失败的问题，提高了液压定针的控制精度。同时液压定针的控制保护措施，避免了定针位置控制和压力控制超限，造成设备损坏或把管材挤成棒材的现象，有效地实现了短行程铝挤压机的液压定针功能。

3. 数字化上位机监控系统

短行程铝挤压机利用模块化设计思想，开发了基于 WinCC 组态软件的具有智能化、开放式、网络化的数字化上位机监控系统。该数字化上位机监控系统具有智能化的人机界面与监控，方便系统的诊断及维修；方便具有工艺参数自动生成等特点，提高生产效率和产品质量。

数字化上位机监控系统的控制系统网络构架分为两层。底层由西门子 S7-400 系列 PLC 和各分布式 I/O 组成 PROFIBUS-DP 现场总线网络，用以实现铝挤压机主机及其辅助设备各个机构的动作过程控制和运行参数的数据交换，控制要求和交换数据列表由铝挤压机主机负责提出，通过计算机和 PLC 系统的协调工作，实现对压机工作过程的在线智能管理和控制。上层由工业计算机组成工业以太网，用以实现铝挤压机设备各机构运行参数的设置、故障检测、报警和故障信息显示、设备的实时运行状态及工艺参数的管理和维护。

数字化上位机监控系统借助于快速数字交叉法将上位工业计算机系统连接到挤压机的 PLC 系统，进行生产、工艺、控制信息的传输、数据交换和管理通信，使用 Wincc 组态工具将 PLC 的数据采集并存储到上位机数据库，将触摸屏上设定信号传送到 PLC，由 PLC 程序完成自动控制，实现了数据采集、状态监控、智能化控制和生产管理等功能，实现了铝挤压机设备向网络化方向的发展。

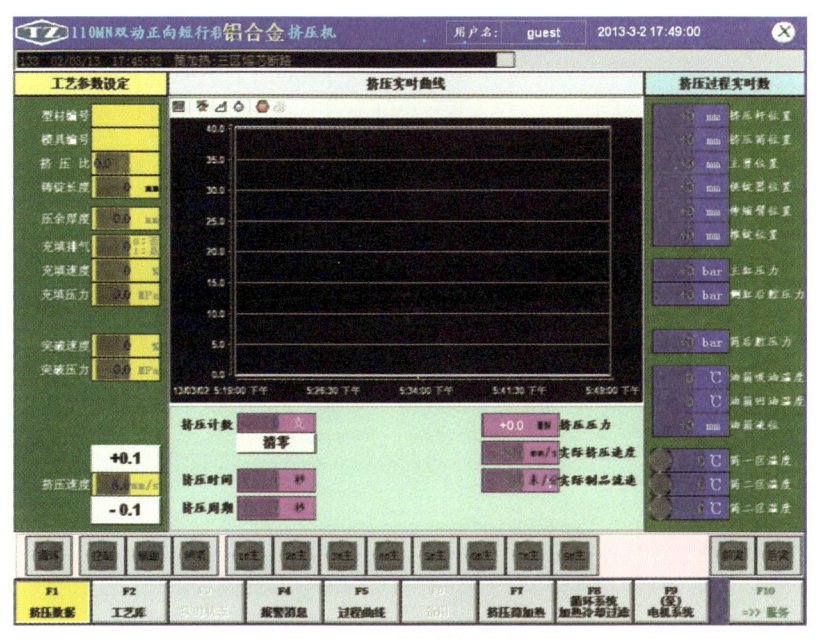

图 2　挤压工艺参数设定和显示

4. 供锭机械手和运垫机械手定位的伺服控制技术

短行程前上料铝挤压机采用 Sinamics S120 伺服驱动控制系统来驱动供锭机械手和运垫机械手的伺服电机，实现供锭机械手伸缩和运垫机械手行走的精准定位。多轴控制的 Sinamics S120，由电源模块、电机模块和控制单元组成，伺服控制系统响应快，跟随性能好，并且具有很高的可靠性，为供锭和运垫过程的自动化提供了可靠的技术保障。完整的伺服电机驱动器包含位置控制单元、速度控制单元及驱动单元，指令脉冲数与编码器反馈脉冲数的位置偏差量经比例控制器运算后，得到修正幅度，再送往速度控制单元进行速度控制。速度控制单元为稳定输出速度而采用 PID 速度闭环控制，通过调整 PID 控制器的参数值，可使伺服系统的速度控制性能符合要求。通过 PLC 程序调整驱动器参数，使旋转速度能够快速反应指令速度、减小超调量、缩短稳定时间，配合伺服电机快速响应。供锭机械手和运垫机械手定位的伺服控制技术提高了短行程前上料铝挤压机的自动化程度，控制精度高，定位准确。

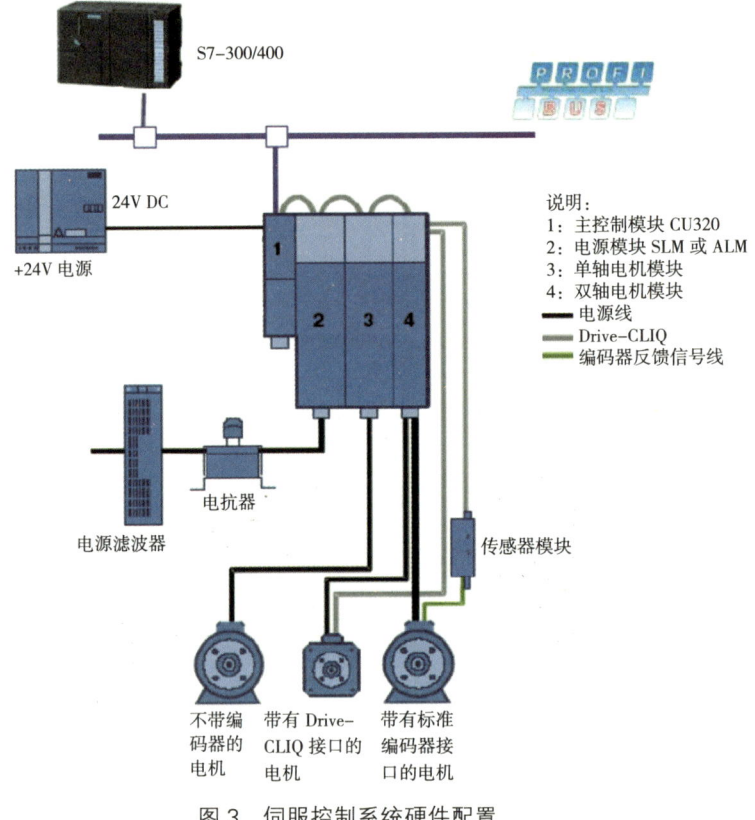

图 3　伺服控制系统硬件配置

三、主要成果

110MN 卧式双动短行程前上料铝挤压机项目填补了我国双动短行程铝挤压机装备制造的空白，主要技术参数和性能方面同时处于国际先进水平，该项目荣获机械工业科技进步二等奖。2014 年其主要性能已经被列为双动卧式铝挤压机的国家机械行业产品标准，并获得国家授权专利 13 项、发表论文 19 篇。

四、展望

短行程铝挤压机项目的研制成功，显著提升了我国铝挤压装备制造业的自主创新能力和国际综合竞争力，替代了国外进口设备，推动了我国铝挤压技术的发展，具有广阔的市场前景，经济和社会效益显著。该项目的数字控制技术可以应用于各种双动吨位的铝挤压机上，也可以推广应用于所有适合工艺的双动正反向铝挤压机、黑色金属挤压机、镁合金挤压机上，满足了铝挤压机制造行业的信息化、数字化、智能化的发展趋势。

案例 17

36MN 不锈钢挤压机生产线

太原通泽重工有限公司

采用热挤压工艺方法生产无缝钢管，主要可为冷加工提供优质荒管，也可以直接生产热挤压成品管，以及生产各种中空断面和实心断面的异型材。我们通过消化吸收国外同类挤压机组的先进技术和热挤压工艺的模拟研究，掌握了热挤压工艺的关键技术，生产出的 36MN 不锈钢挤压机生产线具有国际同类产品先进水平，为我国无缝钢管产业转型升级提供技术保障。

一、导语

目前我国拥有的大型无缝钢管热挤压机组都是进口设备，宝钢和太钢引进的60MN钢管挤压机，单台报价达3200万欧元。为了打破国外的技术垄断，结束长期依靠进口的局面，满足国民经济发展的需求。太原通泽重工有限公司自主创新调整产品结构，为台资企业——华新特殊钢有限公司研制成功了我国第一条拥有自主知识产权的36MN不锈钢热挤压生产线。

36MN无缝钢管热挤压机组生产线成套设备的开发研制符合国家产业政策，对实现重大技术装备国产化、替代昂贵的进口设备、促进无缝钢管产业转型发展、满足国民经济发展对高端无缝钢管的亟需具有重要的意义。

二、主要创新点分析

1. 研制内容

图1 36MN不锈钢无缝钢管热挤压生产线

36MN不锈钢无缝钢管热挤压生产线成套设备（图1）包括：①钢坯、在制品传输辊道和联线设备；②一次感应加热炉（立式）；③16MN液压冲（扩）孔机及辅机设备；④二次感应加热炉（立式）；⑤36MN液压管材挤压机及辅机设备；⑥除鳞机；⑦自动出料系统；⑧配套的主、辅油泵及蓄势站，氮气压缩站及其他机械、电气和自动控制系统；⑨配套的工装、模具等。

2. 国内外同类产品的现状描述及分析

（1）与国内同类进口设备的比较见表1。

表1　国内主要高端不锈钢管生产企业及设备机组情况

机　组	产品规格（mm）	厂　家	现　状	供应商	主结构
63MN	φ76～325	宝钢集团	2009年建成投产	德国SMS	板式框架，多缸压力组合，外置穿孔系统，油泵—蓄势器联合传动
63MN	φ76～325	太钢集团	2010年建成投产	德国SMS	
35MN	φ42～219	浙江久立	2008年建成投产	意大利DANIELI	四柱预应力框架，内置穿孔系统，水泵—蓄势器传动
36MN	φ42～219	常熟华新	2010年建成投产	太原通泽TZCE	四柱预应力框架，多缸压力组合，外置穿孔系统，油泵—蓄势器传动
63MN	φ76～325	新兴铸管	2011年建设中	意大利DANIELI	四柱预应力框架，内置穿孔系统，油泵—蓄势器传动

（2）与国外同类技术的比较见表2。

表2　与国外同类技术比较

国别、公司	投产时间	挤压机组	设备关键技术状况
意大利 DANIELI BREDA	2005年	35MN	主机结构为拉柱预应力机架形式、内置式穿孔系统、旋转模架、水泵—蓄势站传动、油压先导—插装水阀控制、电控为PLC+HMI
德国 SMS	2008年	60MN	主机结构为板框预应力机架形式、外置式穿孔系统、移动模架、油泵—蓄势站传动、插装阀控制、电控为PLC+HMI
中国 通泽重工	2010年	36MN	主机结构为拉柱预应力机架形式、外置式穿孔系统、移动模架、油泵—蓄势站传动、插装阀控制、电控为PLC+HMI
意大利 DANIELI BREDA	2011年	60MN	主机结构为拉柱预应力机架形式、内置式穿孔系统、旋转模架、水泵—蓄势站传动、油压先导—插装水阀控制、电控为PLC+HMI

通过以上对比可以看出：

1）36MN无缝钢管热挤压机组达到了同类产品的先进技术水平，在主机设备的结构型式等方面有重大创新，更加适合我国国情。

2）在同等技术水平的条件下，由于实现了国产化，设备投资将减少1/2以上。

3）国外先进设备由于昂贵的价格、苛刻的供货条件和技术封锁，安装调试时间和设备达产期长，采用国产化设备，当年即可实现产量达产、质量达标。

4）为了减少高端无缝钢管的进口，增加出口，目前国内市场对25MN、36MN、63MN不锈钢热挤压管生产线各有1～2套的需求量。印度等新兴经济国家对36MN不锈钢热挤压生产线也有一定的需求量。

5）由于本项目技术先进、产品质量好、投资少，更适合于中小高端无缝钢管企业转变发展方式、调整产品结构，在国外市场具有较强的竞争力。

3. 项目创新点

（1）采用 20MN、26.4MN、32.8MN、36MN 四级压力分级。
（2）首次采用高压油泵—蓄势器联合传动，减少装机容量 60% 以上。
（3）采用比例调压及节流+容积调速的计算机控制系统，快速调节挤压速度。
（4）16MN 双动立式冲（扩）孔压机首次采用单主缸结构，结构简单可靠。

4. 解决方案

（1）36MN 无缝钢管热挤压机组成套设备生产工艺流程：生产工艺流程图如图 2 所示。
（2）36MN 卧式挤压机组技术方案。
1）预应力框架。

挤压机的框架是主机结构中主要部件之一，它的稳定性直接关系到挤压机活动横梁的导向精度和各主工作缸工作环境的好坏。目前大型液压机普遍采用预应力框架结构。预应力框架的强度和刚度、稳定性计算一直都是设计大型液压机的首要技术问题。此次设计过程摒弃了传统办法，采用有限元法，按框架的实际形状尺寸绘制三维模型，并按实际工作条件加载和施加边界条件、约束。通过计算机仿真，优化了预紧参数，调整了框架结构，减轻了重量，节约了材料。在设备安装时专门对预紧参数作了检测，其结果和有限元理论参数吻合度达 90% 以上，反过来证明了理论的科学性，目前主机运行精度良好。

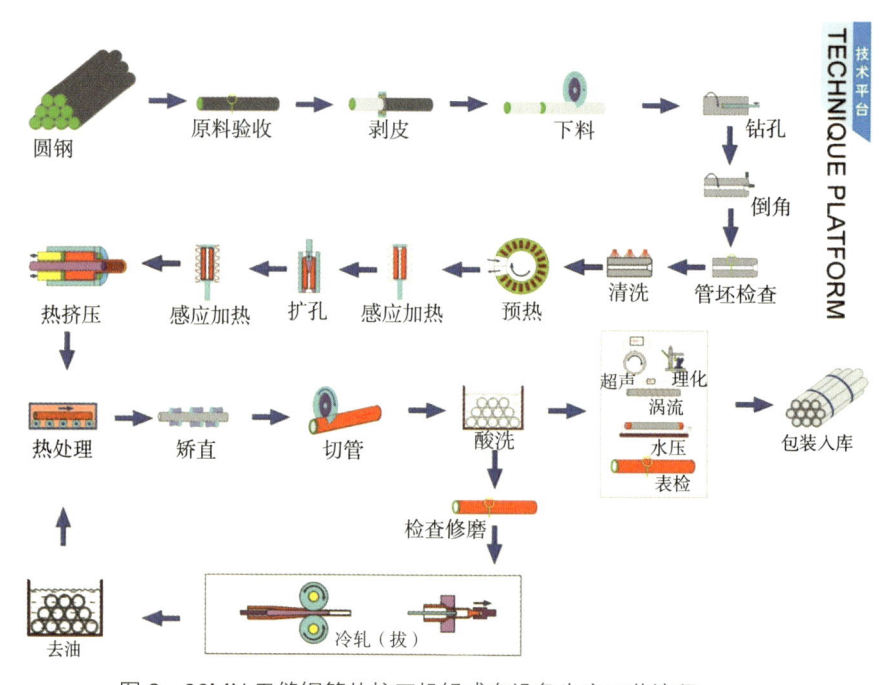

图 2 36MN 无缝钢管热挤压机组成套设备生产工艺流程

2）压力分级组合式结构。

不锈钢挤压机和其他有色金属挤压机不同，它的工作速度很快，且产品范围较宽，国外的挤压机多都采用了压力分级式结构，但具体形式各有不同，有依靠液压系统调整系统压力的办法，也有靠多缸组合的办法等。此次采用了后者，即多缸组合式结构。当采用泵—蓄势器传动时，这种结构的优势就更加明显。第一，避免了依靠压力阀控制系统压力，从而节约了在超压溢流时白白损失的能量，节能效果明显。第二，适应更为宽广的模具系统，产品范围大时受模具强度的限制，就不得不分级以保护模具。

3）前、后横梁（图3和图4）。挤压机前、后梁受力结构复杂，存在严重的应力集中点，如何通过有效的设计使得应力集中点处的应力分散开，获得比较均匀的受力情况是设计的关键。以往采用简化截面利用传统材料力学法校核计算，其反映不出应力集中点，只能靠提高安全系数的办法，使得梁又笨又重，既不经济也不科学。36MN挤压机的关键零部件设计都采用了有限元法计算模拟强度分析，有效解决了以往设计工作的不足，至少节约了10%的材料。以前梁为例，前梁重约55t，10%就是5.5t，按每吨成品2万元计算就是11万元成本，考虑整机的话效果还是非常明显的。

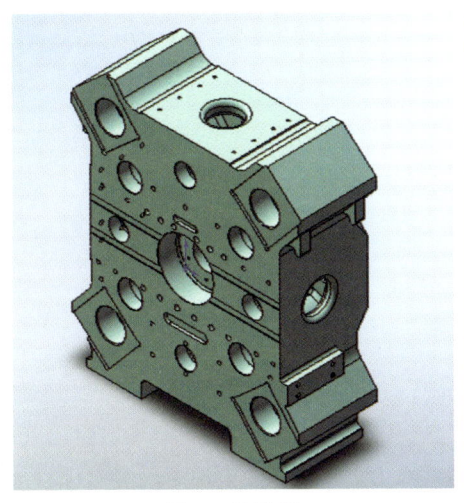

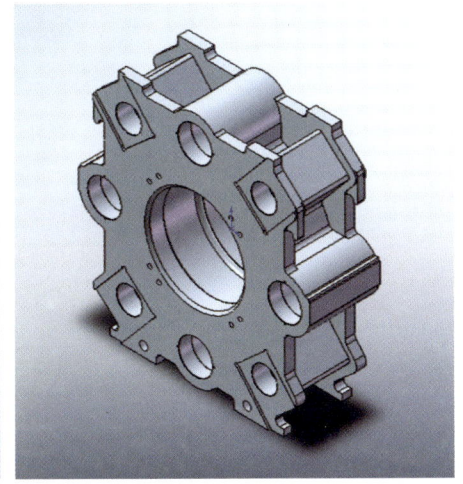

图3　前横梁　　　　　　　　　图4　后横梁

4）活动横梁（挤压梁和挤压筒梁）水平调整装置。活动横梁是压机的工作部分，安装、检修时需要调整其运动精度，一般压机的横梁重量都在几十吨以上，靠人力不可移动。为了调整方便，专门设计了一套液压助力系统（图5），实现了灵活自由调整。现场使用反映情况良好，准备申请专利。

5）压余分离锯。

此次设计分离锯采用了全新的结构，双缸比例驱动，位移传感器反馈，做到了速度位置

图5 调节助力装置

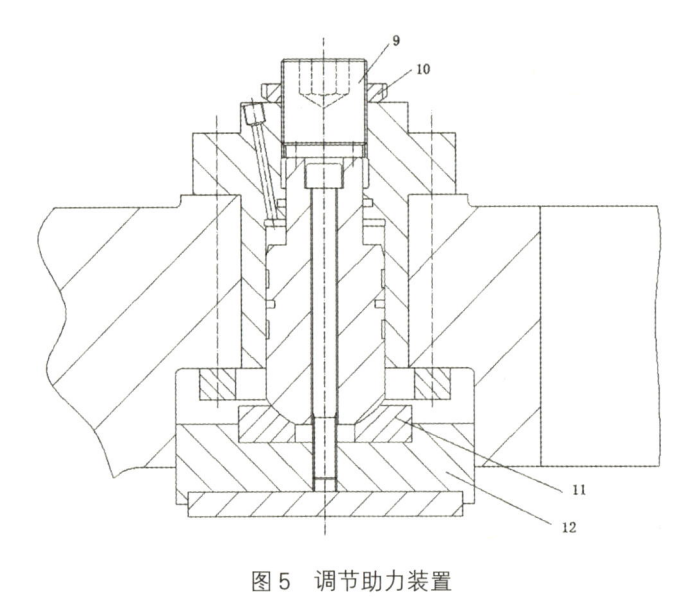

实时调整。且双缸驱动更接近装置重心，有利于平稳运行。保护锯罩也利用空气动力学原理，设计了变截面风道和进风口，实现了自动排屑，节能环保。

6）挤压模快速更换装置。因不锈钢产品对表面质量要求较高，所以不管挤压模是否损坏，每支钢管都要更换新的模子，旧的需要替换下来修模。因此，实现挤压模的快速在线更换就成了提高生产效率的重要措施，专门的快速更换装置成了必须配备的功能。

（3）16MN 冲（扩）孔压机设计方案。

压机主机为立式、预应力组合机架型式，由主缸、穿孔梁、预压梁、预压梁平衡缸、机架、连接拉杆和镦粗套装置、导向板、移动模台和底梁、支承器、顶出器、行程测量控制装置、平台栏杆、基础垫板等部件组成。

针对扩孔机工作的工艺情况，简化改进了普通冲孔机的结构形式首次采用了单缸式结构。

为提高生产效率，方便工艺工程控制，围绕主机设计了一系列动作的机械化装置，包括铺粉台、扩孔头提升、上料机械手、接料装置等。

（4）关键技术。

1）冲孔工艺支撑力的计算确定支撑力的计算采用了工艺有限元软件 Deform3D 处理，该软件很好地分析模拟了整个冲孔过程，为最终确定支撑力提供了理论数据。

2）冲扩孔机的对中。对中是所有冲孔压机的共性关键技术。壁厚精度是高端无缝管的敏感参数，而挤压机在挤压过程中无法纠正前道工序造成的壁厚差，因此对冲扩孔坯的壁厚均匀程度要求较高。对中要求最终依靠调整装料机械手的精度和模具底部增加了对中圆角，扩孔时预压杆与扩孔头配合定位，下部圆角与坯料事先加工的斜角定位，使得扩孔前保证坯料中心线和模具中线一致。

3）挤压工具。采用了锥螺纹连接，提高了强度，增加了更换时的方便性，并且采用多组模块式结构，减小了易损部分的材料，有利于节约模具成本，方便更换和通用性。

4）钢坯内外表面润滑装置。玻璃润滑是钢挤压的关键。挤压机设计紧凑，空间有限，使得铺粉装置必须结构简单，而且必须具有适应不同规格产品而调整行程和玻璃粉用量的功能。

5. 实施结果

（1）经济效益。

本项目用于 $\phi 45 \sim 219mm$、壁厚 $3.5 \sim 30mm$ 的高端无缝钢管。壁厚精度≤±5%，超过了国家标准（≤±10%）和国际标准（≤±8%），国内标准≤±10%）。设计年产量为1.5万~1.8万 t/a。2010年8月在台资企业华新特殊钢有限公司投产以来，累计产量达12510万吨不锈钢和耐热合金无缝钢管。实现销售收入42518万元，实现利润4478万元，上缴税金4139.2万元。

（2）社会效益。

1）本项目的研制成功，结束了无缝钢管热挤压机组长期依赖进口的局面，实现了国产化，填补了国内空白。达到了国外同类设备的先进技术水平，可节约投资 1/2～2/3。

2）本项目主要生产高端核电管、超临界和超超临界锅炉管、耐蚀耐压耐温油井管和耐腐蚀航空管等高端无缝钢管，属于国家产业结构调整鼓励类，对无缝钢管行业转变发展方式，调整产业结构具有重要意义。对中小高端无缝钢管生产企业实现节能减排具有重要作用。

三、主要成果

1. 知识产权情况

取得的3项实用新型专利：钢挤压机针筒的冷却清理装置、液压机方形立柱与活动横梁导向间隙调整装置、钢挤压力矩分离剪；发明专利2项：液力螺栓预紧器的装配机构、超长高速液压拉拔机。

2. 人才培养情况

为了鼓励年轻科技人员快速成长，公司提出了"创新失误可容，重犯错误必罚；设计实践的积累是成就设计大师的唯一捷径"的设计理念。既为年轻科技人员的成长创造和谐的环境，又对他们压任务，严格要求。在本项目设计实践中，在老科技人员的带领下，青年科技人才迅速成长。在设备安装调试阶段，把年轻科技人员都派往生产现场参加总装试车，在实践中进一步检验他们的设计成果，也进一步提高他们的专业技术水平。

四、展望

目前，全世界有130多台（套）钢挤压机组，除少数用于挤压异型材外，约85%～90%的机组都用于生产不锈钢等特殊钢优质管材。与我国无缝钢管产量占世界无缝钢管总产量50%以上相比较，我国的热挤压高端无缝管产量不足世界总产量的10%，产能过剩的无缝钢管行业面临转型升级。36MN不锈钢热挤压生产线的研制成功打破了国外的技术垄断，打破了热挤压无缝管设备长期依赖进口设备的局面，为高端无缝钢管制造提供了技术支持。也为核电、石油化工、航空航天、军工等行业自主发展奠定了基础。

案例 18

数控蛇形弯管机弯管工艺与装备研究

长治钢铁（集团）锻压机械制造有限公司

国内外电站锅炉制造行业，蛇形弯管机是关键核心设备，它在技术上的先进与否直接标志着该厂的工艺水平、工厂效益、产品质量和工人的劳动强度。通过创新研发小弯曲半径厚壁管的数控顶墩弯管工艺；采用排管不动，弯管主机旋转实现管子左右弯曲数控顶墩弯管设备；弯曲过程的全自动控制技术等，建成了国内技术先进、设备占地面积小、生产效率高的数控蛇形弯管设备。

一、导言

国内外电站锅炉制造行业，蛇形弯管线是关键设备，蛇形弯管机又是弯管线上核心设备，它在技术上的先进与否直接标志着该厂的工艺水平、工厂效益、产品质量和工人的劳动强度。目前锅炉行业所采用的蛇形弯管线要么采用国外进口设备，要么采用自行仿制的国外20世纪80—90年代的设备。进口设备多来自于美国、德国、英国等欧美发达国家，虽然自动化程度高，但价格昂贵，而且在产品的售后服务方面、生产过程中的技术改造方面、故障及时处理等方面均受到制约；而采用自行仿制的国外20世纪80—90年代的设备，自动化程度低，技术落后，管形的成形质量差，生产效率低，且设备已经老化，急需升级换代。但国内目前还没有专门从事蛇形弯管线的研发设计与制造的专业厂家，蛇形弯管机的弯管工艺研究和装备研究，特别是数控系统的先进性与可靠性与国外相比，仍具有很大差距。因此随着国内锅炉行业的快速发展与国家对重大数控装备国产化支持力度的加大，以及锅炉行业装备升级换代步伐的加快，数控蛇形弯管线的国产化必将迎来历史上最好的发展时机，具有广阔的市场前景。基于上述原因，我公司和国内锅炉行业的龙头企业武汉锅炉厂一道，联合开发了目前国内数控化程度高，结构合理，生产效率高的数控蛇形弯管机。

二、主要研制内容

本项目的主要研究内容包括小弯曲半径厚壁管的数控顶墩弯管工艺；采用排管不动，弯管主机旋转实现管子左右弯曲数控顶墩弯管设备；自动控制技术等方面的研发，在成功完成上述三方面的研究后建成了国内技术先进、设备占地面积最小、生产效率最高的数控蛇形弯管机。

1. 小弯曲半径厚壁管的数控顶墩弯管工艺的开发

顶墩式数控蛇形弯管机主要是针对锅炉行业厚壁小弯曲半径无芯弯曲而研制的一种专用设备。采用传统的弯管工艺，弯制此种管子必须在管子内部安装芯头来支撑管子，否则管子外侧容易出现开裂，内侧容易起皱，或者根本无法成形。但由于锅炉行业特殊的弯管工艺要求，在弯管过程中无法安装芯头。为了解决这一问题，在弯管工艺上采用了顶墩式的弯管工艺；在模具的设计上采用反变形的设计理念；管子的固定采用上下弯曲模来夹紧管子；采用防皱板装置等多项技术。实现了在钢管壁厚为0.1D，弯曲半径可以得到1D的情况下，弯管质量指标达到和超过国家标准要求，弯管工艺技术达到世界先进水平。

(1) 数控顶墩式的弯管工艺。

锅炉行业所弯管子的主要特点为厚壁小弯曲半径，在弯曲过程中，由于管子外侧受拉伸应力，容易造成管子的减薄拉裂显现，管子内侧受挤压应力容易出现起皱现象。为了解决这个问题，需要在管子的弯曲过程中，始终给予管子一个向前的助推力，以补偿管子外侧的减薄拉裂显现，但顶墩力的大小需要根据管子的工艺参数和弯管过程中弯曲角度的变化而作相应变化，顶墩力过小，起不到补偿作用，顶墩力过大，则会加重管子的起皱现象。因此，在设计中，不仅需要对 Z 轴（顶镦移动距离）顶镦力大小进行伺服控制，而且需要顶镦移动速度与弯曲速度相匹配，通过对管子弯曲过程中塑性变形理论的研究和对大量弯管工艺数据的分析，开发出弯管过程中顶镦力随弯曲角度变化最佳压力曲线。Z 轴（顶镦移动距离）驱动采用德国西门子公司的 SIMODRIVE 611D HLA 控制模块驱动电液比例压力阀和电液比例调速阀来实现对顶镦移动速度和顶镦力大小的双伺服控制，同时对 Y 轴进行差补控制。

(2) 无芯反变形弯管工艺。

无芯反变形弯管主要是用来控制所弯管子的椭圆度，在弯曲模和随动模的设计中采用反变形曲线槽形，使管子在未弯曲时由于外力而产生预定的反方向变形，因此在弯曲恢复后，其截面基本保持圆形。在正常情况下，只要反变形的形状适当，弯管机有足够的压紧力使管子达到一定量的反变形，就能使管子截面的椭圆度达到改善。所以在设计中 C 轴（侧压压力）、B 轴（合模压力）驱动采用电液比例压力阀控制，可以根据管子的工艺参数在电脑程序中设置 C 轴（侧压压力）、B 轴（合模压力）。

(3) 自动脱模装置。

锅炉行业所弯制的蛇形管所弯角度大多为 180°，考虑到管子在弯曲过程中的回弹，弯曲时均要大于 180°，如果采用传统的侧向夹紧管子的设计方法，则容易造成管子弯曲成型后很难从模具中脱出。因此在结构设计上采用将弯曲模分为上弯曲模和下弯曲模。在弯曲过程中，合模油缸带动拉杆向上提起弯曲装置，上下弯曲模合住，完成合模动作。在弯曲结束中，上下弯曲模分离，管子从模具中很方便地取出。

(4) 防皱板装置。

为了解决管子在弯曲过程中内侧由于挤压而产生的起皱问题，在弯管机上特安装有防皱板装置，防皱板一侧和弯曲模槽紧密贴和，一侧紧紧地包着管子，有效地限制了管子在弯曲过程中的变形，保证了管子的弯曲质量。

2. 数控蛇形弯管线成套设备的研制

数控蛇形弯管机主要由合模部分、弯曲部分、弯模侧压部分、顶镦部分、顶夹部分、转筒装置、支座调高装置、转筒传动装置、管子输送部分、液压部分、气动控制部分以及 CNC 电气控制部分等组成。

机器的各部分功能如下：

合模部分主要由一个合模油缸、上转模体、上弯模法兰、拉杆、支承杆等组成，合模油缸带动拉杆向上提起弯曲装置，上下弯曲模夹紧管子，完成合模动作。上弯曲模固定在上弯模法兰上，支承杆起导向作用，上转模体是合模油缸及其他各零件的载体。合模油缸的工作压力采用比例伺服控制，根据管子的管径、壁厚、材质等工艺参数，可以在程序中设定合模压力，保证管子在弯曲过程中有足够的夹紧力，防止管子在弯曲过程中的打滑现象，又不至于夹紧力过大而夹扁管子或者损坏机器的其他部分。

弯曲部分主要由下转模体、弯曲油缸、下弯模法兰、偏心轴、齿轮轴、弯曲角度控制装置等组成。通过弯曲油缸的运动带动齿轮齿条运动来实现管子的弯曲。弯曲角度的控制通过安装在下转模体上的光电编码器将信号反馈回控制系统来实现。弯曲油缸采用比例流量伺服控制，根据弯管工艺参数要求在程序中可以设定弯曲速度曲线，既保证弯曲过程的工作效率和成形质量，又能够保证管子在弯曲过程中的定位精度和重复精度，同时减小机器的振动。

弯模侧压部分为上下两个相同油缸组成，油缸的一端与旋转体连接，另一端分别与上下转模体连接，通过油缸内活塞向两个方向的运动来实现弯曲模对管子的夹紧动作。侧压油缸驱动采用电液比例压力阀伺服控制，可以根据弯管工艺参数来设定侧压油缸的压力，使管子在弯曲前达到适当的反变形。

顶镦部分主要是由安装在转筒体内的顶镦油缸、测量装置等部分组成。随动模安装在顶镦油缸缸体上，顶镦油缸活塞杆不动，缸体移动带动随动模在弯管过程中对管子起助推作用。顶镦油缸的液压系统采用电液比例压力阀和电液比例调速阀来实现对顶镦移动速度和顶镦力大小的双伺服控制，同时对 Y 轴进行差补控制。操作者可以在电脑中设置压力曲线与速度曲线，实现顶镦移动速度和顶镦力大小与弯管过程的自动匹配。改变了管子的弯曲应力分布状态，从而实现对管子弯曲椭圆度、减薄量的控制，得到高质量的弯曲。

顶夹部分主要是由顶夹油缸组成，安装在顶镦装置上，弯管时夹住管子与顶镦一起动作，以保证管子在送进方向的位置不会变动。

转筒装置是所有工作部件的载体，机器的主要部分均布置在转筒内，转筒本身为一个外齿圈，它的旋转运动是由伺服电机带动一对齿轮驱动的，以实现管子的空间旋转（图1）。

支座调高装置由电机、减速机、链轮、架体、偏心轴等组成，安装在四个柱销上，通过电机、减速机、链轮、链条、偏心轴等带动架体上下移

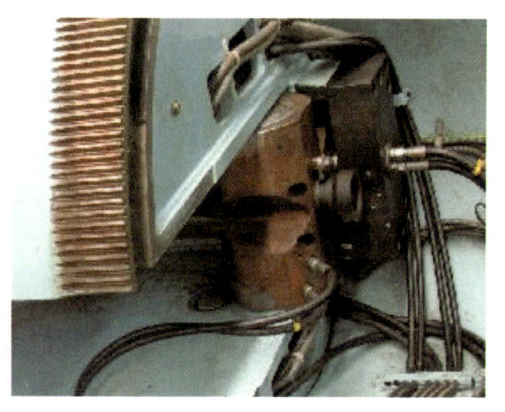

图1 顶镦夹紧与转筒装置

动达到调整转筒中心的高度。当弯制不同的管径时需调节它的高度以达到与管子送进装置的匹配。

管子输送装置由气缸、压轮、测量轮、V型轮、传动装置等组成（图2）。管子输送装置安装在管子送进的入口处，管子放在V型轮上，压轮通过气缸压在管子上，通过V型轮的转动带动管子向前运动，通过安装在测量轮上的光电编码器将管子的输送速度反馈回控制系统。传动装置由伺服电机驱动，以实现和弯管速度的匹配。

气动部分由气源三联体、电磁阀、减压阀、消声排气节流阀等几部分组成，它控制着各气缸的动作来实现压轮、测量轮的升降。

图2 管子输送装置

液压部分主要由恒压变量泵、电液比例调速阀、电液比例换向阀、电磁换向阀、压力继电器、回油空气—油散热器、回油冷却装置等组成。恒压变量泵是一种具有压力和流量自动反馈的高性能的液压泵，在保证设定压力的条件下，其流量随工作油缸的速度变化而自行调整，避免了多余油液通过溢流阀流回油箱造成能源损失和油液发热现象。通过使用高精度、速度响应快的电液伺服阀，可以满足在弯管过程中，顶镦油缸的运动与弯曲速度的匹配，从而得到高质量的弯曲。

此弯管机属于轴向顶镦的机械冷弯式弯管机，其工作过程如下：首先由送进装置将管子送至挡料块处，再由交流伺服电机带动的管子输送装置完成定长送料，然后由液压传动完成顶镦夹紧，侧压装置收紧，弯管模闭合，再由伺服控制的弯曲油缸带动弯曲模旋转实现弯管，弯管的同时顶镦油缸推动顶镦夹使其给管料施加轴向推力，以满足弯管和顶镦的匹配要求。弯完一个弯后，再由伺服电机进行定长送料，同时转筒旋转一定角度，进行再一次弯管，直到弯完要求的管子。在弯管过程中，顶镦速度和弯管速度之间满足一定的关系，从而保证了弯管质量。

3. 生产过程的自动控制技术的研发

（1）本项目自动控制技术的研发。

该数控蛇形弯管机的数控系统硬件采用德国西门子的840D数控系统，软件部分为自主研发。该机所有动作可以用六个轴来表示：X轴——管子送进；Y轴——弯曲角度；Z轴——顶镦距离与压力；C轴——侧压压力；B轴——合模压力；W轴——定位角度。所有动作全部由计算机控制。

X轴（管子送进）、W轴（定位角度）驱动采用德国西门子公司的SIMODRIVE 611D交流驱动装置及1FT6、1FT7交流伺服电机，实现机床X轴、W轴的进给控制。控制模块驱动电液比例调速阀实现对 Y 轴的伺服控制。C 轴（侧压压力）、B 轴（合模压力）控制模块驱动采用电液比例压力阀实现对 C 轴、B 轴的伺服控制。Z 轴（顶镦移动距离与压力）驱动采用德国西门子公司的 SIMODRIVE 611D HLA 控制模块驱动电液比例压力阀来实现对顶镦力大小的伺服控制，驱动电液比例流量阀来实现对顶镦移动速度的伺服控制，同时与 Y 轴一起采用双轴液压伺服控制，来完成对 Y 轴进行差补控制，实现弯曲速度与镦移动速度的合理匹配。

电气部分采用德国西门子公司生产的 SINUMERIK 840D 数控系统。840D 数控系统由数控单元（NCU）及驱动单元、PCU50 及 OP010，PLC I/O 模块三部分组成。NCU 单元是 840D 数控系统的核心，是 SINUMERIK 的中央处理器，它用于处理所有 CNC 及 PLC 通信任务；驱动单元采用 SIMODRIVE 611D，包括电源模块和驱动模块（功率模块），为 NC 和给驱动装置提供控制和动力电源，产生母线电压，同时监控电源模块状态，以及控制电机伺服和液压伺服（比例）系统，以实现 X 轴（管子送进）、W 轴（定位角度）、Y 轴（弯曲角度）、Z 轴（顶镦移动距离）、B 轴（合模压力）、C 轴（侧压压力）全闭环控制；OP 单元和 PCU50 建立起了 SINUMERIK840D 数控系统与操作者之间的交互界面。PLC 部分使用西门子 SIMATICS7–300PLC CPU 及 I/O 模块，该 PLC CPU 集成在 NCU 单元中，机床逻辑控制由 S7–300 系列 PLC 控制，通过 IM361 与 NCU 控制单元连接。

SIMODRIVE 611D 框架排列顺序：驱动电源模块、840DNCU 单元、进给模块，有公共的驱动总线、设备总线、交流母线，采用单排布局。

机床 X 轴测量单元采用伺服电机内置编码器作为第一测量系统，以海德汉编码器作为第二测量系统，IVpp 正弦波信号。W 轴的测量单元采用电机内置编码器作为第一测量系统。Y 轴、Z 轴测量单元采用海德汉编码器作为第一测量系统，IVpp 正弦波信号，实现机床各轴的位置测量。所有测量系统均接入 SIMODRIVE 611D 控制模块测量接口，并通过其 611D 总线接入 840D 数控系统，实现机床位置测量，保证各轴定位精度。

该系统具有全自动、单步自动（一个弯管程序）和手动（一个执行元件）控制操作功能。自动启动和手动操作可以分别在手动操作台和 CNC 操作台上实现。

为了方便用户加工过程中工艺参数的调整，该数控系统根据工艺要求组态了相关 HMI 画面，可以实现管子参数设定、修改和存贮。

该数控系统具有完整的诊断功能。当机床出现故障时，可以通过报警提示来分析故障原因，方便机床维护和使用。

（2）数控系统国产化方面的一些思考。

由于数控蛇形弯管机在数控机床中并不属于通用设备，因此并没有为此种设备开发的现成的数控系统。本项目所采用的数控系统为以德国西门子公司的 840D 作为其硬件部分，软件系统由我公司自主研发。德国西门子公司的 840D 数控系统虽然功能很强大，但许多功能并非专为数控蛇形弯管机而设计，换句话说，840D数控系统的许多功能并没有被充分地利用，从性价比上来讲是不合适的。因此，立足国内，通过与国内数控系统生产厂家的合作，开发出数控蛇形弯管机专用的国产数控系统，是降低产品的制造成本，实现数控蛇形弯管机及成线设备的国产化，打破在这一领域国外产品占主导地位的必由之路。在本项目的研发过程中，我们也于国内数控系统专业厂家进行了有效的沟通，该数控系统所用的大多数功能国产数控系统均能够满足，但对于Y轴（弯曲角度）、Z轴（顶镦移动距离）双轴液压伺服控制且实现补差控制，依然是一个难题。而根据市场调研，由于弯管工艺参数的不同，并不是所有的用户都需要此项功能。但由于受多种因素的影响，目前锅炉行业所用的数控弯管生产线均采用国外的数控系统。因此下一步我们打算对国内的用户进行分类，对于不要求双轴液压伺服控制且实现补差控制的用户，要和国内数控系统专业生产厂家一道做好市场的推广与宣传工作，并做好详细的技术方案，说服用户尽可能地采用国产数控系统。同时与国内数控系统专业生产厂家一道，对双轴液压伺服控制且实现补差控制技术进行联合攻关，争取短期内有关键技术上的突破。

4. 本项目的技术先进性

通过以上技术分析，可以得出以下结论，CDW28TCNC-ϕ63X12数控蛇形弯管机的创新点主要有以下几点：

（1）机器的主要弯曲部分在一个转筒体内，管子不动，转筒旋转，实现蛇形管的弯制，机器占地面积小，结构紧凑，可以实现蛇形管的连续弯曲，效率高。

（2）机器采用顶镦式结构，使得管子在弯曲过程中，始终有一向前的顶镦力，克服了管子在弯曲过程中的减薄率，实现了小半径的弯曲。

（3）机器模具中的随动模采用反变形槽，提高了管子弯曲时的椭圆度。

（4）该机由于采用高性能的电液比例调速阀，使得弯管过程中，由于顶镦油缸的作用，改变了管子的弯曲应力分布状态，得到高质量的弯曲，并且此阀的控制精度高、响应速度快，满足了不同管径、壁厚、R/D值等参数变化的弯曲管子的需要。

（5）该机采用先进的恒压变量泵，此种具有压力和流量自动反馈的高性能的液压泵，在保证设定压力的条件下，其流量随工作油缸的速度变化而自行调整，避免了多余油液通过溢流阀流出造成的能源损失和油液发热现象。

（6）该机采用先进的数控系统。采用德国西门子840D数控系统，该系统具有灵活的编程功能，采用通用的机床数控语言编程，可以方便地调整弯管程序的动作顺序，编程方便，维护简便，定位精度高，在试车过程中得到了很好的验证。

5. 应用及推广

此蛇形弯管机的研制成功，解决了锅炉设计与制造行业中弯制小R的厚壁蛇形管件的难题。此产品经过武汉锅炉股份有限公司的使用，对我们的产品给予了很高的评价，从机器的性能上完全达到甚至超过进口产品的水平，完全可以替代进口，随着我国锅炉行业的迅速发展，此种弯管机具有广阔的市场前景。

三、展望

本项目突破了小弯曲半径厚壁管的数控顶墩弯管工艺、高效的左右弯曲数控顶墩弯管设备、自动控制技术等技术瓶颈，解决了锅炉设计与制造行业中弯制小 R 的厚壁蛇形管件的难题。开发出了国内技术先进、设备占地面积小、生产效率高的数控蛇形弯管设备，从机器的性能上达到甚至超过进口产品的水平，可以替代进口，打破了长期以来国外企业在这一领域的垄断地位。对于促使传统弯管产业的升级改造，大幅度降低劳动强度，有效提高弯管的生产效率，对弯管行业的技术进步具有重要的推动作用。随着我国锅炉行业数控蛇形弯管生产线更新换代期的到来，具有广阔的市场前景。

案例 19

数控四辊型材卷弯机弯曲工艺与装备研究

长治钢铁（集团）锻压机械制造有限公司

数控四辊型弯机具有卷制剩余直边小，可实现真正意义上的数字控制，卷制精度和工作效率高等优点而被广泛应用。通过创新研发型材弯曲过程成型工艺的理论研究与模具设计，全自动数控四辊型材弯曲设备，数学模型建立与数控系统的开发等，实现了型材弯曲过程的全自动控制。形成了系列化数控四辊型弯机设备，解决了特殊型材弯曲的工艺难题，提升了数控四辊型材弯曲机的数控化、智能化水平。

一、导言

随着我国造船、石油、化工、风电核电、锅炉等行业的快速发展，型弯机的市场需求量越来越大，对型弯机的工作精度和工作效率也提出了更高的要求，数控四辊型弯机和其他型弯机相比，具有卷制剩余直边小，能实现各工作辊位置的精确定位和工作辊旋转运动的精确控制，由于型材在弯曲过程中始终被上辊模具和下辊模具所夹持，能有效地防止卷制过程中出现打滑现象，可实现真正意义上的数字控制，其卷制精度和工作效率远远大于其他普通型弯机，特别在卷制多曲率半径的弧形工件、异形工件的弯曲等方面更具有独特优势，是一种理想的弯曲成型设备。

近年来，机床传动技术、液压控制技术、计算机技术迅猛发展，机床的控制技术也日益更新，目前四辊型弯机在欧美等发达国家的数控化水平已经很高，不仅实现了各工作辊位置和旋转运动的伺服控制，而且在成型工艺方面的研究已日渐成熟，建立起型材成型参数与工作辊位置之间的函数关系，实现了型材卷制过程的数字化控制。但国内的生产制造厂家并不多，且数控技术参差不齐，特别在卷制多曲率半径的弧形工件、异形工件的弯曲等方面依然停留在依靠人工凭经验卷制阶段，机器的重复定位精度与运动精度低，卷制工件的一致性差，生产效率低，真正意义上的数控四辊卷板机多依赖进口。

因此研制一种结构合理、控制先进、高效率、高精度的全液压数控四辊型材卷弯机，对提升我公司产品在国际市场上的知名度和竞争力，提高产品的技术含量和附加值，提高我国的装备制造业水平和数控化程度都具有十分重要的意义。

二、主要研究内容

本项目的主要研究内容包括型材弯曲过程成型工艺的理论研究，全自动数控四辊型材弯曲设备与模具，数学模型建立与数控系统的开发。在成功完成上述三方面的研究后，建成了国内技术先进，结构合理的全自动数控四辊型材弯曲设备。

1. 型材弯曲过程成型工艺的理论研究

型材弯曲是将金属型材如角钢、扁钢、槽钢、工字钢、钢管、异形钢等在基本不改变截面特征情况下弯曲成筒形、弧形或螺旋形等工件的工艺过程。型材弯曲属于塑性变形的范畴，要求被弯曲的型材具有较好的塑性、较低的屈强比和时效敏感性，一般要求碳素钢延伸率 $\delta \geq 16\%$、屈强比 $\sigma_s/\sigma_b \leq 70$，低合金高强度钢延伸率 $\delta \geq 14\%$、屈强比 $\sigma_s/\sigma_b \leq 80$。否则弯曲性能差，需采用特殊的工艺措施。

弯曲时由于型材中心层外侧受拉应力，内侧受压应力，使型材截面发生畸变（图1）。变形程度取决于相对弯曲半径，弯曲半径愈小，变形程度愈大。最小弯曲半径取决于型材可接受的变形程度。

滚弯成形加工时，先将被加工坯料的一端送入型弯机的上、下辊之间，然后左、右两侧辊向上移动，使位于左、右两侧辊之间的坯料因受压而产生一定的塑性弯曲变形。当上下辊作回转运动时，由坯料与辊之间的摩擦力形成的啮入力矩使坯料实现进给；当坯料依次通过上下辊之间（即变形区）时，坯料也就获得了沿其全长的塑性弯曲变形。其原理如图1所示。

型材的滚弯成形过程可以分为两个阶段，第一个阶段属于连续加载弯曲，型材从弹性弯曲开始，而后随着材料愈接近上下滚轮的中心，弯矩愈大，逐步进入塑性弯曲，如图1所示的AB阶段。第二个阶段属于连续卸载回弹，如图1所示的BC阶段。弯曲成形是塑性变形的一种方式，卸载时外层纤维因弹性恢复而缩短，内层纤维因弹性恢复而伸长，结果使弯曲件曲率和角度发生显著变化，这种现象称为弹性回弹，回弹主要影响弯曲件质量，故弯曲回弹及其控制一直是人们所关心的问题，可以说任何塑性变形，卸载时都不可避免地要产生回弹，只不过滚弯表现得更为突出一些。主要原因有以下几点：其一是滚弯变形时，内外层应力性质相反，卸载后回弹方向一致，故而滚弯件形状、尺寸变化大；其二是滚弯加工不像拉深、翻边等工序那样为封闭形冲压，而呈非封闭状态，故而相互牵拉少，易于造成大的弹复；其三是滚弯加工中变形区小，不变形区大，大面积的不变形区对小面积的变形区的牵连影响，使得小面积的变形区很难达到纯塑性弯曲。

在本项目的研究过程中，我们对型材在弯曲过程中的弹塑性变形的理论进行了深入研究，推导出了机器的关键零件的强度、刚度、接触应力、主传动功率、工作辊受力等方面的计算公式，建立了型材的弯曲工艺参数与包括主轴、模具直径、工作辊的几何位置关系与运动进给量的数学模型，建立了不同型材最小弯曲半径与回弹控制的计算方法，为四辊型材弯曲机的数控化奠定了基础。

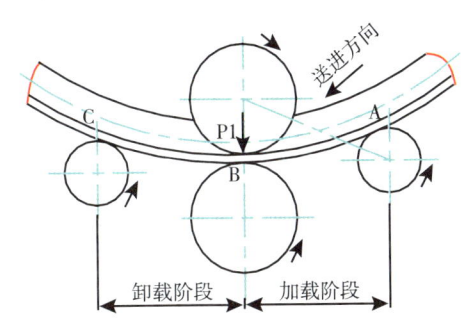

图1 型材滚弯过程受力分析

2. 全自动数控四辊型材弯曲设备与模具设计

四辊型材卷弯机由上辊、下辊和两个侧辊组成（图2）。按其调整方式可分为侧辊倾斜调整式和侧辊弧线调整式两种形式。四辊型弯机上辊固定，下辊由液压缸驱动作垂直升降运动，两侧辊分别由液压缸驱动作倾斜或弧线升降运动。上辊为主驱动辊，上辊主传动采用液压直联驱动，由液压马达、行星减速机来驱动上辊做旋转运动，为卷板提供卷板扭矩，下

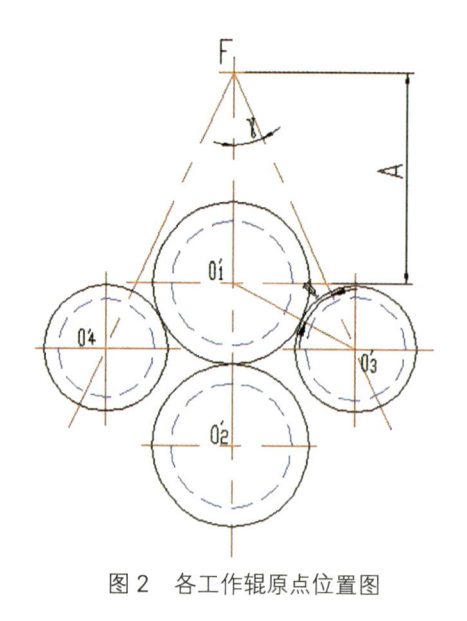

辊、侧辊为从动辊（也可根据用户要求采用上下辊均为主动辊）。在下辊端部装有光电编码器，将位移信号转化为电信号，控制马达的旋转运动。主传动液压系统采用电液比例控制，可实现无级调速及板料进给量的精确控制，其定位精度可以达到 ±0.1 ~ 0.2mm。侧辊、下辊的升降运动均为液压油缸驱动，比例阀控制，通过高精度的直线位移传感器将位移信号转换为电信号，配备合适的控制系统，可在接近最终位置时自动降低速度，实现辊子升降位置的精确定位，其重复定位精度可以达到 ±0.1 ~ 0.2mm。保证工件的精确成形。因此数控四辊型弯机具有成型精度高，生产效率高，特别是对于异型工件的多曲率成形上具有明显的优势。是型材高效弯曲的理想设备。

图 2　各工作辊原点位置图

在型材的弯曲过程中，当型材横截面与弯曲变形中心线对称布置时，由于工件没有轴向分力，成形比较容易；型材横截面与弯曲变形中心线非对称布置时，由于工件既有轴向分力，又有径向分力，成形比较困难；如角钢、槽钢侧弯、异形工件等弯卷时必然要产生扭曲现象，在设计型弯机结构和模具结构时必须考虑有防止工件产生扭曲的装置与措施。在型材滚弯过程中容易出现的质量缺陷有以下几点：①斜弯曲变形；②扭转弯形；③剖面角度的变化；④腹板失稳起皱；⑤回弹。

针对以上质量缺陷，在本项目的研制过程中我们总结出改善此种缺陷的有效措施。如：①增大模具的直径；②优化各滚轮的位置关系，使得在卷制型材时两侧滚轮可以更加接近上滚轮；③设计防止工件产生扭曲的有效装置与模具结构型式。

在本项目的研制过程中，我们对数控四辊型弯机的结构进行了进一步的优化，形成了数控四辊型弯机产品的系列化与标准化；在模具的设计上，提出了滚轮片状结构的设计方法。对型材在弯曲过程中的截面变形趋势进行了分析，设计了成型零件的滚轮结构，通过理论分析与实验，总结出合理的模具结构参数。在数控系统的支持下建立了强大的工艺数据库，用户可以很方便地调用、修改与编辑。

3. 数控系统开发

（1）卷制工艺研究。

在实际使用中，数控四辊型弯机的卷制工艺与数控四辊的卷制工艺极为相似。

（2）数学模型建立。

四辊型弯机上辊固定，将上辊圆心作为基准坐标点，各工作辊圆心作为相对坐标点，各工作辊原点位置见图3。

由正弦定理可得：$\dfrac{A}{\sin\psi} = \dfrac{\overline{O_1'O_3'}}{\sin\gamma} = \dfrac{\overline{FO_3'}}{\sin(\gamma+\psi)}$

侧辊与顶点F的距离为：$\overline{FO_3'} = \dfrac{D_a+D_c}{2\sin\gamma}\sin\left[\gamma + \arcsin\left(\dfrac{2A\sin\gamma}{D_a+D_c}\right)\right]$ [1]

式中，γ是侧辊轨迹延长线与上下辊中心线的夹角，D_a是上工作辊直径，D_c是侧辊直径，A是侧辊轨迹延长线与上下辊中心线交点与上辊圆心的距离。

数控四辊型弯机在实际数控使用中，将型材的成形过程尽量控制在一个道次内，因此整个卷制过程实际只有3个工作辊参与。工作时各辊位置见图3。工作机理与非对称三辊卷板机相同。

几何参数B一般取$B=2t$，t为型材厚度，在卷制曲率半径为R的圆弧时根据图示的几何关系可得：

$$\alpha = \sin^{-1}\left(\dfrac{B}{R' + \dfrac{D_b}{2}}\right)$$

$$\varphi = \tan^{-1}\left[\dfrac{B}{\left[\left(R'+\dfrac{D_b}{2}\right)^2 - B^2\right]^{1/2} - \left(R'+\dfrac{D_a}{2}\right)}\right]$$

$$\theta = \tan^{-1}\left[\dfrac{A\sin\gamma - \left(R' - \dfrac{D_a}{2}\right)\sin(\gamma-\varphi)}{R' + \dfrac{D_c}{2}}\right]$$

$$\begin{cases} \beta = \gamma + \theta - \varphi & \text{当}R' < A+\dfrac{D_a}{2} \\ \beta = \gamma - \theta - \varphi & \text{当}R' > A+\dfrac{D_a}{2} \end{cases}$$

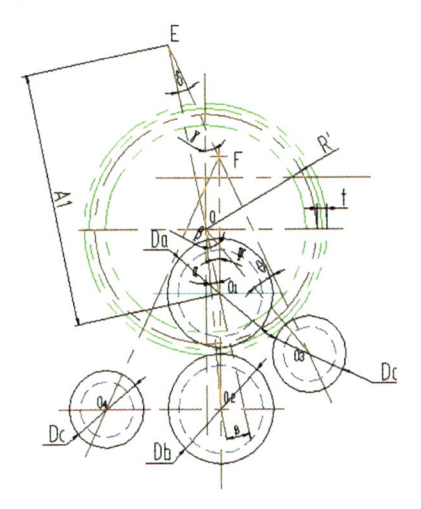

图3　工作时各辊位置图

结合前面的公式，计算可得出侧辊位移量Y为：

$$Y = \sin(\delta+\theta)\dfrac{\left(R'+\dfrac{D_c}{2}+t\right)}{\sin(\gamma+\varphi)} - \dfrac{\left[\dfrac{\sin\theta\left(R'+\dfrac{D_c}{2}+t\right)}{\sin(\gamma-\varphi)} + R' + \dfrac{D_a}{2}\right]\sin\varphi}{\sin\gamma} - \dfrac{D_a+D_c}{2\sin\gamma}$$

$$\sin\left[\gamma + \arcsin\left(\dfrac{2A\sin\gamma}{D_a+D_c}\right)\right]$$

由以上数学模型，我们可以求出侧辊升降位移量。

由于不同的型材拥有不同的金属特性及回弹率，因此在实际使用时，对不同的型材规格，根据以上的计算方法和实践经验，设置合适的回弹修正系数。

（3）数控系统的构成（图4）。

控制系统采用上、下位机方式，上位机采用工业平板电脑，下位机采用可编程序控制器（PLC），上、下位机之间通过以太网连接，执行元件采用比例阀控制，位置及速度反馈元件采用高精度的直线位移传感器及增量式光电编码器组成。工业平板电脑是一种集电脑主机、显示器、触摸屏为一体的工业现场控制用的高质量触屏式电脑。它采用坚固紧凑的结构设计及特殊的抗干扰处理，因此可以在任何工业应用中使用，由于使用了高强度铝质前面板和钢化玻璃屏幕，使得它可以适用于任何恶劣的工业环境。PLC（可编程序逻辑控制器）实质是一种专用于工业控制的计算机，具有使用方便、编程简单、功能强大、性价比高、可靠性高、抗干扰能力强、维修方便等突出优点。上、下位机之间采用以太网连接，其通信速度可达到100Mbit/s，非常有效地提高了上、下位机之间的数据交换，同时也为工厂的现代化管理提供了数据接口，方便用户的工业以太网连接。

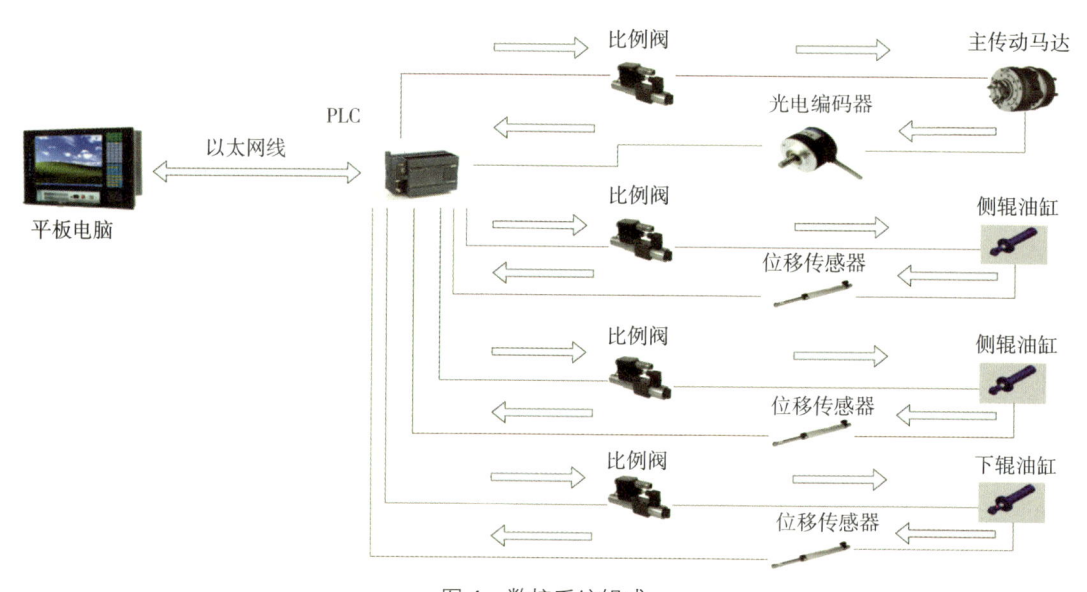

图4 数控系统组成

图5为两个侧辊、下工作辊及主传动旋转工作轴位置环结构图。PLC将给定信号U_g与反馈信号U_f比较，得出输入信号ΔU，将ΔU进行D/A（数字量/模拟量）转换，然后用转换后的模拟量数据控制各工作轴的比例阀，各工作轴的位置通过光电编码器（主传动轴）或直线位移传感器（侧辊及下工作辊）反馈到PLC，当$\Delta U \to 0$（趋近于0）时工作轴到达设置位置，形成各工作轴的全闭环。

（4）数控系统的软件设计。

上位机开发软件选择工业组态软件，组态软件是数据采集与过程控制的专用软件，它们

图 5　各工作轴位置环结构

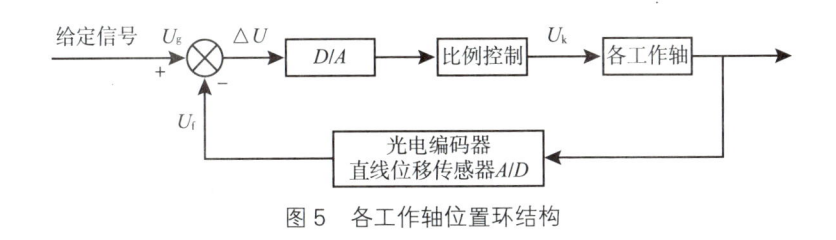

是在自动控制系统监控层一级的软件平台和开发环境，能以灵活多样的组态方式（而不是编程方式）提供良好的用户开发界面和简捷的使用方法，它解决了控制系统通用性问题。其预设置的各种软件模块可以非常容易地实现和完成监控层的各项功能，并能同时支持各种硬件厂家的计算机和 I/O 产品，与高可靠的工控计算机和网络系统结合，可向控制层和管理层提供软硬件的全部接口，进行系统集成。

三、本项目的技术创新点

（1）结构优化设计技术。开发出侧辊倾斜调整式和侧辊弧线调整式两种结构形式，并采用先进的三维设计软件与有限元分析软件对结构进行优化设计，形成了数控四辊型弯机系列产品。

（2）全液压比例伺服控制技术。即主传动、侧辊、下辊的升降运动均由液压驱动，比例阀控制，定位精度高。

（3）高效节能的传动技术。单动力辊（或双动力辊）主传动系统由一个（或两个）液压马达和一个（或两个）行星减速器组成，结构紧凑，传动效率高。

（4）防止工件产生扭曲变形技术。在设计型弯机结构和模具结构设计时均安装有防止工件产生扭曲的装置，有效地防止了工件的扭曲变形。

（5）CNC 数控系统。数控系统采用全闭环比例控制及输入参数自动生成卷制程序，可实现无级调速与自动卷制功能，并具有程序编辑、存储、读入、下载、卷制能力自动计算与超载报警、比例阀参数设置、速度调节等功能，且控制系统采用开放式系统，可以增加任何辅助轴，实现在线控制。

四、数控四辊型材卷弯机的发展趋势

（1）国内对于板材的滚弯成形理论已发展到比较成熟的阶段，而型材的滚弯成形理论还期待进一步的完善，数控四辊型材弯曲机所建立的运动坐标系统控制参数与滚弯成形半径、滚轮半径、材料厚度等之间的关系式，都只是从几何学原理推导出的，并没有考虑零件变形的弹塑性理论对型材滚弯成形的影响，更没有考虑成形过程中的回弹影响，运动坐标和实际差距较大，仍然需要多次对坐标参数进行修正，特别是对于异型型材的多曲率弯曲，需要大量的实验数据的积累，反复修正，才能形成最终的弯曲程序。因此，加大对型材滚弯成型理论的研究，特别是成形回弹理论的研究，建立更接近于实际的运动坐标系统控制参数与滚弯成形半径、滚轮半径、材料厚度等之间的关系式，将是今后一段时期数控四辊型材弯曲机基础理论的研究方向。

（2）德国、瑞士等发达国家的数控四辊型材弯曲机，从机械性能上来看，已经具有了加工三维零件的功能，可以对七个轴进行数字控制，可以实现曲率的在线测量与控制。而目前国内的数控四辊型材弯曲机还停留在平面弯曲上，可以说不论从机器的性能上，还是从控制水平上，与国外先进发达国家相比，都具有很大的差距。因此加大对数控四辊型材弯曲机机型结构的研究，开发出结构先进的可实现型材的三维立体弯曲、数控化水平更高的数控四辊型材弯曲机，占领高端市场是数控四辊型材弯曲机未来的发展方向。

五、展望

本项目突破了型材弯曲成型工艺的理论研究、全自动数控四辊型材弯曲设备与模具设计、数学模型建立与数控系统的开发等方面的技术难题。开发出具有自主知识产权的数控四辊型弯曲机系列产品，我公司的数控四辊型材弯曲机的设计制造水平达到国内领先、国际先进水平，缩短了在这一领域和国外先进发达国家的距离，提高了国产化装备的数控水平，对于推动型材弯曲行业的技术进步起到了重要的引领作用。但是还应该看到我们和欧美等发达国家相比，不论从基础理论的研究、机型的结构形式、数控化水平上，都还存在着一定的差距。加大对数控四辊型材弯曲成型工艺的理论研究，采用先进的技术对机型结构进行优化设计，开发可实现型材的三维立体弯曲的四辊型材弯曲成型，进而提升数控四辊型材弯曲机的数控化、智能化水平等方面，我们还需要做很多工作。

案例 20

数字化四辊卷板机柔性加工单元

长治钢铁（集团）锻压机械制造有限公司

本文主要介绍了数控四辊卷板柔性加工单元组成，研究了数控板材卷制工艺，数控卷板工艺实现方法，卷板机工作辊闭环控制，研制出一套完整的数控四辊卷板柔性加工单元，满足实现数控化，无人化，集中控制管理，能高效批量生产出质量稳定的合格工件，满足现代工业发展的需求。

一、导言

我国卷板机经历了从机械到液压、再到数控的发展过程。目前，液压和自动化控制技术已取得了长足的发展，20世纪90年代国内陆续开发研制的数控卷板机，经过多年来的不断摸索，已实现单机单一工件的数控化。因此研制、开发高效能、高精度、安全、复合、环保、自动化、柔性化、智能化的弯曲校正柔性加工单元对提高我国装备制造业的水平，满足企业竞争的需要，提高经济效益是十分重要的。

卷板机按辊数可分为两辊、三辊、四辊及多辊，四辊卷板机因其独特的特性被广泛用于卷板成形行业：①四辊卷板机卷板时上、下工作辊夹持钢板，钢板不打滑，测量工作辊的转动量能准确地计算出钢板在卷制过程中的位移，容易实现数控化。②四辊卷板机卷制板材时，两侧辊对卷制板材的包角比其他形式卷板机大，因此四辊卷板机比其他形式卷板机更容易卷制小筒径工件。③四辊卷板机下辊和两侧辊升降运动，主传动一般为液压传动，易实现精确柔性控制，各液压回路都设有安全溢流阀和卸荷阀，安全可靠。④四辊卷板机下辊和两侧辊可灵活实现两端单独升降和同升同降，可调整各工作辊间的相对位置，可方便卷制锥体和多曲率零件，操作灵活。

随着现代化工业发展，为适应快速、精密和批量生产，柔性加工单元的应用越来越广泛。数控四辊卷板柔性加工单元一般为一台数控卷板机配置前段板料预处理和后段成品输送等设备，由一台或几台计算机组成的控制系统控制，组成卷板自动加工单元。该单元将信息流和物资流集成于CNC卷板机系统，可实现批量加工自动化，是较理想的高精度、高效率、高柔性的制造系统。

二、主要研究内容

本文主要研究数控四辊卷板柔性加工单元组成、数控板材卷制工艺、数控卷板工艺实现方法和卷板机工作辊闭环控制，研制出一套完整的数控四辊卷板柔性加工单元，实现数控化，无人化，集中控制管理，能高效批量生产出质量稳定的合格工件，满足现代工业发展的需求。

1. 四辊卷板柔性加工单元组成

四辊卷板柔性加工单元主要由上料机械手、板料对正装置、进料辊道、数控卷板机、工件托料机械手、卸料机械手、出料辊道和控制系统等组成。

（1）上料机械手。

上料机械手采用真空吸盘将板材吸牢提升到指定高度，从板料堆垛区通过移动装置将板材送到进料辊道上方，吸盘下降，将板材轻轻放到进料辊道上，吸盘轻轻松开，吸盘随引动装置又回到板材堆垛区吸取下一块板材。

（2）板料对正装置。

上料机械手将板材放置在进料辊道上，板材相对于进料辊道可能是扭斜的，在辊道两侧面装有板料对正装置，对正装置通过两侧的同步气缸将板料对正。

（3）进料辊道。

通过对料装置将板料在进料辊道上对正后，数控卷板机将板料送进方向另一侧的侧辊升起，使侧辊的中心与板料中心在同一水平线上，侧辊用于板材卷制前的对正，同时进料辊道缓慢启动，将板料送进数控卷板机，板料端部紧贴侧辊对正，进料辊道停止工作，数控卷板机下辊缓慢上升，上下工作辊将板材紧紧夹持住，准备卷制工作。

（4）数控卷板机。

数控卷板机是该柔性加工单元中的核心设备，数控卷板机由卷板机主机部分、液压部分、电气控制部分和传感器部分组成。卷板机根据板材厚度、板材宽度、板材屈服极限和需要卷制工件直径，自动生成数控加工程序，完成板材的端部预弯、卷圆，卷制达到要求的工件直径，完成卷制工作，出料侧轴承体倒下，等待出料机械手将卷制好的工件取下。

（5）工件托料机械手。

工件托料机械手是板材在卷制过程中，防止板材悬空时滑落和反变形，影响工件卷制质量。工件托料机械手是由活动支架、托辊轮、传感器和驱动油缸组成，在卷板过程中能随动弯卷过的工件起到托工件辅助卷制的作用。

（6）卸料机械手。

卸料机械手是在数控卷板机完成卷制，出料侧轴承体倒下后，卸料机械手将工件提起，缓慢从工作辊间移出卷板机送到出料辊道上。卸料机械手是由卸料架、导轨、导轨架、伺服电机、传感器和同步齿形带组成。

（7）出料辊道。

卸料机械手将工件从卷板机移出放到出料辊道上后，出料辊道开始启动，将卷好的工件运送到检测区和筒体焊接区域。

2. 数控板材卷制工艺流程

（1）柔性加工单元工艺流程。

四辊卷板机柔性加工单元实现了板材的上料、卷圆、下料完全自动化，从上料吸盘、送料辊道、卷板机、托料、推料、出料辊道整个柔性加工单元完整工艺的一键式操作。在整个柔性加工单元中，三十几道工艺在 4min 内全部完成，卷板机、出料机构与上料机构可同时工作，所以其工作效率之高与手工卷制有天壤之别。

（2）数控卷板机工艺流程。

数控卷板机是整个柔性加工单元的核心部分，其具体工艺流程为：对料，夹紧，板头预弯，卷制，板尾预弯，圆形工件封闭，各工作辊复位，倾倒倒头轴承体，卸料。

四辊卷板机的一大优点，无需另外加装对料装置，直接将一侧侧辊升起，即可实现钢板对正。钢板对正后将下辊升起，将钢板夹紧，主传动反向旋转，将板头退至上、下辊中心连线，取此处钢板位置为主传动轴基准。抬起前辊，降下对料用后辊，实现板头预弯。板头预弯完成后，将前辊降下，升起后辊到预置位置，并正向旋转主传动轴，进行卷圆操作。尾板预弯时，将后辊升起，并正向旋转主传动轴至钢板末端，此时钢板末端在上、下辊的中心连线上，板尾预弯完成。在经过单个或多个道次卷制后，将钢板卷成封闭的圆筒工件。

钢板卷制完成后将各工作辊复位，降下倒头，准备下料，卷制工艺完成。在实际卷制中，数控卷制的工件应尽量控制在一个道次内完成，这样板材的弹性变形对工件的卷制过程影响最小，也就是说，数控卷板的能力应尽量控制在机器卷板能力的 50% 以下。

3. 数控卷板工艺实现

（1）柔性加工单元工艺实现。

柔性加工单元的控制系统采用上、下位机方式，上位机采用工业平板电脑，下位机采用可编程序控制器（PLC），上、下位机之间通过以太网连接。卷板机的两个侧辊、下辊、主传动旋转及托料部分的执行元件采用比例阀控制，位置及速度反馈元件采用高精度的直线位移传感器及增量式光电编码器组成；吸盘采用气阀作为执行元件，限位开关提供位置反馈信号；吸盘升降、吸盘进退、出料升降采用交流变频器作为执行元件，限位开关提供位置反馈信号；推料马达采用液压开关阀作为执行元件，限位开关提供位置反馈信号；送料电机、出料电机采用交流变频器作为执行元件。变频器主要由整流（交流变直流）、滤波、逆变（直流变交流）、制动单元、驱动单元、检测单元微处理单元等组成。

（2）数控四辊卷板机工艺实现。

数控系统的开发是建立在数学模型基础之上的。四辊卷板机在工作过程中，工件的圆弧半径是由侧辊位移来决定的，因此侧辊位移量的数学计算就是数控卷板机的数学模型（图 1）。

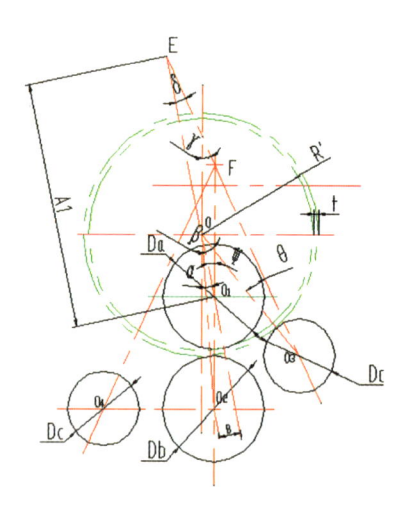

图 1 工作时各辊位置

1）数学模型建立。

卷板机在卷制工件的过程中，工件的回弹根据其材料材质、生产工艺、生产厂家、生产批次的不同有着较大的差异。四辊卷板机的数控系统数学模型必须是建立在回弹公式的基础上，实际卷制后，根据计算与实现卷制的差值进行修正。

a. 板材的回弹。

在弯曲零件中截取一段，内层材料的弯曲半径在回弹前为 R'，回弹后增大为 R。推导出以零件尺寸（R、t）与材料机械性能（E、σ_s）为自变量的函数：

$$R' = \frac{1-\dfrac{K_0 \sigma_s}{E}}{1+\dfrac{2RK_1 \sigma_s}{Et}} R$$

其中，K_0 为板材相对强化系数，K_1 为截面形状系数。

b. 四辊卷板机侧辊位移。

数控四辊卷板机在实际数控使用中，板材的成形整个卷制过程实际只有三个工作辊同时参与，工作机理与非对称三辊卷板机相同，在卷制曲率半径为 R 的圆弧时根据图示的几何关系可得：

$$\alpha = \sin^{-1}\left(\frac{B}{R'+\dfrac{D_b}{2}}\right)$$

$$\varphi = \tan^{-1}\left[\frac{B}{\left[\left(R'+\dfrac{D_b}{2}\right)^2 - B^2\right]^{1/2} - \left(R'+\dfrac{D_a}{2}\right)}\right]$$

$$\theta = \tan^{-1}\left[\frac{A\sin\gamma - \left(R'-\dfrac{D_a}{2}\right)\sin(\gamma-\varphi)}{R'+\dfrac{D_c}{2}}\right]$$

$$\begin{cases} \beta = \gamma + \theta - \varphi & \text{当 } R' < A + \dfrac{D_a}{2} \\ \beta = \gamma - \theta - \varphi & \text{当 } R' > A + \dfrac{D_a}{2} \end{cases}$$

$$\delta = \gamma - \varphi$$

结合前面的公式，计算可得出侧辊位移量 Y 为：

$$Y = \sin(\delta+\theta)\frac{\left(R'+\dfrac{D_c}{2}+t\right)}{\sin(\gamma+\varphi)} - \frac{\left[\dfrac{\sin\theta\left(R'+\dfrac{D_c}{2}+t\right)}{\sin(\gamma-\varphi)}+R'+\dfrac{D_a}{2}\right]\sin\varphi}{\sin\gamma} - \frac{D_a+D_c}{2\sin\gamma}\sin\left[\gamma+\arcsin\left(\frac{2A\sin\gamma}{D_a+D_c}\right)\right]$$

由以上数学模型，我们可以求出侧辊升降位移量。

2）各工作辊（轴）的全闭环比例伺服控制。

图 2 为两个侧辊、下工作辊、主传动旋转及托料工作轴位置闭环结构图。PLC 将给定信号 U_g 与反馈信号 U_f 比较，得出输入信号 ΔU，将 ΔU 进行 D/A（数字量/模拟量）转换，然后用转换后的模拟量数据控制各工作轴的比例阀，各工作轴的位置通过光电编码器（主传动轴）或直线位移传感器（侧辊、下工作辊及托料）反馈到 PLC，当 $\Delta U \to 0$（趋近于 0）时工作轴到达设置位置，形成各工作轴的全闭环控制。

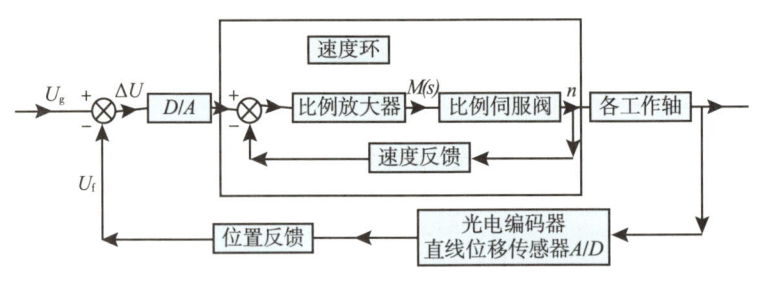

图 2 各工作轴闭环控制结构图

3）柔性加工单元的软件设计。

上位工业平板电脑的开发软件选择工业组态软件，组态软件是在自动控制系统监控层一级的软件平台和开发环境，能以灵活多样的组态方式提供良好的用户开发界面和简捷的使用方法，它解决了控制系统通用性问题。其预设置的各种软件模块可以非常容易地实现和完成监控层的各项功能，并能同时支持各种硬件厂家的计算机和 I/O 产品，与高可靠的工控计算机和网络系统结合，可向控制层和管理层提供软硬件的全部接口，进行系统集成。

图 3 ~ 图 5 为柔性加工单元的手动操作、自动操作界面及程序编辑界面。

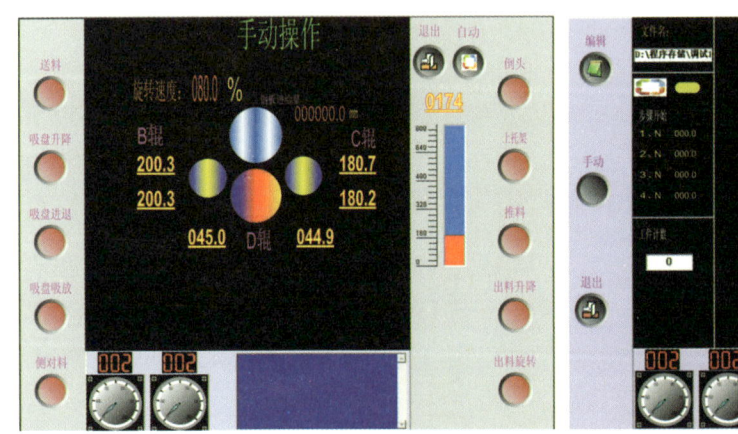

图 3 柔性加工单元手动操作界面 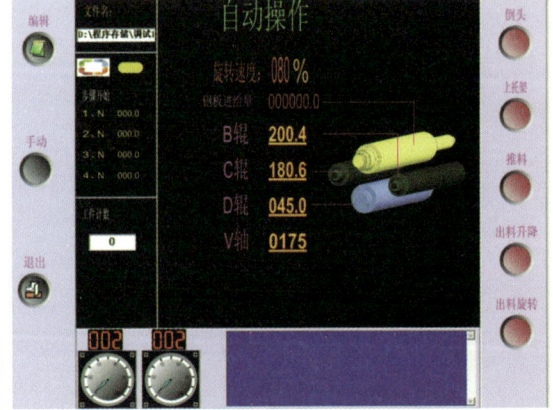　　图 4 柔性加工单元自动操作界面

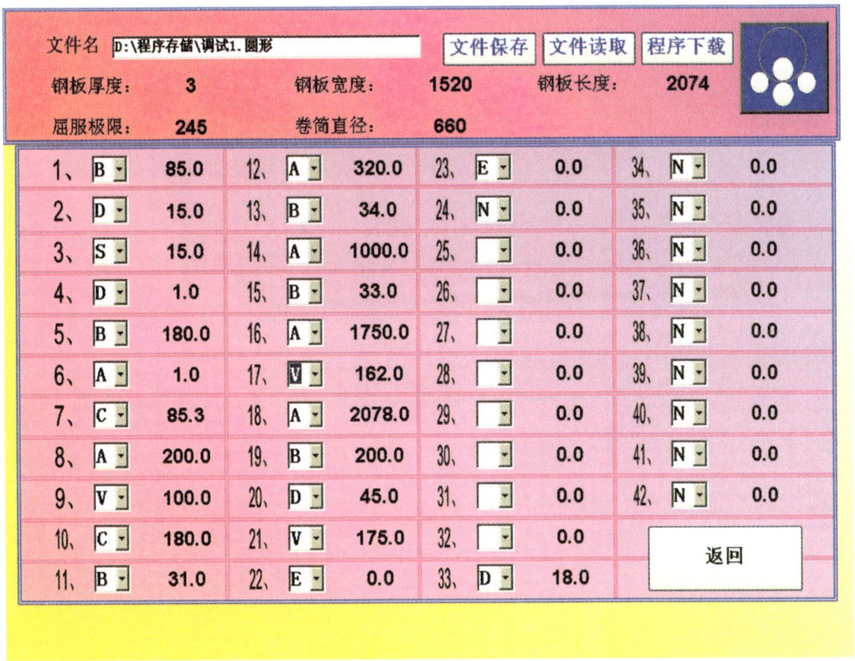

1、	B	85.0	12、	A	320.0	23、	E	0.0	34、	N	0.0
2、	D	15.0	13、	B	34.0	24、	N	0.0	35、	N	0.0
3、	S	15.0	14、	A	1000.0	25、			36、	N	0.0
4、	D	1.0	15、	B	33.0	26、			37、	N	0.0
5、	B	180.0	16、	A	1750.0	27、		0.0	38、	N	0.0
6、	A	1.0	17、	V	162.0	28、		0.0	39、	N	0.0
7、	C	85.3	18、	A	2078.0	29、		0.0	40、	N	0.0
8、	A	200.0	19、	B	200.0	30、		0.0	41、	N	0.0
9、	V	100.0	20、	D	45.0	31、		0.0	42、	N	0.0
10、	C	180.0	21、	V	175.0	32、		0.0			
11、	B	31.0	22、	E	0.0	33、	D	18.0			

文件名：D:\程序存储\调试1.圆形　　钢板厚度：3　　钢板宽度：1520　　钢板长度：2074　　屈服极限：245　　卷筒直径：660

图 5　柔性加工单元程序编辑界面

画面中的 B、C、D 代表前辊、后辊和下辊。"B 辊""C 辊"下面的数据分别表示 B 辊、C 辊左右两端的数值，B、C、D 辊与上辊相切的位置记为零，数值表示从零位置到当前位置的位移。D 辊左右两端数据分别表示 D 辊左右两端数值；上辊右侧数值为主传动转过的距离。

屏幕进入自动操作界面，操作人员即可进行自动操作。按下操作面板中自动开始按钮，机器将按照屏幕左侧显示的步骤和参数开始运行。当程序运行到步骤 W（等待）时，需要再次按下操作面板中自动开始按钮，机器才继续下一步骤；程序运行到步骤 E（END 结束）或其他字母显示时，机器将自动停止，屏幕显示步骤返回到程序第一步。

如果在运行过程中需要暂停，则在操作面板中按下暂停按钮，启动时按下操作面板中自动开始按钮，卷板机将接着上面的步骤继续下一步骤的运行。

在编辑模式中首先在文件名后的方框内输入文件路径及文件名，再分别输入钢板厚度、钢板宽度、钢板长度、屈服极限、卷筒直径，进行计算，然后根据实际卷制试验，再对参数进行修改，程序编辑完成后，将程序存储并下载到 PLC 内存。

字母 A、B、C、D 表示要动作的目标辊，E、W 表示停止和等待，V 轴表示上托架，字母 B、C、D 后面的数值表示 B、C、D 辊从零点（与 A 辊相切的位置记为零）到当前位置的位移，单位为 0.1mm。字母 A 后面的数值表示 A 辊要转过的目标距离，数值单位为毫米（mm）。

三、展望

随着工业 4.0 时代的到来，家电、新能源等行业的快速发展，数控卷板机柔性加工单元的市场也将得到进一步扩大。数控四辊卷板机柔性加工单元也可以作为核心单元，前端连接开卷—校平—剪切生产线，后端连接自动焊接、喷涂生产线，组成全自动板材加工生产车间，从钢材卷料到成品筒体实现集中式管理，无人化操作。

四辊卷板机在实际卷制中，影响卷板成形因素很多，即使是同一批板材，因板材材质差异，板材内部应力状态等对数控卷制都有影响，因此为了实现数控卷制目的，本文数控卷制工件是在一个道次内完成的，这样板材的弹性变形对工件的卷制过程影响最小，数控卷板的能力仅为机器卷板能力的 50% 以下。所以研究多道次数控卷制数控卷板机是今后研究的方向。

案例 21
大轴重货运电力机车数控化开发与制造

北车集团大同电力机车有限责任公司

重载运输是铁路货运的主要发展方向，大轴重货运电力机车数控化开发与制造的研究将建立起我国首个铁路大轴重机车关键技术研发平台，填补国内空白，该型机车也将成为我国未来10年货运电力机车的主型机车，引领我国乃至世界货运电力机车行业的技术发展。

一、导语

重载快跑是铁路货运的发展方向，提高机车轴重来加大机车牵引力是国际公认重载运输采用的重要措施。目前国际重载运输轴重标准为 27t 及以上，美国、加拿大、巴西、南非、澳大利亚、俄罗斯等国家已陆续提高铁路轴重标准，其中美国机车轴重最高已达到 35t，实践证明，发展重载运输以来，车辆平均载重增加了 15%，运行成本下降了 60%，线路维修成本下降了 42%，效益明显。

本项目的完成将建立起我国首个铁路大轴重机车关键技术研发平台，填补国内空白，该型机车也将成为我国未来 10 年货运电力机车的主型机车，引领我国乃至世界货运电力机车行业的技术发展。

二、主要创新点分析

1. 国内外铁路发展现状、存在问题及研究意义

2005 年国际重载协会巴西年会已修订重载运输轴重标准在 27t 及以上，中国铁路机车轴重从 2005 年起已普遍提高到 25t，与国际重载机车相比，轴重仍然偏低，目前中国已开始建设重载标准铁路，线路设计轴重 30t。我国重载列车迄今为止的最大轴重为 25t，轴重偏低制约我国重载运输的进一步发展，因此，发展重载运输，搭建大轴重交流传动电力机车的技术创新平台，通过提高机车轴重及机车牵引力，提高列车牵引重量已经势在必行。机车见图 1。

中国铁路总公司已开始建设重载标准铁路，线路设计轴重 30t。目前国内电力机车主要研制单位有大同电力机车有限责任公司、株洲电力机车有限公司和大连机车车辆有限公司 3 家企业，同车公司是唯一拥有与国际接轨的设计技术平台和制造技术平台的企业，同时也是唯一一家通过竞标获得中国铁路总公司大轴重货运电力机车技术开发合同的企业，国内市场份额占 1/3 左右，并有部分产品出口到欧洲市场。

2. 首条大轴重线路"日瓦线"运营技术经济分析

平台的首个机车项目"30 吨轴重交流传动货运电力机车"批量投产后，将在中国首条大轴重线路"日瓦线"（山东日照—山西兴县瓦塘镇）上运营，将极大地提升山西能源对外运输和运送进口铁矿石回山西的能力，机车配套技术的省内集成化，也将推动配套技术供应商的发展，创造巨大的经济和社会效益，研发完成后市场占有率达到 50% 左右。

该铁路是横跨晋、豫、鲁三省的一条大能力出海煤运通道，线路全长1260km。该条项目的成功建设，预计需要为该线路配备1000台大轴重重载货运机车，因此，市场前景非常广阔。同时，日瓦线的开通将极大地提升山西能源对外运输和运送进口铁矿石回山西的能力，对拉动省内钢铁制造企业的持续生产能力和山西整个经济建设有重大的积极意义。

3. 研究内容及重点突破的技术

在本项目的技术研究中，车体和构架的板材厚度增加，结构设计、焊接质量要求高，焊接制造难度大；重载驱动系统结构复杂，结构设计难度大、加工难度大、组装精度要求高、组装过程复杂；转向架动力学性能可靠性验证手段不足，转向架耐久性试验平台搭建迫在眉睫。

机车牵引力＝轴重×轴数×摩擦系数。本项目的研究是在目前25t轴重机车的基础上将机车轴重提高到30t，牵引力提高了20%。在原有25t轴重机车的设计基础上，对整车系统集成、高强度转向架、高强度车体、大扭矩牵引控制系统等进行创新研究，其中重点突破的技术有：

（1）机车系统集成设计技术、整车及部件的试验验证技术。

机车轴重的提高对机车系统集成提出了更高的要求，在目前机车体积不变的情况下机车牵引能力要提升，这就对机车牵引系统、制动系统、机械系统等都提出了更高的要求，研究如何在有限的空间内实现系统集成，并且在满足机车功能要求的情况下考虑可用性、可靠性、维护性、互通性等要求。

轴重大的机车无法在现有轴重偏低的铁路上进行动态连续的试验，机车功能不能得到很好的试验验证，同时目前对机车的环境适应性要求也越来越高，机车满足环境的设计也没有试验平台能进行验证，因此，急需研究重载机车及关键部件的试验验证技术，建设环境适应性重载机车试验验证平台。

（2）重载转向架构架强度、动力学性能研究，转向架耐久性试验台的建设。

建设重载转向架构架强度试验台可进行超常载荷的静态试验、模拟主要负载的静态试验、模拟特殊运营载荷的静态试验和构架疲劳试验等。

机车动力学性能研究采用多体动力学分析软件进行机车动力学性能分析，包括机车模态计算、稳定性分析、舒适性分析、动力学参数评估、曲线通过性、道岔通过、轮轨接触、虚拟滚动试验台试验等。

转向架耐久性试验台可以在一定程度上模拟实际线路或可以超出实际线路一定负荷的运行状态来验证转向架性能，可同时进行多项性能试验，试验周期短，试验成本低。并可进行线路上无法进行的试验，如国内不存在的轨距和线路条件、超速运行、各种极端条件下的故障试验。

（3）高强度车体结构设计、备料、加工、焊接技术，高强度车钩和缓冲器适应性技术研究。

大轴重货运电力机车在重载列车中的受力比较大，车体载荷指标不能再沿用 UIC 和 GB 标准所推荐的载荷值，须根据机车的应用工况进行合理载荷的研究，同时载荷的增大对车体结构、备料、加工和焊接技术都提出了更高的要求。重载钩缓装置相对应能吸收更大的冲击能量，对其进行适应性技术研究，以保证稳定传递列车的纵向力和重载列车的运行安全性。

（4）机车变流系统参数匹配性研究、仿真分析技术研究，控制系统的智能化、模块化技术研究，大扭矩牵引电机的设计制造技术研究。

机车变流系统属于机车研制的核心技术，开发满足重载机车运行要求的牵引传动变流系统，涵盖系统参数匹配性研究、系统仿真技术研究，控制系统智能化研究及重要部件的模块化研究及制造技术研究，形成重载机车牵引传动变流系统的设计能力及设计平台，充分满足重载牵引需求及性能及系统可靠性要求。

4. 技术主要创新点

（1）轴重大，中国目前机车最高轴重普遍为 25t，现在的研究将机车轴重提高到 30t，在条件许可下，进行 33t 轴重机车的技术研究。

（2）机车牵引力大，同等功率条件下，30t 轴重机车较 25t 轴重机车牵引力增加 20%，机车牵引能力更强。

（3）转向架的承载能力大、对机车的安全性和可靠性要求更高。

三、主要成果

项目的实施将建立国内首个大轴重机车数字化研发平台，推动山西省电力机车研发工程中心和创新团队建设。

该项目目前在国内是首创，在国内处于领先水平，同时在国际电力机车重载技术研究方面也处于国际先进水平。

四、存在的问题

通过技术引进、消化吸收和再创新，同车公司已搭建成功电力机车的研发、制造和试验平台，但由于大同地区地域的欠缺，在人才队伍建设、国家政策扶持、生产设备投入、试验验证平台搭建等方面都存在不足之处，亟待进一步的发展和提高。

五、展望

本项目技术应用将成功搭建起中国铁路重载运输自主化设计、开发和制造平台,通过本项目关键技术的掌握及应用对于降低机车运用和维修成本,产品更新换代,打造具有独立知识产权、具有国际领先的机车技术有着重大意义,是实现我国铁路建设目标,使铁路运输能力满足国民经济发展需求的一项重要技术保障。同时,本项目国产化率和技术标准达到国际知名企业的同等技术质量标准,是完全具有中国自主知识产权的电力机车,有利于进一步提升国内市场高占有率,并参与和开拓国际市场。

案例 22
新型内燃调车机数控技术应用

太原轨道交通装备有限责任公司

新型内燃调车机主要用于地铁列车、运输车辆及无动力轨道车辆的牵引、调车，也可用于在区间、隧道内的事故车辆救援牵引作业。该车采用了基于CAN总线的自动换挡微机控制系统，具有换向保护、自动换挡、超速保护、故障诊断及数据显示和记录、双机重联等功能，具有起步平稳、换挡平顺及无冲击等优点，是地铁列车、运输车辆及无动力轨道车辆的牵引、调车或救援作业的理想首选动力设备。

一、导言

新型内燃调车机是太原轨道交通装备有限责任公司 2014 年为大连城轨公司设计制造的。主要用于地铁列车、运输车辆及无动力轨道车辆的牵引及调车，也可用于在区间和隧道内的事故车辆救援牵引作业。

新型内燃调车机车整车具有功率大、调车牵引能力强，曲线通过能力强，制动性能可靠，操纵轻便灵活、维修方便、适于频繁换向操纵、维护方便、使用寿命长、运行稳定性和平稳性好等优点。

二、主要研究内容

新型内燃调车机采用 C-15 型电控燃油喷射柴油发动机，配套 CAT773E-836G 型液力-机械传动箱，该动力单元为全电控控制方式，可实现不停车换向、自动换挡和双机重联等功能。

该型内燃调车机电控系统与国内传统的轨道车的电气系统主要有以下区别：柴油机燃油喷射系统为电子控制方式，换挡控制为自动换挡和手动换挡两套控制模式，调速系统为司控器控制方式和手动故障油门控制方式，而且该车还可以实现双机重联控制。该车型的控制是在传统的继电器和接触器触点控制的基础上，增加了微机控制，具有换向保护、自动换挡、超速保护、故障诊断显示及数据记录功能，而且整车数据显示系统也由传统的模拟表盘显示改为液晶屏数字显示系统。

整车电气控制中新增加的电控部分有柴油机调速控制系统、微机控制系统、双机重联控制系统及网络通信功能等，这是整个电气系统设计中需要解决的重要问题。这些重要问题的核心技术均为数控技术。

1. 微机控制系统

（1）微机控制系统的组成。

微机控制系统的组成如图1，包括整车控制器1台、司机台显示屏2台、电流传感器2只、油位传感器、变速箱转速传感器、司机控制器、发动机和变速箱等。

整车控制器主要是针对内燃调车机调速系统的控制要求进行设计。控制器提供多路开关量、模拟量和频率量输入接口实现设备状态及司机控制指令的数据采集任务；同时，控制器自带多路开关量和模拟量输出接口，满足直接驱动电磁阀、中间继电器、报警指示灯

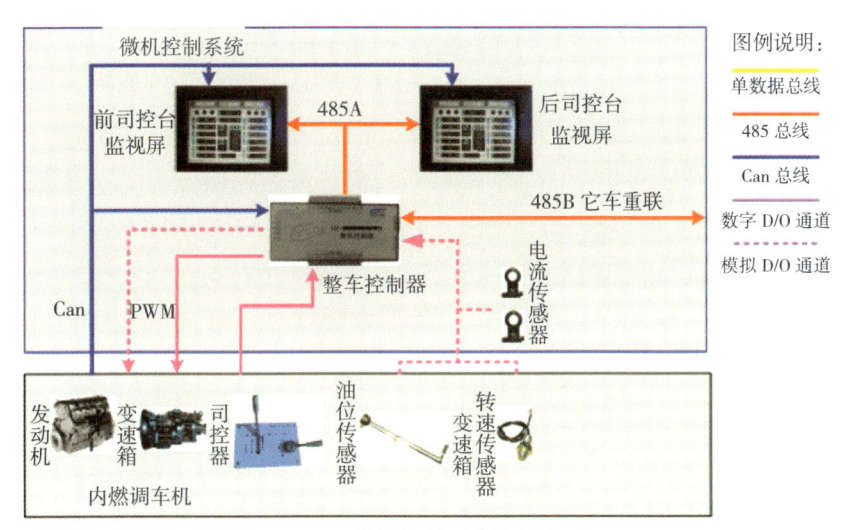

图1 微机控制系统的组成

和报警器等执行部件的功能要求；另一方面，控制器可以通过自带的多路CAN总线通信端口和串行通信端口实现控制器与其他控制设备的通信，提高了系统的可用性、兼容性及可扩展性。

（2）微机控制系统主要功能。

1）实现调车机电喷发动机的调速功能。通过调节司机控制器调速手柄，整车控制器应能输出脉宽调制（PWM）信号至发动机的电子控制模块（ECM），以调节轨道车所配置的电喷发动机（CAT 15型）的转速（转速范围700~2400r/min）。该脉宽调制信号频率范围为300~700Hz，正常值为500Hz；信号电压高电平范围为4~5V，低电平电压范围为0.23~0.25V。

2）实现轨道车的换向保护功能。因本车采用停车换向，故当车未完全停稳时，若司机操作了换向手柄，微机系统应立即输出指令使传动箱逐步转换至空挡，使传动箱不能执行此换向动作。

3）实现轨道车的自动换挡功能。根据车速和发动机转速变化情况自动进行挡位切换。在换挡过程中，该整车控制器须满足以下几项基本要求：

换挡准确：即要求传动装置按照预定要求换挡，以保证传动装置能始终保持在高效区内工作。

换挡稳定：即要求换挡系统不产生"挡位振荡"现象，保证一次换挡成功。

挡位明确：即要求换挡动作突然进行，迅速而明确地决定传动装置在某一速度挡工作。

换挡可靠：即要求升挡时按照Ⅰ挡→Ⅱ挡→Ⅲ挡→Ⅳ挡、降挡时按照Ⅳ挡→Ⅲ挡→Ⅱ挡→Ⅰ挡逐步进行，不能产生跳挡换挡现象（如从Ⅰ挡→Ⅲ挡）。

降挡保护：无论采用自动或手动方式进行换挡操作，当车速较高时，如果进行降挡操作将会有超速危险，此时须将车速降低到合理转速，整车控制器才执行换挡动作。

该整车控制器须有自动/手动转换功能，当微机系统或转速传感器出现故障时，变速箱将自动挂入空挡。此时通过操纵相应的转换开关，能实现该车的手动换挡功能。

4）实现轨道车的超速保护功能。整车控制器应设有超速保护功能。当轨道车车速超过75km/h，则整车控制器输出一路接地信号，当车速超过80km/h时，整车控制器一方面发出声光报警信号提醒司机进行减速操作，另一方面输出一路接地信号，同时使变速箱回空挡并使发动机降速。为方便调试，超速数值应可以方便地设置。

5）实现轨道车的走行数据记录功能。整车控制器应具备走行数据记录功能。即微机系统应记录轨道车走行每一秒钟的发动机转速、车速、运行方向、指令输出、故障现象等各种输入、输出量并记录到一个芯片内。数据记录的时间为故障发生前7min，并能将记录的全部信息用专门的数据读写器读出，然后将这些数据传送到笔记本电脑或台式计算机中，用打印机打印出结果，以便分析事故原因。

6）实现轨道车的故障诊断和报警功能。整车控制器应具备故障诊断功能和报警功能。能将各种输入量（包括发动机转速、车速、柴油机的调速挡位及变速箱所在的挡位等）、输出量（各挡位输出等）和各种故障状态都显示在系统司机台的液晶屏上。在轨道车发生故障时，整车控制器在执行保护的同时，还会将中文故障信息显示在控制器点阵液晶屏上，同时发出声光报警信号，以便司机和维修人员迅速查找到故障点，做出快速处理。

7）实现直接输出功能。整车控制器输出应能直接驱动变速箱的电磁阀、报警指示灯和报警器等执行部件；能满足轨道车双端操纵的控制要求；能满足两台轨道车重联的控制要求。控制器应具有良好的通风及防尘措施。

8）电保护功能。当车辆切换到发电模式（给控制器输入一路低电平信号）后，控制器检测发动机转速，当发动机转速在1450～1550r/min（范围可通过控制器设置）时输出一路高电平信号作为发电信号；如果在发电模式后发动机转速超出这个范围则控制器切断输出信号，并在控制器显示屏上显示故障提示信息。注意：在自动换挡有输入时，不允许进行发电输出。

2. 双机重联功能

原理框图如图2所示。

重联控制系统主要实现以下功能：在一台轨道车（主车）上既可以控制两台轨道车（主车和补车），又可以单独控制主车或补车，即既能控制主车的起、停、调速、换向及换挡，又能控制补车的起、停、调速、换向及换挡，而且能保证两台车的柴油机转速同步、行驶方向和挡位一致；同时还将补车的各种参数及报警信号及时传递到主车上进行显示和报警。即使补机上的司机动作了各种手柄也不会发生误操作。

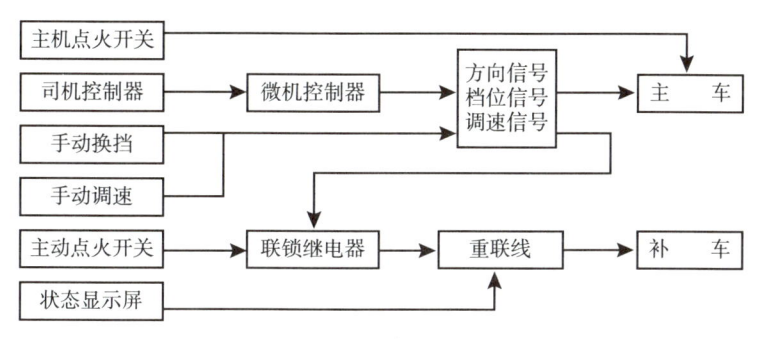

图 2　重联控制系统

司机在主机上操作，主机整车控制器与补机整车控制器之间通过串口输入相连后其输出应完全一致。

为解决两台车重联后，任一台调头（旋转180°）后造成两车运行方向不一致问题，整车控制系统软件需设两套程序，即程序 A、程序 B，只有在两车重联信号及两车重联补机信号均接地时，才执行程序 B，其余情况均执行程序 A。

整车控制系统及重联通信线路应具有较强的抗干扰能力，以免使机车误动作。整车控制系统软件的设计应能做到当系统发生故障时，自动使机车转向安全运行方向操作。

3. 液晶数字显示系统

（1）数据采集功能。

整车控制系统可以接收按J1939协议传输的数据，直接由显示屏显示发动机ECM的输出，如：柴油机转速、功率负荷比、柴油机工作小时、冷却水温、水位、机油压力、机油温度和蓄电池电压等30多种数据。

整车控制系统可以接收液位变送器发出的信号，直接由显示屏显示燃油箱油量。

整车控制系统可以接收转速传感器发出的信号，经系统内部处理后作为系统控制用参数。

整车控制系统可以接收温度传感器发出的信号，直接由显示屏显示变速箱油温。

整车控制系统可以接收压力传感器发出的信号，直接由显示屏显示变速箱油压。

整车控制系统可以接收车辆各直流系统电压信号（DC24V），系统电压（DC20-DC30V）直接由显示屏显示。

系统应配备直流电流测量装置，将DC24V系统（0～120A）的电流直接由显示屏显示。直流电流测量装置由整车控制系统自带。

（2）信息显示屏。

信息显示屏采用触摸显示屏，可以多页面翻页显示，可以供故障诊断查询显示。页面设计为一个主页和两个查询显示页,分别为主机发动机及补机发动机显示页。在主页面上设有主机发动机显示区、主机变速箱显示区、补机发动机显示区及补机变速箱显示区。主机发动机显示区和补机发动机显示区选中后呈亮显状态,并进入相应的页面显现。开机后直接进入主页,主页如图3所示。

主页作为人机操控信息界面,显示本车的主要运行参数或状态,如各发动机转速、变速箱油温、车速、各直流系统电压、各直流系统电流和燃油箱油位等。

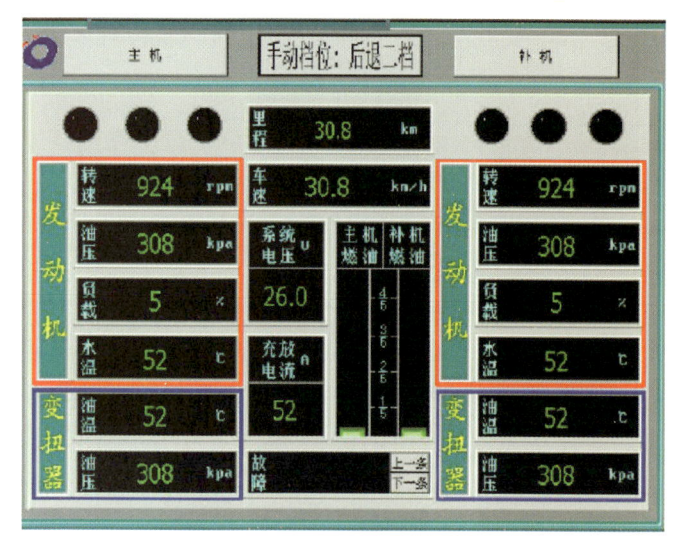

图3 主显示界面

主显示屏可以划分为三个区,分别为:状态显示区,对司机的每一操作,作出反应,相应的状态闪烁3s后呈亮显。

主参数显示区,第一列为主机显示区,包括主发动机显示区(发动机转速、油压、油温和水温),主机变速箱显示区(变速箱油温、油压);第二列为车辆状态区(里程、车速、系统电压、电流、主机燃油箱油量、补机燃油箱油量);第三列为补机显示区,包括补机发动机显示区(发动机转速、油压、油温和水温),补机变速箱显示区(变速箱油温、油压)。

报警指示区,实时地显示故障信息,简体中文显示,可以通过上下滚动键对所发生故障信息进行查询,故障采用三级分类,分别为优先级、普通级和较轻级,任何时刻优先显示"优先级",其次是"普通级",再则是"较轻级",当故障排除后显示自动取消,或当新的同级或更高级故障出现时,原故障显示取消。注意:所有故障均存储且可以调出。

主机发动机显示页面:当按下"主机发动机显示区"内的任意位置时,切换至主机发动机显示页面,见图4。

补机发动机显示页面:当按下"补机发动机显示区"内的任意位置时,切换至补机发动机显示页面,见图5。

在显示屏背面内部设置一个拨扭开关,开关动作后使行车状态方向变更。

(3)系统独立功能。

数据采集显示功能及自动换挡功能相互独立,即在自动换挡功能出现故障时,数据采集显示功能可以正常工作。必须保证可以显示行车状态。

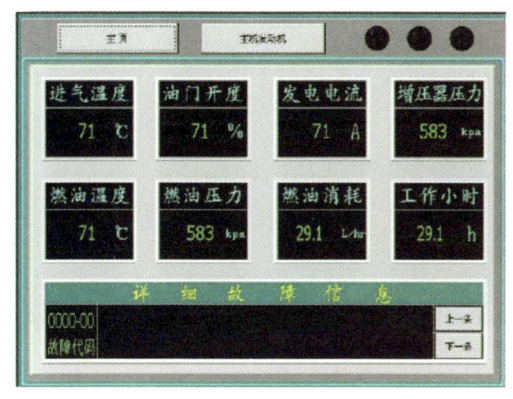

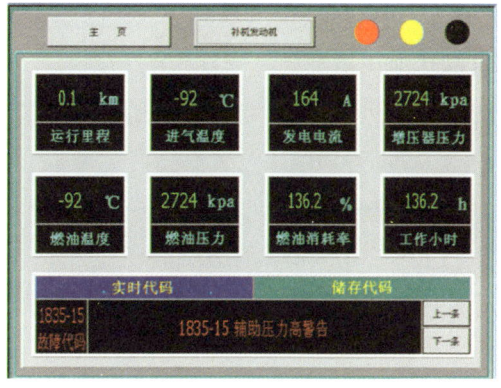

图4 主发动机页面　　　　　　　　图5 补机发动机页面

4. 柴油机调速控制

柴油机调速控制系统如图6所示。

司机控制器采用TKS9型无级无挡控制器，主手柄有0、1、降、保、升5位，该司机控制器由面板锁锁定换向手柄，换向手柄锁定主手柄，在行车过程中如需改变轨道车方向，必须将司机控制器主手柄放回"0"位后，才可进行换向手柄的操作，因此可保证柴油机回怠速位、变速箱回空挡位时才能实现换向操作。

其主要原理是：正常情况下，由司机控制器给出方向和调速信号送给微机控制器，由微机控制器通过总线发指令至发动机的电子控制模块（ECM），可以实现柴油机转速800r/min至2100r/min范围内无级调速。当微机控制器或司机控制器发生故障时，可由手动故障油门手柄给柴油机ECM调速信号，柴油机转速将按照预设的调速斜率进行升速或降速。

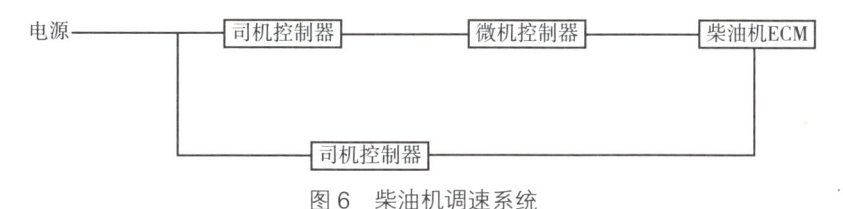

图6 柴油机调速系统

5. 网络通信功能

本车大量采用CAN总线通信技术，在柴油机调速控制、柴油机电子控制、换挡换向控制及双机重联控制等方面都应用了CAN总线技术。

首先，CAN控制器工作于多种方式，网络中的各节点都可根据总线访问优先权（取决于报文标识符）采用无损结构的逐位仲裁的方式竞争向总线发送数据，且CAN协议废除了站地址编码，而代之以对通信数据进行编码，这可使不同的节点同时接收到相同的数据，这些特点使得 CAN 总线构成的网络各节点之间的数据通信实时性强，并且容易构成冗余结构，提高系统的可靠性和系统的灵活性。而利用 RS-485 只能构成主从式结构系统，通信方式也只能以主站轮询的方式进行，系统的实时性和可靠性较差。

CAN 总线通过 CAN 收发器接口芯片 82C250 的两个输出端 CANH 和 CANL 与物理总线相连，而 CANH 端的状态只能是高电平或悬浮状态，CANL 端只能是低电平或悬浮状态。这就保证不会出现在 RS-485 网络中的现象，即当系统有错误，出现多节点同时向总线发送数据时，导致总线呈现短路，从而损坏某些节点的现象。而且 CAN 节点在错误严重的情况下具有自动关闭输出功能，以使总线上其他节点的操作不受影响，从而保证不会出现在网络中，因个别节点出现问题，使得总线处于"死锁"状态。而且，CAN 具有的完善的通信协议可由 CAN 控制器芯片及其接口芯片来实现，从而大大降低系统开发难度，缩短了开发周期，这些是仅有电气协议的 RS-485 所无法比拟的。

CAN 即控制器局域网络，属于工业现场总线的范畴。与一般的通信总线相比，CAN 总线的数据通信具有突出的可靠性、实时性和灵活性。CAN 已经形成国际标准，并已被公认为几种最有前途现场总线之一。

三、展望

新型内燃调车机具有牵引功率大，牵引能力强，曲线通过能力强，制动性能可靠，运行稳定性好、造型美观、操纵维护方便、司乘条件好及安全防护设施齐全等特点，是地铁列车、运输车辆及无动力轨道车辆的牵引、调车或救援作业的理想的首选动力设备。

该车型的数控技术应用于整车新增的柴油机调速控制系统、自动换挡控制、双机重联控制以及网络通信等功能中。这种新型的数控技术是未来地铁调车机的发展趋势，能有效提高车辆操作的简洁性、经济性和安全性，将在轨道交通使用车辆和运输设备方面发挥重要的作用。

案例 23
机车滚动试验台数字控制技术

北车集团大同电力机车有限责任公司

近年来，随着铁路牵引动力装备技术的不断进步和出口世界各国的机车大量增加，对各种不同轨距、不同轴距机车的特性试验的重要性愈加凸显。通过研究开发机车滚动试验台项目，加大数字控制技术的应用，便于机车出厂前的型式试验和研究性试验，对新型机车的开发研究具有巨大的推动作用。同时亦满足了各种机车的特性试验，为牵引动力的设计、制造、试验提供了一个非常重要的装备。

一、导言

近年来，随着铁路牵引动力装备技术的不断进步，和出口世界各国的机车大量增加，进而对各种不同轨距、不同轴距机车的特性试验的重要性要求越发凸显。在现有的标准轨距的铁路试运线上无法满足不同轨距的机车试验，更无法满足机车的特性试验和型式试验要求。同时在既有铁路线上进行试运行只能进行机车的一些功能性试验，很多机车的特性试验无法实现。因此研制机车滚动试验台，满足各种机车的特性试验，就成为开拓世界铁路市场的必备条件。同车公司设计的机车滚动试验台可以满足小至1m，大到1676mm不同轨距的机车试验，可以说此种可变换的轨距满足了世界各国不同轨距的要求。同时在试验台上轴距连续可调，可以进行大功率、大轴重、高速机车的特性试验，可做出完整的机车牵引特性曲线和电制动特性曲线。对试验台的功能进行扩展，还可进行机车牵引系统和辅助系统的地面联调试验。总之，机车滚动试验台的建立为牵引动力的设计、制造、试验提供了一个非常重要的装备。

滚动试验台的研制成功，为我公司特别按照欧洲标准为白俄罗斯研制的高寒重载铁路运输大功率机车出口做出重大贡献，中白货运机车是公司首次出口机车，针对宽轨机车，无法在公司试运线及铁科院环型线上进行牵引、电制动性能试验，线路试验存在很多限制条件以致达不到试验所需要求。滚动试验台可以通过近似模拟铁道线路运行来检测机车相关性能，满足中白机车开发试验需求。

二、创新设计滚动试验台

1. 滚动试验台功能

滚动试验台可以满足各种不同轨距、不同轴距的机车的特性试验。各型干线电力机车的牵引和制动特性测试：测定牵引轮周功率、制动轮周功率、牵引/制动试验轨道轮周力，检测机车最大牵引力和制动力，验证设计计算结果。测定电力机车各牵引/制动手柄级位的牵引/制动特性曲线，分析牵引力/制动力与速度的关系，包括恒转矩和恒功率运行及磁场削弱时的牵引力或制动力与速度的特性曲线。

2. 机车滚动试验台主要技术参数

试验台总体技术参数的确定是一件难度较大的技术工作，要求能够最大限度地满足所有机车的试验，又要显示出它的先进性。所以要通盘考虑。

轴式：4 轴（B0-B0），6 轴（C0-C0-C0），可满足 4 轴、6 轴机车的试验；

轨距：1000、1435、1520、1600、1676mm 最大限度地满足各种轨距机车的试验要求；

轴距：1680 ~ 3000mm 可调；

机车车辆定距：4000 ~ 23000mm；

允许最大轴重：35t 可满足重载机车的试验；

最大纵向牵引力：76t；

牵引试验轮周功率（短时制）：4 轴：1250kW/ 轴；6 轴：1250kW/ 轴；

制动试验轮周功率：4 轴：1250kW/ 轴；6 轴：1250kW/ 轴。

上述技术参数基本上可以满足各种轴距不同轨距的在线运行、在制和预研机车的试验要求。

3. 机车滚动试验台的基本构成

机车滚动试验台主要由以下部分组成（图 1）：

机械传动系统分成相同的 6 个单元，每个单元应包括轨道轮组、转矩转速传感器、变速齿轮箱、同步齿轮箱、负载电机、升速齿轮箱、飞轮装置、反力架及安装平台等。

电气传动系统应是一个多电机的群控系统，主要为负载电机提供可调的电能和逆变反馈电能，通过 PLC 按照被试对象不同工况切换相应的转换开关，通过通信控制负载电机的励磁电流、电枢电流 / 电压 / 转速，按照不同的负载变速齿轮箱变比设定不同进行调节参数，使被试产品系统和滚动试验台系统达到稳定的工作点，模拟机车的线路牵引—惰行—制动工况。电气传动系统应由高压开关柜、油浸变压器、套整流 - 逆变装置、平波电抗器、直流开关、直流负载电机、电机励磁装置及上位机等控制部分组成。

稀油润滑冷却系统采用集中式冷却的稀油润滑系统。采用循环稀油强迫润滑，以满足多点压力油供应的要求。冷却方式：稀油润滑冷却齿轮箱，采用循环稀油冷却方式。

监控系统试验台设置有计算机监控系统。主要对滚动试验台滚动机械部件的轴承温度、振动、扭矩和转速、车钩力进行实时监测，对主要电气部件进行温度、绝缘、开关状态等进行监测，对稀油润滑冷却系统状态进行监测，同时对辅机的启停进行远程控制。监控系统还包括工业摄像、电视监视系

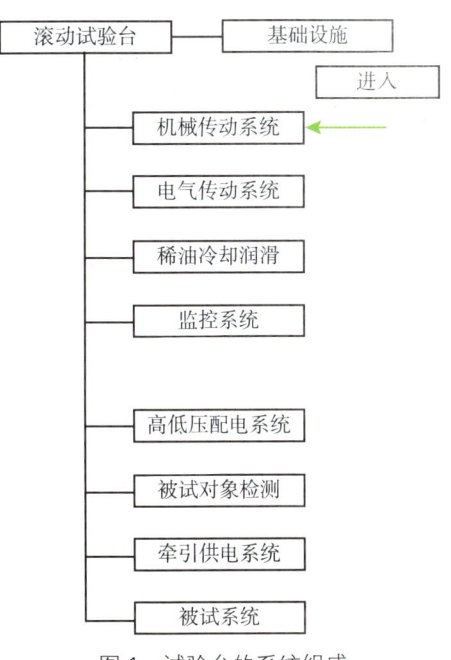

图 1　试验台的系统组成

统和电子显示屏部分,工业摄像和电视监视系统主要使对试验过程中滚轮和车轮的运动状态进行实时监视,电子显示屏实时显示滚动试验台速度和轨道轮转矩。

检测系统主要由传感器,二次仪表,数据采集装置和应用软件组成。主电路、辅助电路的电流、电压信号和温度、振动信号由检测机箱检测,通过高速数据总线连接到下位计算机中,下位机与上位控制计算机应用以太网进行通信。采用网络连接,以使采集数据的下位机与提供操作界面的上位机不受距离限制,从而可以将检测机箱尽可能靠近传感器,减少传输过程干扰,提高测试精度,试验时,上位机将配置信息下载到下位机中,启动下位机完成相应的操作,并对下位机上传的试验数据进行显示、处理,试验完成后,将结果存储到数据库中,生成和打印相应的报表。

牵引供电系统主要是为电力机车提供牵引电源(单相交流25kV);厂房内应设置高压单相开关柜进行测量和保护作用,采用电动移动式接触网方便试验,设置安全联锁、高压警示等。

4. 创新设计滚动试验台三相整流电源

滚动试验台三相电源主电路的设计思路是低压配电系统供电至断路器,经过整流变压器的耦合,整流桥得到一个合适的交流输入电压,使晶闸管在较大的功率因数下运行,输出的直流电送至负载,以提供能量。见图2。

变流器主电路与电网之间经过整流变压器来进行隔离,还可以抑制由变流器进入电网的谐波成分。

图2 滚动试验台整体布置

晶闸管变流装置的主电路设备主要包括:变流变压器(或交流进线电抗器)、晶闸管变流器、直流侧滤波电抗器、交直流侧过电压吸收器、过电流保护等。

5. 滚动试验台数字控制原理与总体功能

(1)牵引试验和制动试验基本原理。

滚动试验台应采用轨道轮模拟无限长的钢轨,轨道轮距模拟可调不同轨距的轨道,利用直流负载电机的发电工况模拟被试产品的负载加载工况,利用直流负载电机的电动工况为被试产品提供运动惯量,从而达到模拟被试产品线路运行的负载工况。

牵引试验时,电力机车从三相交流25kV电网取电能通过机车变压器—变流器—牵引电机,牵引电机处于电动工况，将电能转换为机械能，机械能通过机车齿轮箱传递给机车轮对，机车轮对带动滚动试验台轨道轮并将机械能传递到滚动台负载电机，滚动台负载电机处于发电工况，将机械能转换为电能，然后电能通过整流逆变装置—变压器回馈 25kV 电网，机车电制动试验时，其能量传递与牵引试验时相反。

（2）电气传动系统功能及原理。

电气传动系统采用直流传动形式，包括 5 台三相交流 10kV 的高压开关柜、3 台油浸变压器、6 套整流装置、6 套直流开关、6 台直流负载电机、6 套电机励磁装置及上位机控制部分组成。电气传动系统是一个多电机的群控系统，是滚动试验台的核心部分，主要为负载电机提供可调的电能。通过可编程控制器按照被试对象不同工况切换相应的转换开关，通过通信控制负载电机的励磁电流、电枢电流/电压/转速，按照不同的负载变速齿轮箱变比设定不同调节参数，使被试产品系统和滚动试验台系统达到稳定的工作点，模拟机车的线路惰行——制动工况。

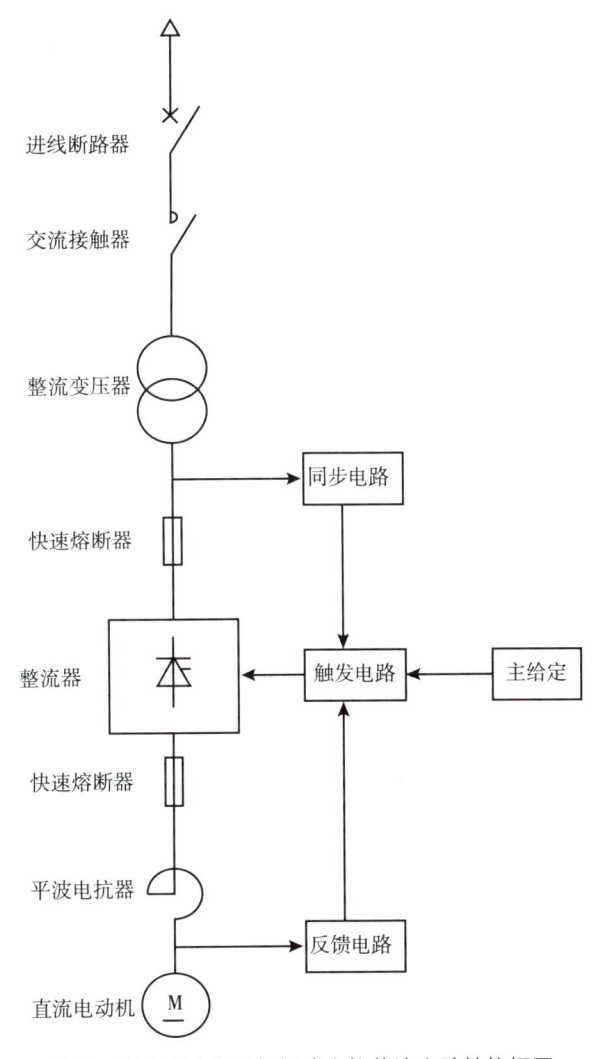

图 3 滚动试验台三相桥式全控整流电路结构框图

当机车牵引试验时，通过可编程控制器按照被试对象不同工况切换相应的转换开关，通过通信控制负载电机的励磁电流、电枢电流/电压/转速，发电通过电网反馈，按照不同的负载变速齿轮箱变比设定不同调节参数，使被试产品系统和滚动试验台系统达到稳定的工作点，模拟机车的线路牵引——惰行工况。操作员终端为一台工业控制计算机，根据不同的试验对象（2B0/3B0/2C0 四/六轴干线电力机车）的不同试验工况（空转稳速运行、牵引特性试验、制动特性试验、模拟一段线路运行、单转向架滚动试验）选择相应的操作方式和试验过程中需要的不同试验参数（电流、转速、力矩等），通过 MPI 传送到 PLC 系统，由 CPU316 进行判断选择执行，同时接受 PLC 传送的电压、电流、转速及传动系统故障信息，及时处理。通过以太网将信息传送滚动试验台监控系统以保证整个试验台安全运行。PLC 采用稳定性、抗干扰性能及运算速度高的西门子公司 S7-300 可编程控制器，CPU 为 S7-316。根据上位机下发指

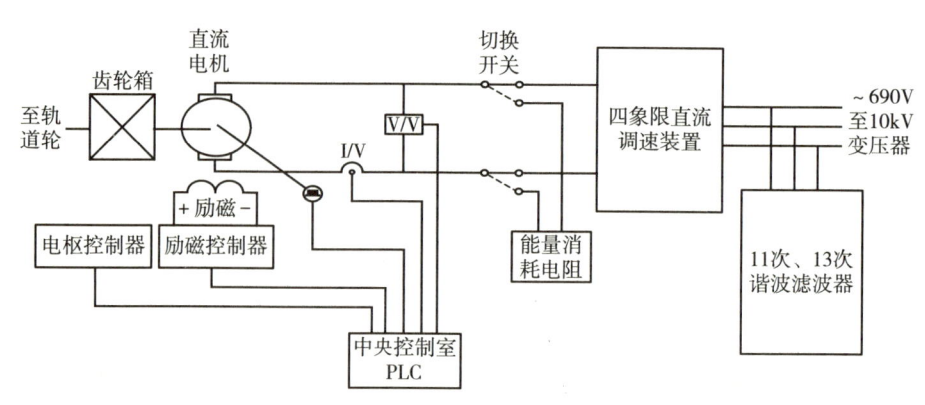

图4 制动试验和牵引试验能量反馈电气传动结构

令按照不同被试对象的不同试验工况调用不同的子程序，通过 Profibus 总线通信传输给 6AR70 整流控制器切换相应的转换开关，控制负载电机的励磁电流、电枢电流/电压/转速，同时接收 6AR70 整流控制器反馈的励磁电流、电枢电流/电压/转速，对电压、电流和转速实时进行与上位机指令分析比较，计算处理，重新下发控制指令，实时动态调整滚动试验台试验状态。采集的信息由 PC 机进行显示，传统的显示仪表大为减少；采用软件模拟面板代替大部分常规的主令开关和按钮。因此大大减少硬接线，便于调试和检修维护。PC 机还可完成各种参数的设置；完成实时数据的显示；故障的显示和故障处理的提示。

（3）滚动试验台可完成的试验项目。

机车滚动试验台与自建试运线试验线路比较具有成本低廉，效率高等优势，试验台经扩展可进行地面联调试验，比只进行联调试验装置更具有优势，可以完成的试验项目主要有：

1）机车的牵引特性试验、电制动特性试验，包括不同轮轴牵引力工况下的性能测试；

2）机车启动特性、机车效率、变流器效率测试，包括机车启动及加速性能测试、机车

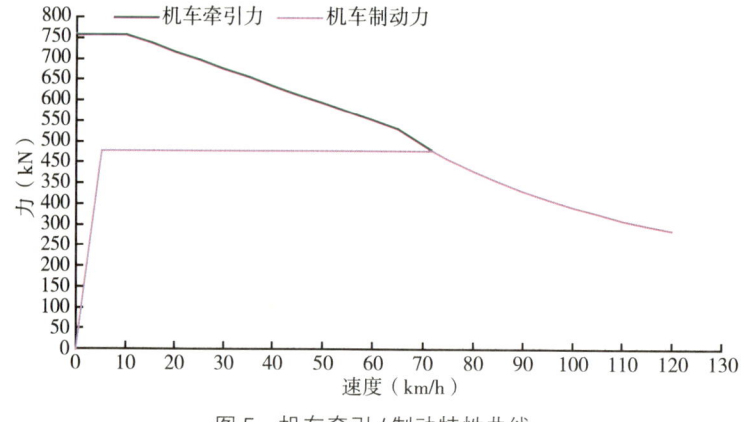

图5 机车牵引/制动特性曲线

总效率测试等；

3）电机负荷分配试验；

4）变流器中间电压、牵引\再生制动主回路突然断电试验；

5）代替整车线路运行考核试验中的功率试验；

6）驱动单元跑合试验（包括轮对、电机、轴箱、轴承等转动部件）；利用滚动试验台检验轴承组装质量和密封状态是否符合要求。

三、创新利用滚动试验台完成中白货运Ⅰ型电力机车型式试验

中国 – 白俄罗斯货运Ⅰ型交流传动机车（以下简称为"中白机车"）是同车公司首次出口的机车，由于中白机车是宽轨机车，无法在试验线上进行牵引和电制动性能试验，线路试验也存在很多限制条件不能满足试验要求。公司研发滚动试验台，通过近似模拟机车在线路上的运行情况来检测机车相关性能，满足中白机车新产品开发试验的需要。

四、创新利用滚动试验台完成 30t 大轴重机车型式试验

世界铁路在"客运高速、货运重载"的主题下得到了快速发展，重载运输技术被国际公认为铁路货运的发展方向，而提高轴重是世界各国重载运输一致采用的一项重要举措，是降低运行成本的最有效的办法。2014 年同车公司设计的新型机车——HXD2F 型 30t 轴重交流传动货运电力机车，该机车设计研发后，由于公司内部铁路试运线只能承载 25t 轴重的机车，无法进行试验，通过调整滚动试验台可以完成 30t 大轴重机车的试验，通过在滚动试验台上铁科院现场测试试验，完成了机车设计的牵引和制动性能测试和机车型式试验，圆满完成新产品研发测试任务。

按照铁路运输考核要求，完成厂内试验后，需要线路运行考核 10 万 km，公司积极组织完成了在山西中南铁路通道日瓦铁路长子南——平顺间的重载综合运行考核试验，刷新了我国大功率电力机车轴重的新纪录，标志着我国重载铁路机车技术跻身世界先列。同时，2015 年 1 月 17 日，央视《新闻联播》以《我国重载铁路技术跻身世界先列》为题，聚焦我国铁路 30t 轴重重载综合试验成功，重点介绍公司研制的和谐 2F 型 30t 大轴重电力机车列车技术和创新成果。

五、机车滚动试验台研制的技术创新

机车组装、调试完成后在厂内无法进行特性试验。通过试验台可轻松进行机车牵引、制动特性试验和网压突变、网压突停等型式试验项目，特别是可完成机车低速大功率电制动试验，该项试验在运行线路上无法完成。试验台可移动的架车装置，能满足各种轨距机车的横向移动，使机车顺利安放在各种不同距离的轨道上。机车滚动试验台研制具有如下技术创新点：

（1）在中国北车内部，可以全面完成机车牵引、制动特性试验。

（2）试验台轨距可调，轴距连续可调，可适应很多国家轨距机车试验。

（3）机车试验时为保证安全，机车车钩锁紧装置十分重要，试验台的车钩锁紧装置，采用反力架结构，保证机车在试验台上平稳运行。已申请了国家专利。

（4）机车滚动试验台可进行35t轴重机车的试验，同类试验台一般最大轴重为25t。

（5）滚动试验台的试验数据可通过互联网远距离传输。

（6）滚动试验台在试验过程中可进行网压调整、网压突变等试验。

六、展望

本项目突破了国内标准轨机车实验的限制条件，实现了铁道科学技术研究院无法实现的型式试验项目，通过公司设计滚动试验台，利用滚动试验台完成公司研发的HXD2系列新型电力机车和出口白俄罗斯宽轨电力机车试验，滚动试验台不仅可以试验标准轨距的机车，也可以试验不同轨距不同轴距的机车，这对于开发国际市场将起到积极的推动作用。同时后续根据机车研发需要，还将继续扩展滚动试验台检测功能，开发出高压电气试验平台、主变流柜试验平台、转向架试验平台等，为公司后续研发新型电力机车提供良好的试验平台。滚动试验台的建成和运用开拓了中国铁路机车行业的先河，高品质高效率地完成机车各项性能试验，是促使中国机车由国内走向国际市场的重大突破，为中国铁路事业的发展做出巨大贡献。

案例 24
数控龙门五面加工中心

太原第一机床厂

数控机床作为现代装备制造业的工作母机,已经成为关系国民经济命脉和国家安全的重要装备。数控龙门式加工机床的加工对象多以大型工件为主,加工这类零件时装卡、定位、对刀等辅助时间长,如果需要多次上活或更换加工设备,不仅费时费力,而且加工精度受到影响。龙门五面加工中心是集机械、电气、液压与气动等多项先进技术于一体,可对工件实现一次装卡完成多个面和多个工步的加工。

一、导语

数控龙门五面加工中心集机械、电气、液压、气动等多项技术。主要创新点有：

（1）工作台采用单驱动双齿轮精密齿条消隙机构，闭环光栅反馈控制系统等先进装置，实现大行程无间隙传动。

（2）主轴头具有立、卧切削，恒温冷却，C轴自动分度等功能，可根据加工程序自动转位。

（3）研发了立卧主轴，自动换刀控制系统，实现了过程的自动化。

二、主要创新点分析

1. 国内外相关研究状况

对于数控龙门式镗铣床的水平界定没有见到定量的说法，但是中国机床工具协会网站（www.cmtba.org.cn）上公布的高档数控机床目录中列出的北京第一机床厂 XKA2420 数控龙门式镗铣床的主要技术参数可供参考：

工作台尺寸（mm）：	2000×4000	
进给范围（mm/min）：	5-10000	
快速移动速度（m/min）：	X 轴	15
	Y 轴	6
	Z 轴	3
主轴转速范围（r/min）：	6-2000	
主电机功率（kW）：	40 / 60	（连续 /30min）
坐标轴行程（mm）：	X 轴	4400
	Y 轴	3200
	Z 轴	1000
定位精度（mm）：	X 轴	0.045
	Y 轴	0.04
	Z 轴	0.03
数控系统：	SIEMENS	840D

国外数控龙门式机床在国内的用户基本上都在军工行业和航空、航天企业，加工对象的材料多为钛合金，工件尺寸大、形状复杂、凹腔很多，金属去除率高达70%。同时，由

于材质硬、黏性大，多使用高速切削，粗精加工一次装卡完成，以保证加工精度和生产效率。由于加工零件用途特殊，对机床的性能和平均无故障工作时间要求很高，数控系统多为进口产品，如西门子 840D，可实现 X、Y、Z、A、C 五轴联动，加工空间曲面，其主要技术参数为：

坐标轴行程（mm）： X 轴 6000
 Y 轴 4000
 Z 轴 2000
快速移动速度（m/min）： 36
主轴最高转速（r/min）： 2400
A 轴摆角： ±110°
C 轴摆角： ±360°
定位精度（mm）： X 轴 0.012
 Y 轴 0.008
 Z 轴 0.008
重复定位精度（mm）： X 轴 0.006
 Y 轴 0.004
 Z 轴 0.004
A、C 轴定位精度： ≤7″
A、C 轴重复定位精度： ≤7″
平均无故障工作时间： ≥900h

根据航天企业业内人士介绍，国外同类企业所用的设备主轴最高转速可达 42000r/min，并出现 X、Y、Z、A、B、C 六轴联动的主轴头，专门用来解决矩形型腔加工中的极点问题。

2. 市场需求分析及产品存在的问题与难点

（1）市场需求分析。

数控机床作为现代装备制造业的工作母机，已经成为涉及国民经济命脉和国家安全的重要装备。是国家具有战略意义的产业，随着装备制造业的发展，特别是航天、汽车、船舶及发电等重点行业的迅速发展，国家对重型和功能复合型数控机床的发展尤为重视。近年来，在成功研发 XQK21 系列动梁式数控龙门镗铣床、XQK24 系列定梁式数控龙门镗铣床、BK2020 数控龙门刨床的基础上，为使数控龙门机床跃上一个新的台阶，使企业龙门式机床跟上技术进步的步伐，从而获得更大的发展空间，决定研发数控龙门五面加工中心。这是国家装备制造业发展的需要，更是企业自身发展的需要。

数控龙门五面加工中心是一种用数控系统控制，由双立柱及定横梁组成的封闭框架的结构，主轴系统是主轴伺服电机与ZF减速箱组配、特殊长度的KTV钢片联轴器与五面主轴头直联，可实现从20～3500r/min转速范围内的无级调速。X向进给系统是伺服电机驱动双消隙减速箱和精密齿轮齿条实现，床身导轨支撑采用重型滚柱直线导轨。Y、Z向进给系统由伺服电机驱动滚珠丝杆副完成，横梁导轨支撑采用重型滚柱直线导轨。Z轴为方滑枕粘贴聚四氟乙烯（PTFE）软带的滑动导轨，滑枕两侧安装了平衡油缸，以部分平衡滑枕重量，有利于保证运动精度。主轴立卧换刀由电气、液压和气动传动共同配合完成60把链条刀库的全自动换刀。同时配备有油冷机进行主轴轴承和ZF箱的冷却。床身工作台具有自动循环润滑装置。

（2）产品存在的问题与难点。

1) X向传动间隙调整。

数控龙门镗铣床通常采用滚珠丝杆副传动，当行程大于6000mm时，滚珠丝杠存在因自重下垂和高速旋转稳定性差的缺点难以解决。为此工作台运动选用消隙双齿轮齿条结构，为产品在加工长度上留下发展的空间。但新技术消隙双齿轮齿条结构的采用，安装和调整间隙成了新的难点。

2) 主轴头的确定。

数控龙门式加工机床的加工对象多以大型工件为主，加工这类零件时装卡、定位和对刀等辅助时间长，如果需要多次上活或更换加工设备，不仅费时费力，而且加工精度受到影响。实现一次装卡完成多个面及多个工步的加工问题摆在了我们的面前。

3) 液压控制。

机床液压控制通过远程通信可简单实现多段压力和流量的控制。龙门五面体的多个方面都是液压控制的，如Z轴滑枕升降的平衡油缸，铣头的松刀和拉刀，立、卧两个主轴的自动换刀。要很好地协调各个动作，必须全部掌握机械结构及其动作原理，难度是可想而知的。

4) 立卧换刀PLC程序编制。

本产品配置的立卧转换链式刀库能够满足立卧主轴头的自动换刀要求，其运动机构（3个直线轴、4个旋转轴）是同类产品中最复杂的。企业在产品上是第一次使用，编制PLC程序控制换刀动作对我厂技术人员是新的突破。

5) 加工工艺难点。

a. 床身基面的加工。本产品工作台行程6m，床身全长14m，分前、中、后三段对接而成。由于加工设备能力所限，床身直线滚动导轨基准面的加工成为难点。

b. 滑枕的加工和装配。滑枕是该产品的关键部件，用以安装立卧主轴头、主传动系统、拉刀机构、ZF减速箱、Z向进给传动及平衡油缸。该件截面420mm×420mm、长2760mm。由横梁Y轴溜板四面包围，以形成滑动导轨。加工和装配都是难点。

3. 问题的解决

（1）双消隙减速箱的调整。

工作台进给采用新颖的 REDEX DRP3+ 速比 31 双驱消隙减速机，此双驱减速机具有两个输出轴精密齿轮，双齿轮同时与齿条啮合，通过减速机内的消隙调整机构，可以消除齿轮与齿条的传动间隙，提高传动精度，特别是可以减少回差。双消隙减速箱外观如图1所示。

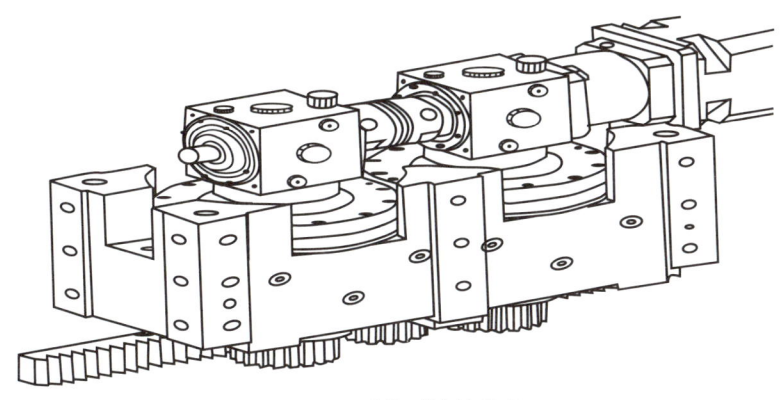

图1 双消隙减速箱外观

消隙减速机的关键技术在于间隙的调整。如何保证消除系统的反向间隙，关键就在两个输出齿轮和齿条间隙的调整。调整原理如图2。

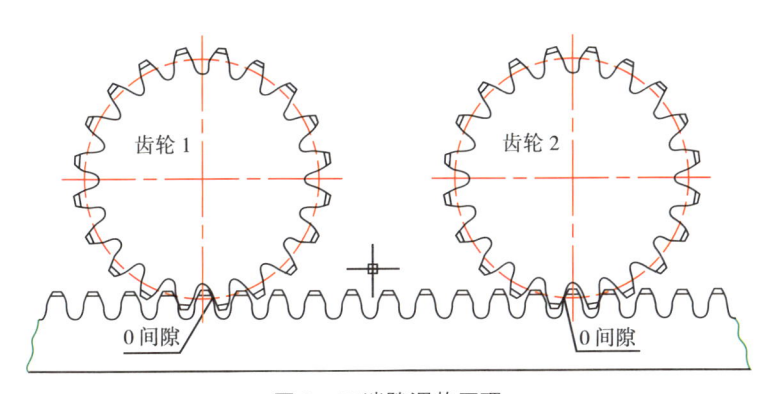

图2 双消隙调整原理

将串联减速箱的马达另一侧的连接器松开（即齿轮2可以旋转），使用特殊的工具将马达一侧的串联减速箱锁死（即齿轮1不能旋转）。为完全消除反向间隙我们进行机械预载，先用扳手加载两倍于最大负载扭矩的串联减速箱上（即齿轮2），当达到该扭矩后，缓慢将扭矩减少到预载扭矩。然后将松开的连接器锁紧，完成消隙的调整。

为了提高定位精度，在床身上安装有直线光栅尺，组成全闭环检测系统，有效提高了X

向进给传动精度。

（2）主轴头的确定。

数控龙门式加工机床的加工对象多以大型工件为主，加工这类零件时装卡、定位和对刀等辅助时间长，如果需要多次上活或更换加工设备，不仅费时费力，而且加工精度受到影响。要实现大型工件的一次装夹五面加工有如下3种办法：

1）一般的数控龙门镗铣床设计有专门的直角头、加长头、万能头等附件。需人工将头固定于主轴部件上，这样加工辅助时间太长，生产效率低。

2）大型的龙门加工中心，带有头库可在电气控制下实现自动换头。这种方式生产效率高，但结构很复杂，生产成本高。

3）台湾日绅精密机械生产的五面加工主轴头，同时带有立卧主轴，主轴头与滑枕端齿盘连接，可自动完成5°×72转位。这样既解决了一次装夹五面加工，结构又相对简单，正是我们所需要的。

（3）液压系统。

机床液压控制高效、低噪。利用特有的空调马达控制技术，通过采用高效率IMP马达驱动系统，实现了高响应和定量泵的稳定低速运转，保压时节能50%。通过远程通信可简单实现多段压力、流量的控制。

龙门五面体的多个方面都是液压控制的。Z轴滑枕升降的平衡油缸，垂直铣头的松刀和拉刀，水平铣头的松刀和拉刀，铣头分度后的拉紧，立、卧两个主轴的自动换刀。

（4）链式刀库与立卧换刀。

本产品配置的立卧转换链式刀库能够满足立卧主轴头的自动换刀要求，是企业在产品上第一次使用。虽然刀库是外购配套件，但控制换刀动作的PLC程序由企业自行编制。

（5）关键工艺问题。

1）床身直线滚动导轨基准面的加工。本产品工作台行程6m，床身全长14m，分前、中、后三段对接而成。由于加工设备能力所限，直线导轨基准面加工分两次进行。即以中段为标准，分别与前段和后段连接在机床上加工。三段床身装在地基上连接成一体后，用专用检具进行精调，特别是精密齿条安装基面用刮研的方法多次找平，达到设计要求。

2）滑枕的装配。滑枕是该产品的关键部件，用以安装立卧主轴头、主传动系统、拉刀机构、ZF减速箱、Z向进给传动、平衡油缸。该件截面420mm×420mm、长2760mm。由横梁Y轴溜板四面包围，以形成滑动导轨。装配过程中，刮研和检查手段出现较多技术问题，经过技术人员和装配工人共同努力，较圆满地完成这项工作。

4. 实施结果

五面加工中心是数控龙门式机床品种当中应用最多的品种，由于功能齐全，自动化程度和加工精度高，辅助时间少，生产效率高，一次装卡可完成五个面上的各种要素的加工，受到用户的欢迎。五面加工中心在我厂安装使用后，发挥了优良的作用，同时为进一步改进设计，提高性能提供依据，也为宣传用户，走向市场创造良好的条件。但因近几年受经济危机的影响，未能得到广泛的推广。

三、主要成果

该产品样机2011年9月7日经山西省科技厅鉴定委员会有关专家鉴定为："该研究成果达到国内领先水平"。

数控龙门五面加工中心的开发，2012年荣获太原市政府颁发的太原市优秀科技项目二等奖，其外观见图3。

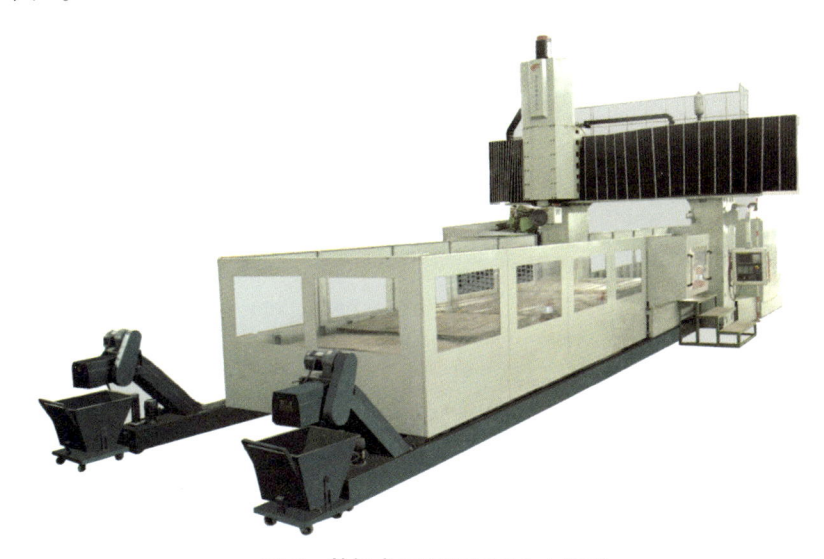

图3 数控龙门五面加工中心外观

四、当前存在的问题

样机试制对于企业而言，仅仅是完成了产品开发过程当中的一个步骤。要使产品成为能在市场上具有竞争力的商品，还需要做大量的工作。仅就产品结构而言，其中有企业在试制过程中已经发现的，还有许多潜在的问题，需要在试用过程中发现。至于造型和外观质量方面的问题，经验证明更是需要在产品的整个寿命周期中不断地改进。为保证产品质量的稳定性，需要做大量工艺方面的工作，需要增加许多必要的工装和测量仪器。为保证产品市场信誉度还必须培养一支高素质的售前售后服务队伍，包括编程人员，机械电气维修人员，用户培训人员等。

五、展望

　　装备工业的技术水平和现代化程度决定着整个国民经济的水平和现代化程度，大力发展以数控技术为核心的先进制造技术已经成为世界各国加速经济发展，提高综合国力的重要途径。基于国家近十几年来对发展数控机床的正确认识，从 2002 年开始，我国机床行业连续 8 年实现高速增长。虽然金融危机对机床市场需求产生一定影响，但全行业持续发展总的态势不变。数控龙门五面加工中心的研发，使企业数控龙门机床产品跃上一个新的台阶，从而获得更大的发展空间，这是国家装备制造业发展的需要，更是企业自身发展的需要。

案例 25
数控激光切割机

太原理工大学

本项目数控激光切割机是集激光技术与数控技术为一体的自动化加工设备，主要应用于8mm以下钢铁材料或部分有色金属材料的精密切割。激光器具有高平均功率、高重复频率、高稳定性，单个泵浦腔激光输出功率达500W，脉冲频率为1000Hz，单脉冲输出激光能量为80J，电光转化效率≥10%。数控机床可实现四轴三联动，采用数控编程。整体结构紧凑，体积小，成本低。

一、导言

激光加工技术因具有能量密度高、加工质量高、非接触加工、节省能源和不产生环境污染等特点被誉为"未来制造系统的共同加工手段"。

激光加工是通过由激光器、导光系统和机械运动部件组成的加工系统来实现的。激光加工系统的核心是激光器，激光器的水平直接决定了激光加工技术的水平。

在我国，固体激光器的研究主要是以激光器功率为 50W 左右的准连续激光打标机为主。脉冲工作的固体 YAG 激光器的功率一般约 250W，而重复频率为 200Hz，与国外存在较大的差异，还不太适合金属板的激光切割。

本研究成果"数控激光切割机"隶属于多功能固体激光加工系统研究内容的主体部分，全称应为"500W（或 1000W）固体脉冲激光数控切割机"，是集激光技术和数控技术为一体的自动化加工设备，主要应用于 8mm 以下钢铁材料或部分有色金属板材的精密切割（图1）。本产品顺应了国际上激光加工发展的潮流，满足我国激光加工的迫切需要而研制开发的，具有广阔的市场前景。

图1 数控激光切割机

二、主要创新点分析

1. 国内外同类产品的现状及分析

（1）性能指标与国内外同类先进技术的比较。

据国内外有关数控激光切割机的研究及产品已有文献报道，但大多是采用 CO_2 激光器作为切割设备，如：德国 TRUMPF 公司的 TRUMATICL3050 数控激光切割机配置了 5000W TLF 射频 CO_2 激光器，飞行光路的驱动采用了高速直线电机，单轴运动速度高达 200m/min 以上，运动加速度为5G，切割速度最高可达40m/min。在切割厚度方面，可切割碳钢厚度25mm、不锈钢20mm和铝合金12mm。机床运动控制系统采用西门子SINU-MERIK840D，由其激光加工专用软件模块及激光切割工艺软件对激光切割过程进行控制。

国外采用固体激光器作为切割机的研究及产品也有文献报道，如：三菱电机公司开发出一种平均功率为1kW、峰值功率为10kW、聚光直径为50μm、电光转换效率为13%，适于工业加工、结构简单的高功率固体脉冲激光器。

（2）激光器的比较。

在国内，湖北武汉号称中国光谷，中国的CO_2激光器80%来自华中科技大学，华中科技大学CO_2激光器代表了中国激光器及其加工技术的最高水平。但大功率固体激光器还处于研究阶段，百瓦级固体激光器主要用于打标机，因此无法比较。

TQSL1000-D01固体激光切割机与华中科技大学HUST-3000型CO_2激光器总体性能指标比较。在最大切割厚度8mm相同的情况下，本公司生产的1kW固体激光切割机相当于3kW CO_2气体激光切割机，其他性能大部分胜出。

（3）数控机床的比较。

数控切割机的机床部分，国内外正在向驱动系统高速化、高刚性化和控制的高速化等方向发展，使得激光加工机的性能得到显著提高。

机床结构方面，对于三轴以下联动切割机来说，国内外生产厂商大多采用龙门式或悬臂式结构，而龙门式结构因其刚度大、切割精度高等优点被大多数设计者所青睐。本数控激光切割机即采用龙门式结构，选用四台性能稳定的日本安川伺服电机和伺服驱动模块，传动机构X轴为齿轮齿条，Y、Z轴为高精度滚珠丝杠，W轴切管部件为蜗轮蜗杆加皮带。控制系统采用国产北京中宝伦自动化有限公司研发的具有自主知识产权的高性能控制系统PNC2000/200LC及加工软件，自动编程，操作简便，自动化程度高。

本数控激光切割机在设计上还有许多创新之处。首先切割机床前端附带了一套切管机构，通过X、Z、W轴的联动控制，能够在$\phi 150mm \times 8mm$的圆柱面上切割出任意图形；当该机构闲置时，可降至机床工作平面以下，不会影响大面积板料的切割，此结构在国内外激光切割机中是没有的。

2. 市场需求分析及产品存在的问题与难点

据了解，激光切割技术的市场需求趋势良好。目前激光切割市场需求量大，在全球最大的板材加工展会上，展出的设备中切割技术占了65%，而激光切割又占其70%。

目前市场上同类型设备大多采用CO_2气体激光器。该激光器造价与固体激光器相比，其造价较高；且所用激光管寿命较短；大量的混合气体耗材及易损的镜片也使其使用和维护费用昂贵。与CO_2气体激光器相比，YAG固体激光器的主要耗材是泵浦灯，相对价格低廉。该设备的价格优势将大大提高产品在国内市场和国际市场的竞争能力。

激光加工设备的高价位，成为激光切割设备推广应用的瓶颈。虽然本研究成果的产品已经大幅度降低，对于中小企业而言，仍觉高不可攀。因此，改进技术，降低成本，降低销售价格，仍是推广应用的先决条件。

3. 解决方案

500W（或1000W）固体脉冲激光数控切割机主要技术特征如下：

（1）激光器类型为固体脉冲YAG激光器。

CO_2气体激光波长10.6μm，固体激光波长1.06μm。波长短，激光束的能量高，激光与金属材料作用时，金属材料对激光的吸收率高，不仅提高钢铁材料切割效率和切割质量，还可以切割部分有色金属。目前实验证明，固体激光器可以高质量切割具有高反射率的铝合金材料，其他有色金属材料的切割，正在试验过程中。固体激光器操作简单，维护费用低。

（2）单个泵浦腔激光输出功率达到500W，单脉冲输出激光能量达到80J。

（3）高平均功率、高重复频率、高稳定性。

国外以Trumpf公司为代表的功率500W、重复频率达到1000Hz的高功率高重复频率固体YAG激光器已经出现，但价格比较昂贵。

采用高功率高重复频率固体YAG激光器用于金属材料的切割。其优点是：切割速度快，最大切割速度大于0.2m/s；切割质量好，切口表面光洁度高，垂直度小，达到国家标准GM/Z18462-2001要求的Ⅰ级指标；切缝窄，切割热影响区小，板材变形小；切割厚度可达到8mm，相当于3kW CO_2激光器的切割厚度。

（4）数控切割，切割形状尺寸精度高。

数控激光切割机采用高性能的交流伺服电机驱动、精密滚珠丝杠副传动和滚动直线导轨导向，机床具有较高的动态稳定性，激光加工头空载移动速度达到0.6m/s，移动加速度达到9.8m/s²，定位精度达到±0.01mm，重复定位精度达到±0.01mm。

数控激光切割机实现四轴三联动，采用数控编程，可对幅面2500mm×1250mm（可依用户要求而定）的整板范围内切割任意平面图形，可对150mm×8mm的钢管上切割任意圆柱面图形，并保证其高质量、高精度、高速度的切割。

（5）整体结构紧凑，体积小，成本低。

固体激光器体积小，在结构设计上可以实现激光器及激光加工头运动，而工件保持静止的切割方式。主体重量仅2.5t。

（6）配有底部排尘设备，清洁、安全、污染小，从而改善了工作环境。

4. 实施结果

基于固体脉冲激光器和数控技术的有机结合，本研究成果将进一步推动激光切割技术的发展。由于固体激光波长短，能量密度高，不仅可以切割碳钢、合金钢等材料，还可以高质量切割不锈钢、铝、钛、铜、有机玻璃、陶瓷、橡胶、塑料、石英玻璃等金属及非金属材料。因此，固体激光切割可以广泛应用于机械、造船、交通运输产品制造、航空航天、军事装备等领域，以及民用产品，如电气开关、家用电器、纺织机械、医疗器械、粮食机械、轻工机械等许多工业部门中的钣金加工业。

单泵浦腔激光输出功率达到500W，可以方便地串联2个、4个、6个单泵浦腔，从而可以发展制造1000W、2000W甚至更大功率的固体激光器，有利于大功率的固体激光器的开发，可以切割更厚的金属材料，提高中厚金属材料的切割质量。

固体激光器体积小，切割过程容易实现自动化等优点，可以应用于多种加工场合，灵活方便，提高产品质量，提高产品的加工速度和制造水平。固体激光切割技术可以进一步取代一些需要采用复杂大型模具的冲切加工方法，能大大缩短生产周期和降低成本。如汽车部分车体等由大型冲压改为激光切割。

固体激光切割具有割缝窄、热影响区小、切割面质量好，加工精度高、减小变形等优点，免除了后续的机械加工。从而降低了材料的浪费，节约能源，达到环保节能的要求。同时提高后续加工（如焊接接头）的质量，对整体结构质量的提高有极大的促进作用。

固体激光波长短，能量密度高，材料吸光率高，适合于切割有色金属。山西具有丰富的有色金属矿产资源，如镁铝矿产资源。因此本研究成果有利于山西经济的发展、国家高新技术领域和国防事业的进步。

三、主要成果

申请专利5项，授权2项，发表论文30余篇，培养硕士研究生8名，博士研究生2名。

四、当前存在问题

固体激光器属于精密仪器，制造条件要求严格，从制造方面来说，还存在下列一些问题，需要进一步改进。

（1）固体激光器用晶体棒生长周期较长，挑选严格，晶体棒的采购数量依赖于用户的需求，因此，激光器以及整台数控激光切割机生产周期相对较长。

改进措施：筹集资金，增加晶体棒储备数量。

（2）激光器泵浦腔制造要求洁净的工作条件，目前生产车间还未达到标准规定的要求，影响到单泵浦腔输出激光功率。

改进措施：筹集资金，建造万级洁净车间。

（3）电光转换率仍然偏小，对能源利用不够充分。

改进措施：深入研究激光机理，开发新型激光器。

（4）对不同种类的材料，激光切割工艺实验数量不够，研制的激光器特性和数控机床针对性不强。

改进措施：加强实验研究，针对不同材料研发针对性较强的激光器，并能为用户提供工艺实验数据。

五、展望

统计资料表明，中国的钢铁产量和有色金属产量突飞猛进，把这些金属材料加工成有用的产品，必须经过打孔、切割等工艺手段。除去机械加工，在热加工过程中，切割已经成为金属材料不可缺少的工艺手段。激光切割技术是应用最广的激光加工方法，可占整个激光加工业的70%以上。因此，本项目数控激光切割机将顺应加工技术的发展，特别是在精密加工领域将取代传统的切割方法，从而实现高效高质、节约能源、绿色加工的目标。

案例 26
倾斜小深孔钻床数控改造

中北大学

倾斜小深孔加工是机械行业中难度比较大的加工技术，传统的深孔加工工艺跟现代化生产模式有着不可调和的矛盾。本文介绍了国内外深孔加工技术的现状，以某深孔枪钻为对象研究了该类机床的结构特点，确定了工件固定、主轴旋转并进给的数控改造方案。描述了高速电主轴系统、进给伺服电机及其连接装置、导轨付及驱动、高压冷却系统、集成排屑单元的设计规程。该机床经过数控改造以后，延长了使用寿命，节约了大量资金，并取得了明显的效果。

一、导言

机床的数控技术改造是用数控技术改变原有的机床，使机床生产效率更高，加工质量更加稳定。机床的改造在国外已经形成了一个新兴产业，早在 20 世纪 60 年代就已经开始迅速发展。

深孔加工是机械行业中难度较高的一项加工技术，都是采用先钻、再扩、最后精加工的方法加工。因此深孔机床的改造要求严格，传统的加工方法局限于大、中直径钻孔，而对于小深孔，由于自身缺点：钻杆刚性差而极易走偏，无法保证工件应有的精度。高效钻削倾斜小深孔机床则很好地解决了相关方面的技术难题，高速电主轴系统、进给伺服电机及其连接装置、导轨副及驱动、高压授油系统、高压冷却系统、集成排屑单元的应用使其的加工效率极大的提高。高速电主轴系统包括刀具电主轴单元、冷却单元、电源模块、变频器及电缆。进给伺服电机及其连接装置是同步交流伺服电机、伺服控制单元、电源模块、减速机、连轴器、电缆。导轨副及驱动包括滚珠丝杠副、精密滚动直线导轨副、支承轴承。高压授油系统包括高压授油器、钻柄夹持装置及连接器。高压冷却系统包括油箱、集成块、管路、仪表、过滤、电机、高压油泵。集成排屑单元包括导向器、排屑箱、封油及减振器。这几个系统的相互配合提高了机床加工的效率和精度，使其具有独特的优越性，极大延伸拓展了机床的功能。在其使用过程中，切削稳定、断屑均匀、排屑流畅、表面质量高。改造后的机床不仅满足技术性能的要求，还能获得最佳的经济效益，使技术的先进性与经济的合理性较好的统一起来。

二、主要研究内容

在高效钻削倾斜小深孔机床改造过程中，用户提出了严格的技术要求：①在现有的专用加工机床设备结构基础上进行改造，配置轴向自动进给单元及其控制系统、高速电主轴单元及其控制系统、钻削冷却单元及其控制系统、钻柄夹持及授油于一体的高压授油单元、集刀具导引及排屑于一体的集屑箱单元、电控柜及集成操控台。②加工表面质量要求高，孔径精度 IT9～IT10，表面粗糙度不超过 Ra1.6～3.2μm、加工孔的直线度偏差 ≤ 0.25/1000mm，加工孔的出口偏斜：偏差 ≤（0.3/1000）～（0.5/1000）mm。③为了保证加工效率，机床的改造保留原机床的加工能力。针对上述条件，本课题在以下几个方面进行了研究：

（1）在充分收集国内外目前深孔加工机床技术的前提下，分析小深孔钻削目前存在的难题，类比借鉴传统同类别的内孔加工方法，国内外是怎么解决的，确立本课题要解决的是在改造机床上对大尺寸、硬质合金工件加工一组小深孔问题。

（2）从各类深孔钻头，提出了解决此类机床如何改造的方法，采用 $\phi 2.5mm \sim \phi 10mm$ 的枪钻系统来加工。通过对比麻花钻、枪钻、BTA 钻的优缺点，在综合考虑刀具、材料、工件自身结构的前提下，最后优选枪钻系统来完成小深孔的精密加工。同时提高了生产效率。

（3）围绕深孔机床、深孔刀具、金属切削理论、转子动力学理论，阐述了深孔钻削加工的特点、所需的切削运动、冷却方式、供油与排屑，为机床改造方案奠定理论基础。同时也为后续枪钻系统的应用提供模态仿真支持。如枪钻系统的进给性、导向性、进油、排屑方式、稳定特性等。

（4）针对改造后深孔钻床系统，从结构、装配、使用情况做了详细说明，同时利用 MATLAB 软件对枪钻系统进行了动力学分析，验证改造方案的合理性、可行性，为实践使用提供有力的依据。

三、项目工作情况

1. 实施概况

改造后的钻削倾斜小深孔机床，针对合金钢进行加工，能够高精确度、高效率地完成 $\phi 2mm$ 至 $\phi 10mm$ 倾斜小深孔加工。配置轴向自动进给单元及其控制系统、高速电主轴单元及其控制系统、钻削冷却单元及其控制系统、钻柄夹持及授油于一体的高压授油单元、集刀具导引及排屑于一体的集屑箱单元、电控柜及集成操控台。改造后的枪钻加工机床在满足倾斜小深孔加工要求的同时，机床整体匹配设计合理，确保加工系统全面具有良好的动态技术性能品质。伺服驱动系统执行元件精度高，可靠性好，响应速度快。

2. 改造后钻削倾斜小深孔机床的总体布局

倾斜小深孔钻床改造项目升级后的总体设计如图 1 所示。

在倾斜小深孔钻床改造的过程中添置 Z 轴伺服控制系统。输油器通过模氏锥安装于电主轴孔内，枪钻钻柄通过输油器前端的弹簧夹头夹紧，从而带动枪钻的旋转运动；工件被固定在工作台上；进给托板在 Z 轴伺服电机控制的滚珠丝杠副、精密滚动直线导轨副、支承轴承，沿着导轨做轴向直线运动，实现枪钻系统的的进刀以及退刀。根据所加工工件的结构特点和加工需求，可以选择不同方式的运动模式。在保证原有加工能力的情况下确保加工的精度，充分发挥小深孔钻床的功能，以便最大化地提升加工效率，降低生产加工的成本。改造后的倾斜小深孔钻床最明显的优势有：能实现 Z 轴进给方向的连续走刀，在高压输油系统以及集成排屑系统的共同作用下实现连续冷却、强制自动排屑,在工件上加工 $\phi 2 \sim \phi 10mm$ 之间的超长小深孔零件,实现一次性的成形加工。当然这是以高速主轴自动进给动力头、自导向和防振功能的枪钻系统保证为前提的,同时高压授油器、集成式排屑箱以及旋转式刀杆防振器共同作用保证加工的正常运转,润滑、冷却系统可以增强加工的持续性,用以实现深孔的精密加工。

枪钻系统是机床改造的主要方面。该系统总体为工件固定、主轴旋转并进给的枪钻加工形式,如图 2 所示。其各部分的结构和功能描述如下。

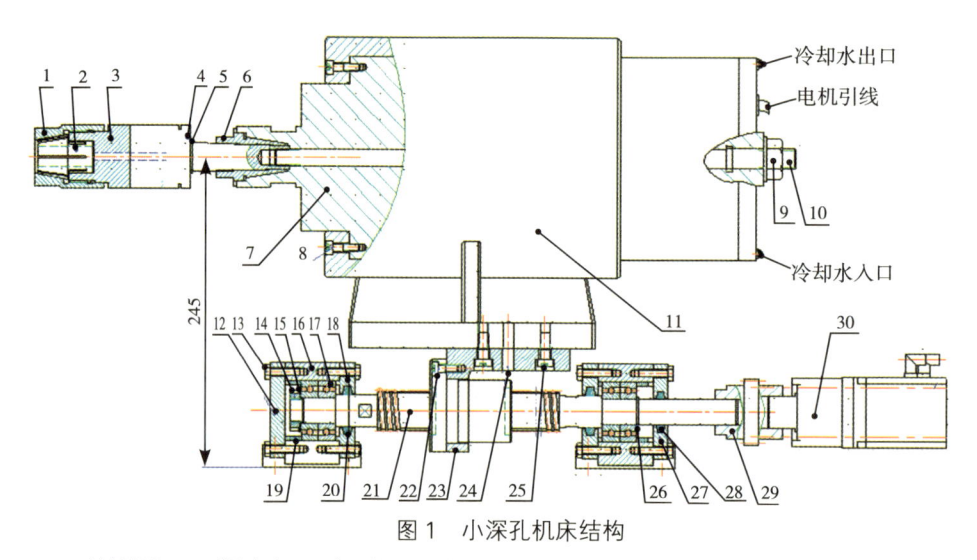

图 1 小深孔机床结构

1- 锁紧螺母;2- 弹性夹头;3- 高压授油器主轴;4- 端盖;5- 轴用弹性挡圈;6- 莫氏变径套;7- 电主轴;
8- 内六角螺钉;9- 螺母;10- 拉杆;11- 电主轴支架;12- 轴轴承端盖;13- 内六角头螺钉;14- 圆螺母;15- 止动垫圈;
16- 轴轴承座;17- 角接触球轴承;18- 轴承透盖;19- 丝杠轴承挡圈;20- 毡圈;21- 丝杆副;23- 圆锥销;
28- 十字滑块联轴器;29- 减速机;30- 伺服电机

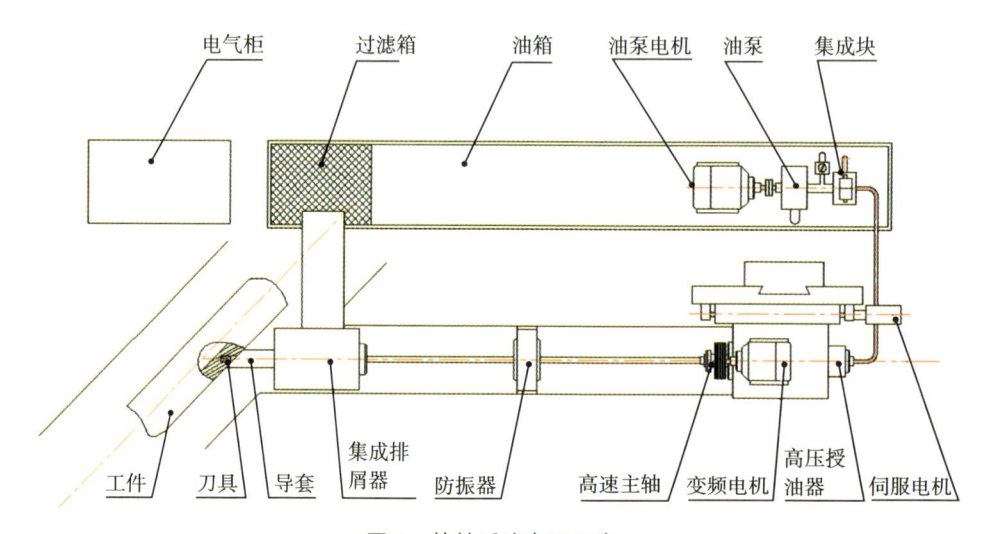

图 2 枪钻系统布局示意

194

（1）高速电主轴及伺服进给系统。

高速电主轴实现工件的主运动，速度高达12000RPM，以满足枪钻加工倾斜小孔的加工要求；电主轴的进给由伺服电机（包括控制电路）驱动滚珠丝杠付完成，可达到进给自动、稳定和持续；电主轴前端联接枪钻钻柄，传递钻头的旋转和进给运动；电主轴后端联接高压授油器。

（2）高压授油器。

高压授油器安装在动力头后端，其功能是把一定压力的润滑、冷却液通过枪钻内孔压入钻头切削区，带动切屑流经排屑器排出。

（3）旋转式刀杆防振器。

为减轻钻杆在高速旋转时的振动，增强其刚度，防振器用作钻杆的辅助支撑。

（4）集成式排屑箱。

其主要功能是接受来自切削区的夹带了切屑的润滑、冷却液并使其顺利排出。集成式排屑器前端顶紧工件形成密封，并在钻孔前期起导引刀具的作用；后端有密封和对钻杆起支撑作用；中间则引导切屑排出。

（5）枪钻。

钻孔的直接执行部件，对稳定加工起着至关重要的作用。

（6）钻套及密封元件。

钻套安装在集成排屑器前端，起钻孔初期的导引作用。

（7）润滑、冷却系统。

该系统由油箱、油泵、电机、集成块及管路组成，用于供给钻孔时所需的润滑、冷却液。

3. 技术突破及技术创新点

枪钻在加工中、小孔径深孔时，相对于麻花钻有着无可比拟的优势：①枪钻具有自导向功能，使其在钻削深孔时不容易跑偏，从而能保证已加工孔相当高的直线度和较低的表面粗糙度；②枪钻具有连续自动排屑功能，在钻孔过程中无需像麻花钻一样的频繁退刀排屑操作，在工件装夹后能持续完成深孔的加工，效率明显提升。

本次改造采用工件固定、刀具旋转并进给的枪钻加工方案。改造后的枪钻系统满足 ϕ2.75倾斜深孔加工要求的同时，亦具有回转体中心深孔、偏心深孔钻削功能，通过适当的调整也能完成非回转体不同位置深孔的钻削工作，实用性好且功能丰富。

通过这些技术满足了机床改造的参数，其参数为：

（1）机床主要技术参数指标。

钻孔直径：ϕ2mm～ϕ10mm；最大加工深孔长度：200mm；主轴最高转速：12000RPM；

冷却泵电机功率：5.5kW；冷却液流量：40L；冷却液压力：2～14MPa；加工孔径精度、粗糙度：孔径精度 IT8～IT9，表面粗糙度 Ra1.6～3.2；加工孔的直线度：偏差≤0.25/1000mm；加工孔的出口偏斜：偏差≤0.5/1000mm。

机床改造部分设计、制造按照 ISO 国际标准，保证协调性；所有零、部件和各种仪表的计量单位全部采用国际单位（SI）标准；机床的改造保留原机床的加工能力。

（2）加工件（试件）主要参数：

孔径：ϕ（2.75+0.15）mm；加工孔长度：66mm。

机床改造部分设计、制造按照 ISO 国际标准，保证协调性。

（3）机床的改造保留原机床的所有加工能力，而且效率更高。加工 ϕ2.75mm 斜孔的技术为国内首创，国际领先。改造后枪钻系统在完成 ϕ2.75mm 倾斜孔加工的同时，精度可达到：

钻削孔径公差：IT8～IT9；加工孔出口偏斜（直线度）：0.3～0.5mm/1000mm；粗糙度：Ra1.6～3.2μm。

四、推广价值及应用前景

钻削倾斜小深孔机床经过数控改造以后，其使用寿命得到了延长。相比购买新机床，每台节约大量资金。而且可以免去安装、拆卸、停产所带来的经济损失。对于机械领域有着深远的意义。机床的改造内容有：①精度和机械传动部分的改进；②伺服进给系统；③自动排屑系统的研制；④枪钻的合理应用；⑤电控柜的设计和改进；⑥整机调试。机床改造后，使得困扰生产产品几十年的倾斜小孔加工问题得到了很好解决，还原了原设计方案。同时，使得排屑流畅、切削稳定，很好地实现倾斜深孔的加工，并取得了很好的效果，极大地提高了生产效率。

五、展望

改造后的机床满足倾斜小深孔数控加工要求的同时，亦具有回转体中心深孔、偏心深孔钻削功能，通过适当的调整也能完成非回转体不同位置深孔的钻削。这一技术的成功应用，解决了几十年来困扰我国倾斜小深孔的加工问题，有利于产品性能的提高。如能推广和移植于我国同类的产品，这将对整个行业工艺水平的提高产生深远的影响，市场应用前景巨大。效率可提高 2～5 倍以上，精度提高 1～2 级，粗糙度降低 1～3 级。这一技术同时也可应用于其他民用行业。

案例 27

油缸自动焊接机器人工作站的应用研究

长治清华机械厂

通过对企业工程油缸的焊接工艺研究，技术攻关，围绕自动化、流水线作业，创新研发出了双工位变位机焊接技术、自动抓取机械手技术、自动预热机械手技术、自动保温线技术；通过自动控制系统，建成了油缸自动焊接机器人工作站，实现了工程油缸的自动化加工，推动了工程油缸生产的自动化、智能化的技术进步。

一、导言

随着经济持续健康快速发展，我国重大基础设施建设已步入新的发展时期，工程机械需求量大幅度增长，而工程油缸是各种工程机械、煤矿机械、特种车辆和大型机械的专用部件，其市场潜力巨大，近来我国工程油缸行业正面临非常有利的发展机遇。

工程油缸种类繁多，现有加工装备自动化程度较低，焊接基本靠人工完成，对技术工人的焊接技能要求较高，焊接前的预热、焊后的保温、也是用传统保温箱进行，靠工人的经验确定工件的预热及保温效果，合格率低，产品质量不稳定。因此，工人的技能和自动化程度低已成为工程油缸生产领域的瓶颈，已无法满足企业的需求。

为了提升油缸焊接工艺水平，解决手工焊接带来的质量不稳定问题，研制开发了油缸自动焊接工作站。此工作站由变位机、焊接机器人、抓取机械手、预热机械手、自动保温线、控制系统等组成。工作站根据不同工件设定了不同的程序，工作站启动后，根据设定的程序，工作站完成自动抓取工件、自动预热、自动焊接、自动保温等一系列动作。从而大大地减轻了工人劳动强度，提高了产品效率和质量。在工程油缸制造行业中，该厂是国内首家将自动焊接工作站应用到油缸的焊接工艺上，并创新研发出了双工位变位机焊接技术、自动抓取机械手技术、自动预热机械手技术、自动保温线技术，实现了工程油缸的自动化加工。在同行业中，此自动焊接工作站处于领先水平。

二、自动焊接工作站研究内容

目前国内生产工程油缸的厂家大多数还是应用传统的手工焊接、或采用简易的焊接专机焊接，预热、保温采用简易保温炉。为了提升工艺技术水平，提高产品质量，开发设计了油缸自动焊接工作站。

本项目主要研究双工位变位机与焊接机器人的自动焊接、抓取机械手的动作原理应用、预热机械手的技术开发、保温线的自动保温技术研究。

1. 变位机自动焊接技术的开发

传统工程油缸焊接采用简易焊接专机焊接，手工操作，焊接参数、工件定位全部由操作工人确定，精度低，工件的焊接质量参差不齐，无法满足自动化生产要求。

因此，开发了变位机自动焊接技术，变位机是缸筒焊接工作站的核心装备，变位机设计了三个伺服电机轴，通过PLC控制系统，与焊接机器人实时通信，从而完成工件的自动化焊接，由于变位机的传动采用了伺服系统，传动精度达到 0.05mm 级，充分满足工件的精度要求。

考虑焊接节拍，采用双工位，工位 1 为装卡、预热、卸货工位，工位 2 为机器人焊接工位。两个工位同时进行作业；从而减少作业时间、提高生产效率，焊接完成一件工件的总时间约 5.5min；通过预先编制的焊接工序，焊接机器人对装卡完毕的工件自动焊接。

变位机主要由 2 个外部轴、自制旋转轴、工件定位卡具等组成。

2. 抓取机械手的技术开发

传统工件的装卸采用天车搬运，首先造成资源的浪费，其次，有安全隐患，容易造成人身事故发生，有必要开发机械手对工件进行装卸。机械手主要由横移系统、升降系统、手指张紧系统、手指等组成。

（1）横移系统。

横移系统主要功能是把上道工序的工件自动搬运到变位机装卡工位，把焊接完的工件搬运到自动保温线上进行保温，再把保温后的工件搬运到下道工序。横移系统包括了钢结构、横移导轨、减速电机、传动齿轮齿条。结构图如图 1。

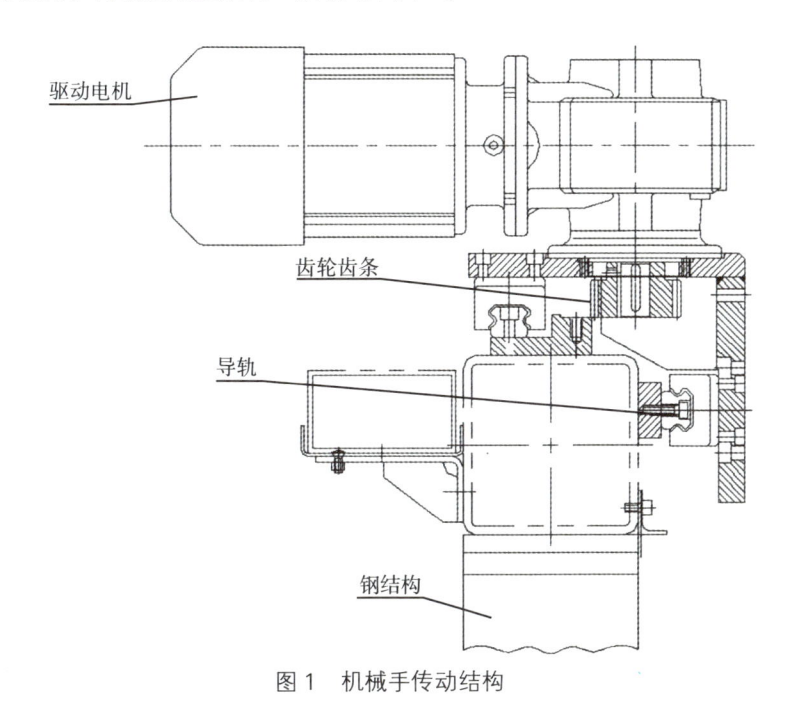

图 1 机械手传动结构

（2）升降系统和张紧系统。

升降张紧系统主要作用是对已抓取的工件进行升降横移动作，以达到工件的存取目的。升降张紧系统动作由 2 个气缸完成，通过换向电磁阀控制升降张紧动作，从而自动完成工件的存取。

（3）手指的设计。

考虑到工件的多样性，以及工件的大小不一，故将手指设计成可快速更改型。根据缸径的大小，设计了与之相匹配的加块，现场用螺栓紧固，需要更换时，用工具拆卸紧固螺栓，以达到快速更换加块目的，手指结构图见图2。

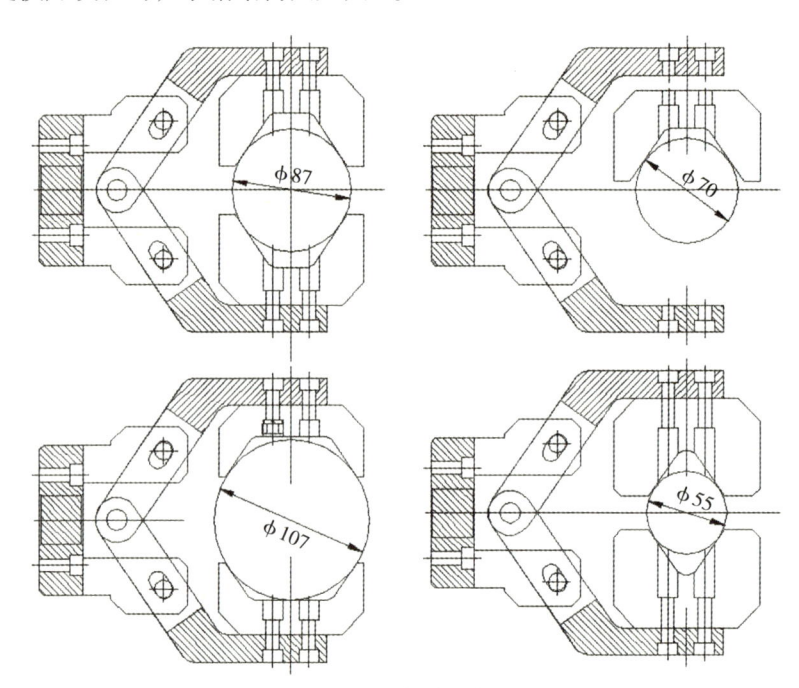

图2　四种规格手指图

3. 预热机械手的研制

工程油缸由于原材料的特殊性，焊前需要对焊接部位进行预热处理，传统的预热采用烤枪人工预热，人工预热存在的问题是不能使工件受热均匀，温度难以掌控，焊后的焊缝质量难以保证。现研发的预热机械手能对工件进行自动预热，当达到指定温度后自动熄火，通过控制系统，预热完工件，预热机械手自动回到初始位置。

预热机械手的动作原理采用抓取机械手的动作原理，在抓取机械手的基础上增加了燃烧环管、丙烷燃气输送管、自动点火装置。为安全起见，自动点火装置上设计了熄火保护装置，在预热过程中，如果发生意外熄火，熄火保护启动，并切断气源开关，防止丙烷气体泄漏，并在操作室设计了丙烷气体溶度超标报警器，双重安全措施，保护人身及环境安全。

自动点火装置的设计。自动点火装置主要由点火发生器、点火针、熄火保护感应探头、电磁阀、气路等组成，通过控制系统信号，点火发生器促使点火针点火，电磁阀相应打开，气路打开，丙烷气体燃烧加热，加热到设定好的温度，通过控制系统信号，电磁阀关闭，预热结束，在燃烧过程中熄火保护感应探头实时监控火苗，如在预热过程中发现无火苗，熄火感应器即发出信号，使电磁阀关闭燃气，起到防止燃气泄漏作用。

4. 创新研制出带自动输送工件的保温线

传统的油缸保温采用简易保温箱，人工把焊后的工件放入保温箱，保温一定时间后再人工取出，效率严重低下，不能满足自动化生产要求，简易保温箱如图3。

为了使油缸自动焊接工作站能自动联接上道工序和下道工序，研制出带自动输送工件的保温线，使得保温线同时具备保温和运输工件的功能。

保温线主要由钢结构、传输链、传输动力电机、加热区1、加热区2、感应开关等组成，如图3。

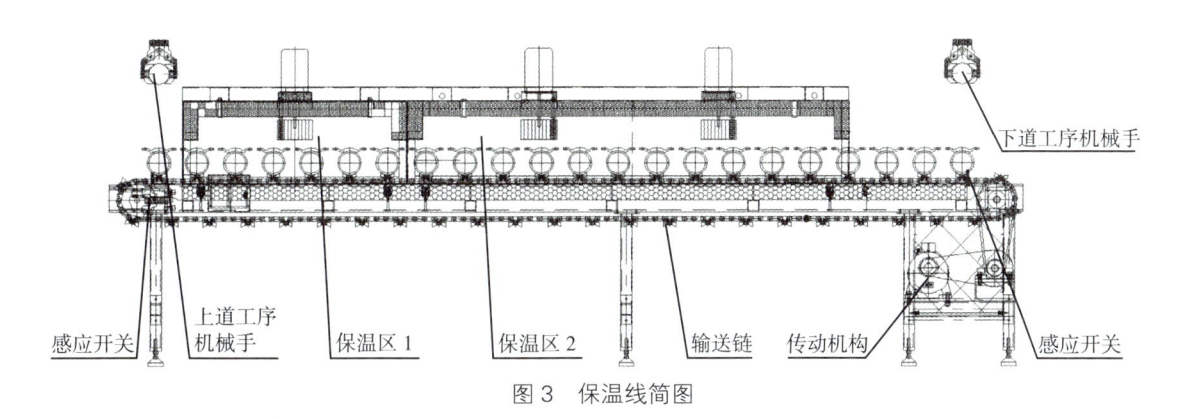

图3 保温线简图

设计过程中考虑到整个流水线的节拍，计算出加热区温度及保温时间，通过传输电机和传输链驱动。每焊完一工件，保温线自动前进一格，逐步往前推进，等工件退出保温线，感应开关检测到工件后，通过后部的机械手，把工件自动抓取到流水线上，即转入下一道工序。保温线采用逐渐冷却方式，用红外线加热板保温控制。

（1）保温区的设计。

保温线设计为分段保温，逐步冷却的工件保温方式，使工件到达下道工序时工件表面温度达到常温效果。这种设计思路考虑到下道工序能及时连续工作，工件逐步冷却有利于工件焊缝质量的保证。

加热和隔热效果是保温区的两个关键指标，设计中加热采用W型加热片，用专用风机对加热区温度进行均匀处理，使得加热区各个部位的温度基本一致；隔热层内心采用不锈钢材料，夹层用保温棉处理，试验中发现，保温区外部温度基本和环境温度一致，保温效果良好。如图4。

图4 保温区外观

（2）保温线传动的设计。

为了使油缸自动焊接工作站能自动运转，正确合理地设计了保温线传动机构，传动机构包括驱动电机、传输链，传输链上设计有带弧形的连接板，能定位油缸的位置，通过PLC控制，工件能在保温线上间歇前进，并通过感应开关感知工件的位置，从而通知机械手实时抓取工件到下道工序或从上道工序抓取工件到保温线上。

5. 自动控制系统的研发

为了实现工程油缸焊接的全过程自动控制，解决控制点多，信息量大、实时反馈闭环控制、自动化运行可靠性等难题，本项目开发出工程油缸焊接全过程自动化控制系统。

控制系统糅合了人－机界面、伺服闭环驱动、PLC定位模块等主流自动化控制元件。通过PLC模块，使变位机、机械手、焊接机器人、保温线等按程序动作自动执行。控制系统原理如图5。

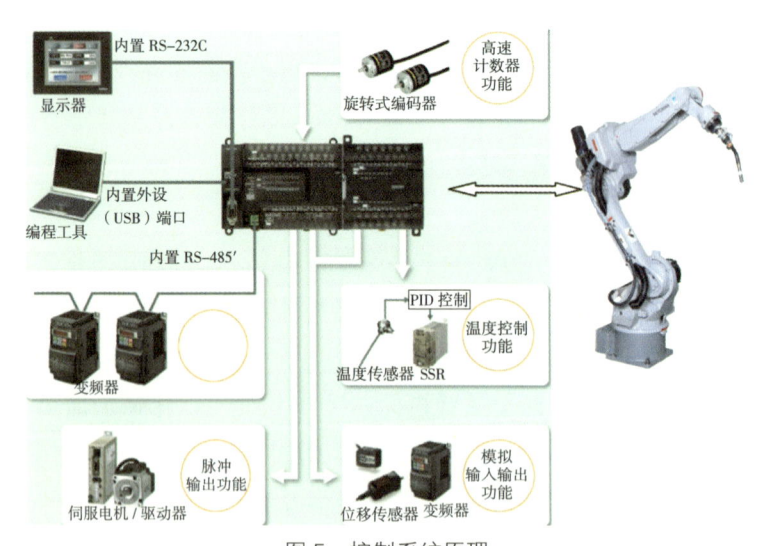

图5 控制系统原理

（1）变位机自动焊接控制技术开发。

变位机焊接控制系统，主要是与焊接机器人的通信控制。由于工程油缸焊缝有相贯线焊接、连接板环形焊缝焊接等空间曲线。变位机轴需要与焊接机器人手臂连贯运动，故需增加外部运动控制器来协调机器人与变位机外部轴的运动动作。利用 BASIC 高级语言进行编程控制。

（2）抓取机械手、预热机械手、自动保温线控制技术开发。

抓取机械手、预热机械手的控制主要由开关量组成，自动保温线的控制有温度模拟量的控制，都可以通过 PLC 编程自动控制，控制流程如图 6。

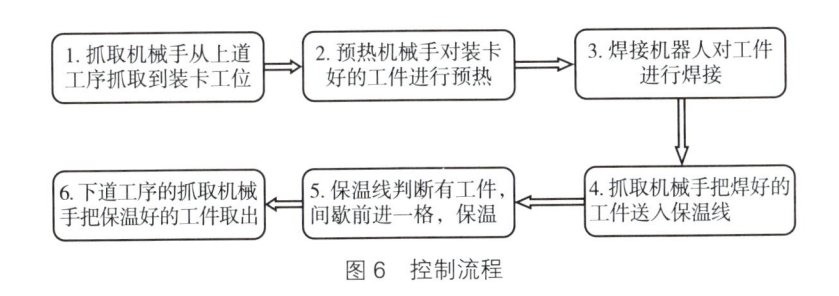

图 6　控制流程

（3）人－机界面的开发设计。

为更方便工人操作油缸自动焊接系统，降低工人的操作技能，简化操作步骤，设计了一套人－机界面操作系统。该人－机界面操作系统把复杂的控制系统通过人－机对话界面，简化成一些可视按键，并且操作流程逻辑清晰易懂。

三、油缸自动焊接工作站的创新点

（1）工件通过变位机变位，由机器人焊接完毕后，不用手工搬运，由在固定导轨上的机械手取出变位机上的工件，搬运到保温线上，从而自动完成工件的搬运、保温及焊接。

（2）传动采用伺服电机＋复式活齿减速器，传动精度达到 0.05mm。

（3）控制系统糅合了人－机界面、伺服闭环驱动、PLC 通过与机器人通信，使机器人与油缸自动焊接工作站密切配合，完成焊接功能。

（4）抓取机械手的取货动作，为实现自动取货并且自动码货功能，借鉴当前最先进的机械手原理，结合产品特点，设计出能同时升降、横移、伸缩功能的机械手，机构紧凑实用。

（5）预热机械手的自动预热功能，为实现工件的自动预热，在抓取机械手的原理基础上增加自动点火装置，自动点火装置中增加了熄火保护装置，从而使预热更加安全可靠。

（6）保温线自动送料功能，通过电机、传输带、感应开关；自动辨别工件的位置状态，从而自动输送工件及保温。

四、展望

随着工业机器人的快速发展应用，变位机、焊接专机等设备被广泛地应用在不同的工业领域。根据我厂的工程油缸产品特点，油缸自动焊接工作站的设计结合了变位机、机械手、保温线、电气控制、气路控制等，在设计理念和控制方式上处于行业领先水平，开发出具有自主知识产权的油缸焊接自动生产线。

经过设计、生产、调试运行，初步显现效益，与人工焊接比较，效率提高了3倍多，并且大大降低了工人的劳动强度。油缸自动焊接工作站的使用，提高了工程油缸加工领域的工艺装备水平，在产品的设计、调试过程中，培养了一批青年技术骨干，对工程油缸加工行业技术进步具有推动作用，为实现企业智能化、自动化贡献力量。

案例 28

分布式数字控制及制造执行系统在离散制造业中的应用

山西汾西重工有限责任公司

以分布式数字控制（DNC）、计算机技术、通信技术、数控技术等为基础，将数控机床与上层控制计算机集成起来，实现数控机床的集中控制管理及数控机床与上层控制计算机间的信息交换，DNC将企业的执行层——数控设备，实现了信息管理与信息交换，而制造执行系统（MES）将计划层与执行层联系起来，通过控制包括物料、设备、人员、流程指令在内的所有工厂资源，缩短待机时间，提高车间生产效率。

一、导语

山西汾西重工有限责任公司数字化车间现有各类数控机床 50 余台，在配置先进设备的同时，实施了 DNC（分布式数字控制）和 MES（制造执行系统），将众多的先进数控设备实现全部联网，将企业级的计划指令、制造部门的作业计划和对现场的数字化、自动化设备贯通，构成真正的闭环生产系统，实现数字化控制与信息化管理。

二、数控设备应用基础

公司数字化车间现有数控机床 50 余台，包括全功能数控车床、数控铣床、数控镗床、车铣复合机床、五轴联动加工中心、电加工设备、数控磨床、数控深孔钻床等高精度设备。加工零件范围从几毫米到 1.6m，零件种类繁多，从轴类、盘类到壳体类，从薄板到叶片，各式各样。

在应用数控机床的同时，在计算机辅助设计，计算机辅助制造，虚拟仿真加工等方面也应用广泛。主要以 AutoCAD、NX、VERICUT 等软件为平台，进行工艺编制，加工程序生成，仿真加工，提高了工作效率和准确性。

公司主要以多品种小批量零件加工为主，零件品种多，公司数字化车间 1 个月加工零件品种为 550 种，零件数为 2.6 万件，加工工序大量集中在数控工序。例如某种产品的数控程序就多达 848 个，一般同时加工 4～5 种产品，总计大约 4000 个数控程序。以一年为周期，50 多台各式数控机床，4000 多个数控程序，6600 种零件，31.2 万个零件，这样的信息量要用手工来管理相当困难。传统的管控方式已经不再满足新技术发展的需要，急需在制造过程整合分散的局部新技术，在整个流程上协同作业，发挥出整体效益。

三、数字化建设——DNC 分布式数字控制技术的应用

DNC 是以计算机技术、通信技术、数控技术等为基础，把数控机床与上层控制计算机集成起来，实现数控机床的集中控制管理，以及数控机床与上层控制计算机间的信息交换。

为了实现数控程序的数字化存储和管理，方便编程员和机床操作员对数控程序下发、上传和下载，实现机床运行、加工信息查询，数控程序、刀具信息查询。

1. 全车间实施与应用

网络 DNC 的实施，提高了公司数字化车间的管理水平，使程序传输通畅、高效，有利于数控程序及数控设备的科学管理。

2. 数控程序传输方便、可靠、规范化

现在车间联网的数控机床通过 DNC 系统在机床端即可实现与服务器的数据传输，包括程序的上传、下载。这样操作方便、快捷，为老旧机床解决了储贮空间小的问题。

可靠的程序传输，多年来，没有出现过因传输而出现错误的记录。

程序的传输规范化，改变了项目实施以前使用笔记本、U 盘、软盘较为混乱的现象，同时更加符合保密的要求。

3. 数控程序管理有序、准确、可追溯

数控程序的管理可以按照机床、产品等定义结构树，使程序管理更加有序，同时也方便查找。

数控程序修改自动生成新的版本，使程序管理更加准确，不会因程序修改而产生调用程序错误的情况，同时也使程序员在浏览程序时不会因误操作而造成程序错误。

系统记录了程序下发的时间、人员、设备，程序管理有可追溯性。

4. 机床监控实时、有效、可视化

机床软件可以实时采集机床的状态，管理人员可以随时看到当前机床的状态，以便进一步安排工作。例如设备待机可以安排生产，报警可以督促维修等。

管理者可以通过系统获得机床利用率及相关生产效率的数据，并有针对性地采取行之有效的改进措施。车间依据运行情况进行了一系列的改进措施，包括增设数控辅助人员，二人二机三班制等对提高设备的利用率起到了作用。

系统界面非常直观，可视化强。机床状态按颜色显示，例如绿色为运行，红色为报警，可以很直观方便地看到出问题的机床。机床的利用率等可按设定的时间段进行统计，并以柱状图或饼状图显示，也可按顺序排列。

四、信息化建设——MES 制造执行系统的应用

制造执行系统（manufacturing execution system，MES）是美国先进制造研究中心（advanced manufacturing research，AMR）提出的，旨在加强物料需求计划（Material Reguirement Planning，MRP）的执行功能，把MRP通过MES同车间作业现场控制系统联系起来。

制造执行系统协会（Manufacturing Execution System Association，MESA）对MES所下的定义："MES能通过信息传递对从订单下达到产品完成的整个生产过程进行优化管理。当工厂发生实时事件时，MES能对此及时做出反应、报告，并用当前的准确数据对它们进行指导和处理。这种对状态变化的迅速响应使MES能够减少企业内部没有附加值的活动，有效地指导工厂的生产运作过程，从而使其既能提高工厂及时交货能力，改善物料的流通性能，又能提高生产回报率。MES还通过双向的直接通信在企业内部和整个产品供应链中提供有关产品行为的关键任务信息。"

1. 全车间的实施与应用

为使制造执行系统适应车间流程，同时将以往存在的不合理的环节优化，在制造执行系统上线期间，我们编制了与车间相适应的流程。

信息化建设需要大量的基础数据为依托，在系统上线运行之前，进行了关系车间生产的五大部分的基础数据的维护。

在基础数据的基础上运行现场生产流程和车间任务管理。下面就以基础数据的五大模块、现场生产流程、车间任务管理三大模块介绍制造执行系统的应用。

2. 基础数据

信息化建设离不开大量的基础数据，在制造执行系统运行之前，首先要进行车间各部分的数据维护。主要包括工艺、设备、工具、库房、人员五大模块。共计录入工艺类1418条数据，导入工具类数据5467条，录入人员数据141条，设备类89条。完成了标准工序定义与设备族分类。

（1）基础数据之一——工艺路线维护。

对车间加工所有零部件的工艺规程进行维护，包括：工艺信息、设备信息、工时信息、工装信息。工艺信息中按照车间实际情况定制了是否自检、重要工序、第几次转入、零件生产优先级等内容。设备信息中选择能够完成该工序的所有设备。对于零件生产优先级，我们划分为A、B、C 3个等级，对于加工设备将各类机床按设备族分类，这些信息都将在排产中产生重要作用。

工时信息由定额人员进行维护，其他人员只能浏览，不能做修改。工装信息由现场辅助人员在生产过程中实时采集，为后续生产的工装配送做好数据准备。

（2）基础数据之二——设备管理。

设备运行管理是MES系统中生产准备和制造资源管理的一部分。设备管理与作业计划密切联系，在计划排产过程中，需要对设备能力进行综合分析，在现场作业过程中，需要设备的正常运行来保障现场作业的顺利执行。

(3)基础数据之三——工装工具管理。

工装工具管理主要实现对车间工装工具的库存基本信息和日常的出、入、修、检等信息进行管理。同时还将承担工装工具配送的任务。

(4)基础数据之四——库房管理。

对于机械工具车间来讲，主要是对车间的半成品管理，这里主要是对物料、库位及日常出、入库管理。同时还将承担现场首道工序的物料配送任务。

(5)基础数据之五——人员管理。

人员管理主要有组织机构定义及维护，班组及班制定义及维护，员工定义及维护。

人员管理实现了对车间每个员工信息的实时维护，主要包括基本信息、岗位、职称、获奖情况、培训情况、薪酬情况等，每个员工登录后可查看相关信息。

班组及班制定义主要是员工所属组别及每日工作时间的定义。这些数据主要用于排产和车间订单执行情况的计算。

3. 现场生产流程

这部分是制造执行系统的核心部分，对于 MES 系统来讲，没有可以拿来就用的流程，各生产部门产品，生产组织形式等等多种因素的不同而不同。我们依据车间实际情况，编制了适应现场的各个流程。

这些流程包括：计划下达、工艺确认、工装工具配送、物料配送、现场问题反馈、派工管理、现场数据采集、工时管理。

这些模块的上线运行，形成了以生产任务为核心，现场需求为驱动的管理模式，管理、技术、辅助快速响应，打破了传统的拉动式管理，极大地提高了作业效率。

4. 车间任务管理与大屏展示

车间任务管理对于机械工具车间多品种小批量生产模式来讲是最为重要的一个功能。车间任务管理分为几个层次，首先是对车间任务的宏观产能分析，预排产，虚拟排产，正式排产。其次是对车间任务执行情况的统计——车间订单执行情况。

五、应用效果

DNC 和 MES 应用，使车间在大量数据设备和计算机辅助软件应用的基础上实现了数字化、信息化的控制和管理，解决了信息孤岛现象的存在，实现了信息与资源共享。使车间流程标准化、透明化，提高了流程运行效率，减少了重复工作。同时形成了以生产任务为核心，现场需求为驱动的管理模式，管理、技术、辅助快速响应，打破了传统的推动式管理，极大地提高了作业效率。

六、展望

工业化和数字化深度融合是产业升级的必要途径。只有实现了两化深度融合，才可能实现生产的智能化；只有实现了生产的智能化，才可能建立智能工厂。而智能工厂是工业 4.0 战略的一个方向。

（1）智能化工装库。

提高工装标准化、系列化程度。针对产品零件的分类，把常用工装扩充为企业标准，减少工装设计工作量，简化工装制造工艺。

建立企业级工装资源库。建立统一的企业级工装数据库，产品设计、工装设计、工艺编制、数控加工、工具管理等部门可以方便地对工装数据查询和重用，提高效率，节省成本。

工装设计知识和经验的积累和重用。形成工装设计知识和经验积累与重用的机制，不断丰富和完善工装设计知识库，促进技术人员设计水平的提高。

（2）智能化试制工段。

试制工段检验工艺规程和工艺装备是否适应生产的要求，并对产品图纸进行工艺性检查，以便进行必要的校正，为大批量生产创造条件。经过试制，工艺规程和工艺装备能够确定并稳定下来，减少对操作工人技能的依赖，可以提高零件加工质量的稳定性。试制工段可以减少当前车间混线生产造成频繁换模的情况，提高正常生产的稳定性和成熟度，提高生产效率和产品质量。

（3）无人化智能加工岛。

通过组建零件智能化加工制造单元，可缩短零件的周转路径、实现零件的快速装卸、智能切换、集中加工。解决加工过程中自动化水平低，效率不高的问题。通过实施智能化加工，各个环节均为机器操作后，能够有效解决产品加工过程中，人工干预过多造成产品质量不稳定的问题。通过智能化的实施，对各个环节都进行标准化，自动化生产作业，能够显著缩短工序间衔接、转换时间。

未来车间零件、工装自动传输，生产信息、加工程序等高度集成，不同产品的在同一条生产线上加工，实现高度自动化、智能化。

随着计算机技术、数控技术以及网络通信技术的发展，数控设备向多功能、复合化、自动化方向发展，同时，信息化管理将数控加工设备、自动化工装、智能仓库、机械手等先进设备与生产计划、产品信息、工艺流程、加工程序等信息高度集成，实现生产任务的智能排产，物料的自动配送，大幅减轻工作强度，实现数字化、自动化生产。

案例 29

制造执行系统（MES）在汾西重工的示范应用

山西汾西重工有限责任公司

通过 MES 等信息化手段，搭建了闭环数字化加工车间与装配车间，打通了管理部门、设计部门和制造车间制造执行管理的技术主线，实现了机加车间、部装与总装车间制造执行过程中的透明化与信息共享，使得公司由传统的以串行制造模式向柔性制造、并行制造、敏捷制造、绿色制造过渡，逐步建成数字化车间与智能制造车间。

一、导语

山西汾西重工有限责任公司经过近 15 年的信息化建设与实施，逐步建成了涵盖产品设计—工艺—制造—成品的数字化研制格局，形成以 MES 为核心的企业生产管理一体化管控体系。通过以精益生产等先进理念为指导思想，针对军工企业多品种、小批量的复杂生产特点，在 MES 中采用了五大关键技术：精确的自动排产、集成化的协同制造、自动化的数据采集、透明化的决策支持和图形化的软件界面，在公司的机械工具车间、铆焊车间、总装车间构建了适合军工企业的 MES。

MES 是 manufacturing execution system（制造执行系统）的简称，1992 年由美国先进制造研究机构 AMR（advanced manufacturing research）提出，AMR 将 MES 定义为"位于上层的计划管理系统与底层的工业控制之间的，面向车间层的管理信息系统"，为操作人员和管理人员提供计划的执行、跟踪以及所有资源（人、设备、物料和客户需求等）的当前状态，重点解决车间生产问题。

在公司机加车间、部装车间和装配车间的应用中，已将 MES 内涵丰富为"执行、跟踪和协同"等多方位，在理论体系上更加趋向于完整。

MES 的核心在于"执行"，此处的执行分两层含义：首先是将公司 ERP 的生产计划根据车间实际情况，将每一工序分解到每一设备、每一分钟精细执行；其次是通过 MES 的建设，在车间内部构建计划排产、作业调度、数据采集、程序管理、在制品管理、库存管理和质量管理等一个全闭环管理，层层紧扣，形成一套以计划排产、数据采集和协同制造管理为核心的真正意义上的 MES。

二、主要创新点分析

公司机械工具车间、铆焊车间和总装车间在产品制造环节中处于举足轻重的地位，也是公司制造执行中处于瓶颈的车间。在上 MES 之初，我们对车间进行流程梳理及问题分析，采用先进的技术管理手段变革现有的生产组织和管理模式，并通过 MES 的解决方案将原有问题化解，实现了车间制造执行的精益化、自动化、透明化与协同制造。

1. 车间制造执行中存在问题及解决方案

（1）现场透明化解决之道。

旧的生产模式中，车间现场就像一个黑匣子，各级领导无法及时快速地了解生产过程中各种状况，很难为各种决策提供有效的依据，现场透明化问题体现在以下几个方面，通过 MES 系统得以解决：

1）计划状态不明。实施工序级生产数据采集功能，实现生产计划状态的透明、可控。

2）材料情况不明。集成 ERP 材料库存数据，提前发现和解决材料短缺问题。

3）工装工具情况不明。实施生产准备管理，实时了解工装工具状态，帮助判断生产计划的可执行度。

4）现场质量问题失控。集成质量管理系统，实现对质量问题处理的全流程可控制和可跟踪。

（2）工程更改解决之道。

车间生产过程中，存在产品结构和加工工艺总是在变的问题，现在加工的图纸和工艺无法确定是最新的，工程更改得不到有效的控制和贯彻。

1）工艺员监控生产现场受工程更改影响的在制品，及时下现场指导。

2）锁定受工程更改影响的在制品，计划员需要确认技术状态后，解锁在制品。

3）提示工人有工程更改信息，须查看工程更改的相关单据以及最新的电子版图纸和工艺文件。

4）系统提供工程更改的归零提醒功能，提醒去现场收回已过期的工程更改文件。

（3）生产可行性解决之道。

接到公司生产计划后，不能及时了解和掌握生产现场各种资源的可用情况，很难制定出一个切实可行的生产加工任务，无法提供快速有效的材料和工装工具生产准备信息。

1）集成 ERP 库存数据，过滤出不具备材料条件的生产计划。

2）实施生产准备管理，对于不具备条件的工装工具发起请制申请或采购申请。

3）实施瓶颈设备分析，对于能力不足的情况，及时安排加班或外协。

（4）质量追溯解决之道。

检验不合格后，很难快速、准确追溯产品的相关信息：原材料供应商、生产订单、加工设备、加工人员、工艺路线和检验记录等。生产过程中，相关质量文件、质量信息手工记录，纸质管理，难以查阅；相关质量信息分散，缺乏主线串联，难以追溯。可通过以下方案解决：

1）基于实物 BOM，实现质量可追溯，追溯每台实物装配零件的质量编号，以及装配过程中的实测数据及质量文件等。

2）基于本批工艺路线，通过零件质量编号追溯各工序的设备、工人、工艺路线、检验记录等。

3）集成 ERP 采购信息，通过材料炉批号信息，可追溯供应商和材料检验记录等信息。

（5）现场作业解决之道。

生产作业时，给工人派活，一会儿多一会儿少。活急，难保质量；活少，工人挣不到工时钱。通常，按照加工指令，所要加工的零件的毛坯或上道工序还没有加工完成，工件没送过来，工人不知如何开始。另外，工装、工具、设备有问题，也是影响开工的主要原因。整个车间管理，缺乏合理均衡的计划，派工时，缺乏对加工条件的控制。

以上问题，通过MES得以解决：实施周作业计划管理，提前掌握下周每天每个工人的工作量；从系统中统计历史平均工时，经过一定的审核流程后作为经验工时；工时以标准班产数量的形式展现，容易让人理解；为工人提供生产资源配送看板，并可集成DNC的设备运行状态信息。

2. 采用的关键技术

（1）推拉结合的生产方式。

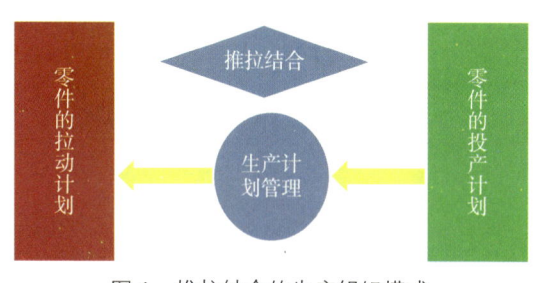

图1 推拉结合的生产组织模式

汾西重工传统的生产计划作业模式中，都是通过自上而下的主计划组织生产模式，即推动式生产运行模式，在装配MES实施阶段，在装配环节关注的缺件问题将直接影响着整个产品的完工与交付，于是，提出了缺件拉动生产计划的模式，这样形成了推拉结合的生产格局如图1所示，对生产管理模式是一种新的变革。

（2）通过精确的高级自动排产与产能分析消除瓶颈。

公司机加车间的生产组织模式中具有多品种、小批量、工序多、紧急插单多及生产周期要求严格等特点，生产计划如果全靠人工进行制订将是非常困难的，也经常因为人为考虑不周而影响了整个生产的有序进行。

通过MES的实施，开发应用了具有高级排产的功能，将ERP等上游系统的生产计划，按照交货期、生产数量、生产节拍、优先级及车间现有资源（人员、设备、物料）的有限生产能力，自动制订出科学的生产计划，细化到每一工序、每一设备及每一分钟，并可根据实际情况进行动态调整，进行精细化生产管理。

实现了基于设备有限能力的预排产及产能分析，通过该功能，达到了优化生产和平衡设备间的加工能力的目的，见图2。

（3）打造数字化车间的协同制造平台。

数字化车间的协同制造在汾西重工生产中具有非常重要的意义。在当前的车间生产中，计划、调度、物料、工具、检验和操作等各工种间缺乏有效的协同机制，信息沟通不畅通，常常发生因为某一环节的延误而导致整个生产拖延的情况，在MES里采用协同制造管理机制，有效地避免了这些情况，确保了整个生产流畅高效地运转。

协同制造的实现方式为：当生产计划下达后，可通过 MES 发送生产准备指令。通过车间的协同、物料准备和工具准备等各类职能人员可以提前知道相关生产任务，便于提前进行各类生产准备，生产管理人员可实时查看到计划的准备情况、工序状态、在制品信息、质检信息和生产过程中设备的详细运行参数、全套分析等内容，通过采取及时的生产调度措施来应对生产过程中的各种变化情况，可最大限度地避免因某项工作准备不足而影响车间的正常生产，实现车间级生产的全面协同管理。

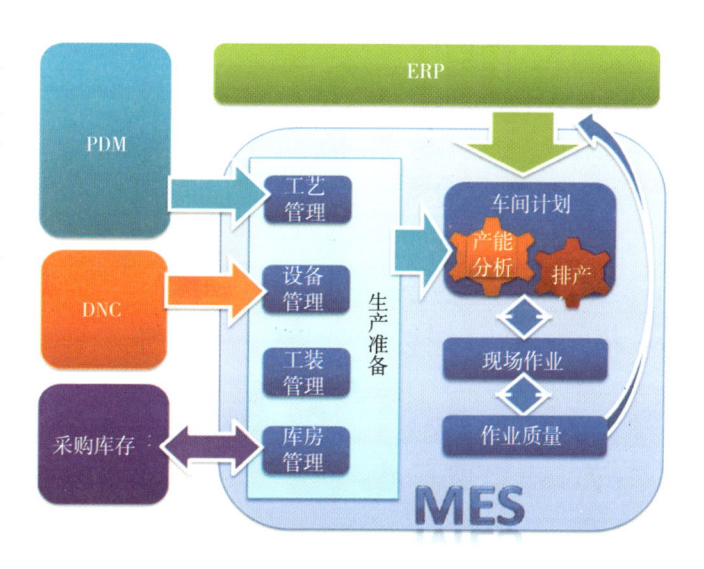

图 2　MES 中产能分析与自动排产

1）通过该系统，实现了车间生产计划、工序级作业计划制订、下达、接收、分解、排程、下达执行和工序级信息反馈等车间生产过程控制实时反馈的协同，见图 3。目前系统中流转着两型产品，3 个批次号的正式数据，工序级计划下达 4639 条。

2）在该系统中实现了工艺文件编制、更改、工时卡片、制造记录等文档的协同。现系统中某型产品的工艺编制数据 669 条。

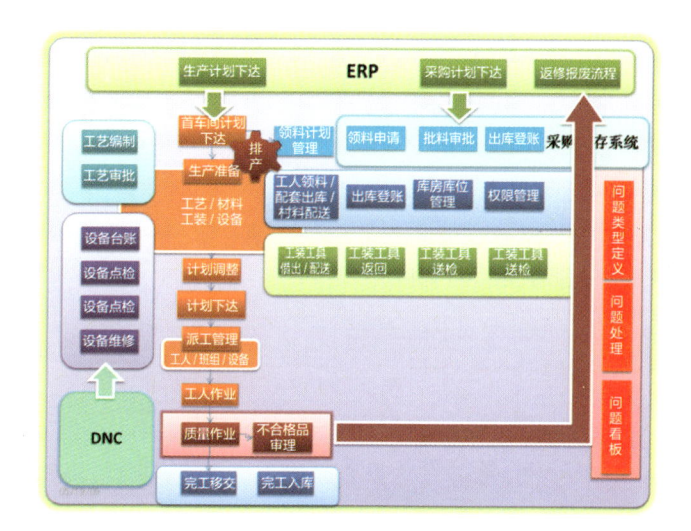

图 3　MES 打造协同制造平台

3）系统实现了质量作业管理、产品生产过程中的质量检验、监控和贯彻。

4）在系统中对生产准备和制造资源管理，设备、工装工具等生产资源的准备和管理的协同。

5）通过系统实现了生产问题反馈的协同处理。

（4）自动化的数据采集。

为充分发挥机加车间数控设备数字化、智能化及自动化的特点，结合车间多品种小批量和离散型加工的特点，MES 系统的另外一项核心就是数据的自动采集技术，这些实时的数据将与生产计划形成了管理上的闭环，并进一步指导生产计划的调整，见图 4。

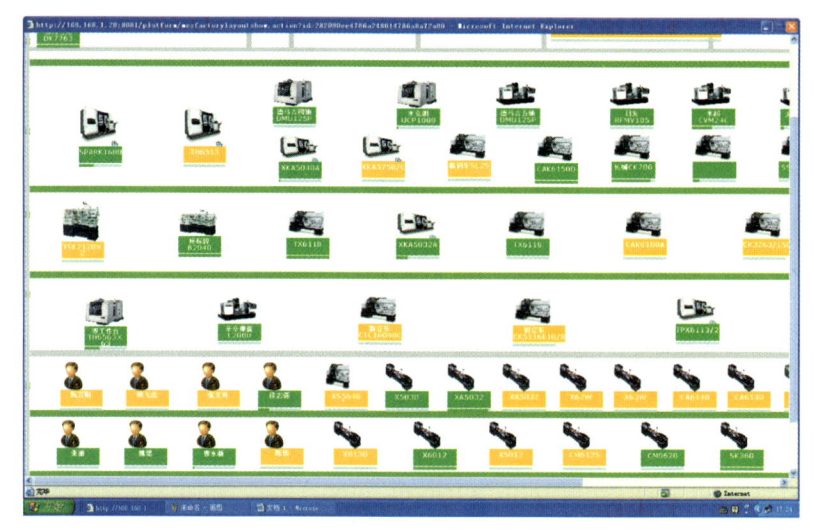

图4　自动采集加工任务和进度

1）机床信息的自动采集。

通过与 DNC 集成，对数控设备进行了实时、客观、准确的自动采集，实现一台计算机同时监控所有机床的实时状态，以电子看板的形式随时展示所有机床的开机、运行、故障和生产进度等状态信息。

2）在制品零件的加工信息自动采集。

通过 MES 中工序级计划的下达与基于设备的派工，再通过与 DNC 集成，可实时采集数控设备与在制零件的匹配信息。

3）工人的开工、完工及检验等信息采集。

工人在工作时，MES 系统通过简洁的界面，将当日需要加工的零件在触摸屏或大屏展示，开工与完工时，工人在触摸屏使用读卡器、扫描枪只需刷卡便可将零件的开工信息、完工信息、检验信息上传。

4）原材料和半成品周转信息的自动采集。

公司机加车间通过 MES 系统实现了半成品、工装工具的配送，系统将配送信息推送给配送员，并采用条码采集方式将待配送信息、周转信息上传系统。

（5）建立一体化管控体系，提供全透明的决策支持。

为实现机加车间与装配车间生产数据最大程度上的共享，MES 对这些海量数据进行深入挖掘，实现过程全透明的管理，做到了对生产中所有信息可随时查看，并结合汾西重工的真实需要，提供车间管理人员、各类使用人员的各类统计分析报告，做到对生产计划制订情况、执行情况、工人作业情况、物料、刀具、质量及设备等几乎所有的生产信息进行综合分析，为车间层的管理与决策提供可靠的量化数据。同时，生产组织部门和上层领导同时可监控车间生产组织，达到生产组织一致，实现一体化管控体系。

（6）集成各系统各平台，实现统一平台和协同制造。

该系统已与 ERP 系统实现无缝集成，ERP 信息下达到 MES 系统中，同时 MES 中制造执行信息可以实时反馈到 ERP 系统中。

MES 系统与 DNC 系统做了集成，现阶段，DNC 机床设备信息可以通过 DNC 监控到的信息在 MES 平台中展示，MES 可以随时监控到机床的运转情况与在机床上加工的零件信息。

现阶段 MES 与 PDM 系统已做了集成开发，但本块内容目前还没经过很深入的测试。

三、实施结果

（1）经济效益。

该项目的实施，搭建了闭环数字化加工车间与装配车间，打通了管理部门、设计部门和制造车间制造执行管理的技术主线，解决了机加车间产能不足瓶颈问题；实现多品种小批量生产的高级排产问题；解决了部装车间与总装车间的装配缺件问题，并通过缺件追溯拉动生产计划管理，实现了机加车间、部装与总装车间制造执行过程中的透明化与信息共享，提高设备利用率近15%，提高产品合格率达 10%，缩短加工周期 50%，成本降低约 40%，库存资金占用下降 30%，节省了大量的人力、物力、财力，使得公司由传统的以串行制造模式向柔性制造、并行制造、敏捷制造和绿色制造过渡，加快了企业创新能力的提升，并为智能制造奠定了良好的基础。

（2）社会效益。

汾西重工作为典型制造业，通过 MES 等信息化手段，打通机械制造数字化生产线，逐步实现数字化车间与智能制造车间，对山西省乃至制造业数字化制造、智能制造起到示范推动作用，并将实现过程中积累的丰富经验与技术为社会提供有力的技术保障。

四、展望

当前，《中国制造 2025》已正式发布，智能制造必将成为制造业发展的必然趋势，数字化车间是实现智能制造的前提，而 MES 系统是数字化车间建设的核心。因此，未来的智能制造中，MES 系统主要从两个方面发展，一是将基于 MBD 的工艺技术融入到 MES 系统中，实现真正数字化车间；二是智能制造的 4 个要求是：状态感知、实时分析、精准执行、自主决策。当前，MES 系统已基本实现了状态感知和实时分析两个特点，但在精准执行和自主决策方面还有很大的差距。因此，未来 MES 系统必将向这两个方向发展。

案例 30
基于数字技术的 AGV 移动机器人研发

山西东杰智能物流装备股份有限公司

AGV 智能搬运机器人是现代智能物流的关键一环。本文重点介绍了 AGV 实现运动的基础、决定 AGV 的运动空间和自由的行走机构的研究；RFID 无线射频识别技术的应用以及采用 PLC 和单片机控制系统的研发。

图 2　双轮差速机构

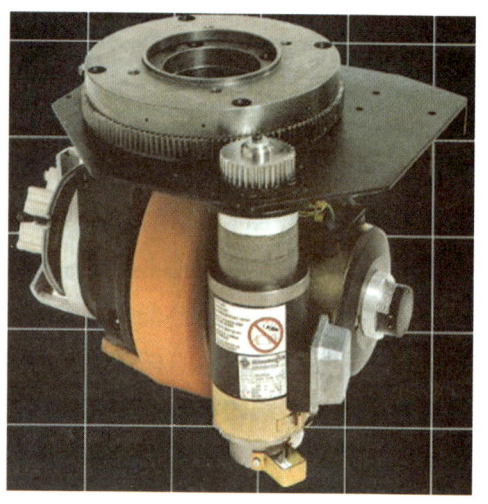

图 3　舵轮机构

有转向电机及其动力传动装置，它兼有方位驱动和回旋驱动，两轮与车架通过承重回转支撑活连接，其他车轮为随动轮，起承重作用。

3. 伺服控制技术

伺服组件是由伺服电动机、机械减速或耦合机构、伺服控制器、传感器等组成的一体化伺服机构。伺服有3种控制方式：速度控制方式、转矩控制方式和位置控制方式。速度控制和转矩控制都是用模拟量来控制的。位置控制是通过发脉冲来控制的。具体采用什么控制方式要根据客户的要求，满足何种运动功能来选择。如果客户对电机的速度、位置都没有要求，只要输出一个恒转矩，当然是用转矩模式；如果对位置和速度有一定的精度要求，而对实时转矩不是很关心，用转矩模式不太方便，用速度或位置模式比较好；如果上位控制器有比较好的闭环控制功能，用速度控制效果会好一点；如果本身要求不是很高，用位置控制方式对上位控制器没有很高的要求。就伺服驱动器的响应速度来看，转矩模式运算量最小，驱动器对控制信号的响应最快；位置模式运算量最大，驱动器对控制信号的响应最慢。对运动中的动态性能有比较高的要求时，需要实时对电机进行调整。那么如果控制器本身的运算速度很慢（比如PLC，或低端运动控制器），就用位置方式控制；如果控制器运算速度比较快，可以用速度方式，把位置环从驱动器移到控制器上，减少驱动器的工作量，提高效率（比如大部分中高端运动控制器）；如果有更好的上位控制器，还可以用转矩方式控制，把速度环也从驱动器上移开，这一般只是高端专用控制器才能这样操作，而且完全不需要使用伺服电机。

随着全数字式交流伺服系统的出现，交流伺服电机也越来越多地应用于数字控制系统中。为了适应数字控制的发展趋势，运动控制系统中大多采用全数字式交流伺服电机作为执行电动机。

4. RFID 无线射频识别技术

RFID 即无线射频识别技术，是一种利用无线电波进行非接触双向通信的自动识别技术。射频卡具有非接触、工作距离长、适于恶劣环境、可识别运动目标等优点。随着社会发展和客户需求的变化，射频识别产品种类越来越丰富，有源电子标签、无源电子标签及半无源电子标签均得到发展。至今，射频识别技术的理论得到丰富和完善。单芯片电子标签、多电子标签识读、无线可读可写、无源电子标签的远距离识别、适应高速移动物体的射频识别技术与产品正在成为现实并走向应用。

东杰 AGV 采用的 RFID 无线信息识别技术，读写速度快、可多目标识别、可运动中识别，同时具有防水、防磁、耐高温，可在恶劣环境下使用的特性。RFID 还可根据用户需要反复读写，能够穿透纸张、木材和塑料等非金属及非透明的材料，并能够进行穿透性通信等特性。在 AGV 地面导引系统中，AGV 行走工位和驻点采用 RFID 技术，以此来保证走位准确，信息通信流畅，从而能达到较好的使用效果。

5. 无线以太网传输技术

AGV 的车载控制系统和地面的调度管理系统之间通常采用无线以太网来实现。每台 AGV 小车上都配备有一套无线通信模块，在地面管理系统和其他 AGV 小车构成无线局域网，一旦无线网络受到限制或连接失败，串口设备发出的数据资料将会存储在超过 10M 的内置缓存中。一旦无线网络恢复连接，存储在缓存中的数据将自动发送至目的地。

6. 数据采集和通信技术

数据采集系统：①到位检测，检测物料位置，为 AGV 输送系统提供运行控制数据；②工艺链运行检测和控制，主要检测工艺链运行状态，同时根据工艺链运行状态控制 AGV 的运行状态，确保 AGV 在运行过程中的安全性。一旦 AGV 发生故障或其他原因造成 AGV 停车，控制工艺链停止运行，防止设备或工件损坏。

AGV 控制台和 AGV 调度管理系统：控制台和 AGV 调度管理系统是 AGV 系统的调度管理中心，负责数据采集及系统数据的处理，与上位机交换信息，生成 AGV 的运行任务，解决多台 AGV 之间的避碰问题。

通信系统由无线局域网组成。AGV 与控制台之间采用无线电台进行信息交换，通信协议为 TCP/IP 协议。控制台可与上位机之间采用以太网进行数据传输。

为了保证 AGV 车能够正常稳定工作，必须对 AGV 小车的当前位置、行车姿态、当前速度等多个变量进行实时监控反馈，把 AGV 小车所处的环境状态信息反馈给控制器，使 AGV 小车按照上位机指令和操作指令完成任务。能够实施并有效获取内部和外部环境状态，是保证 AGV 小车正常工作、运行效率、安全工作的必要条件。目前，众多的传感器制造商已开发出各式各样的智能化传感器，这些智能化的传感器对提高 AGV 的智能化程度有着十分重要的意义，按照在 AGV 车上的用途，基本可以把传感器分为内部和外部两类，内部传感器用于检测和控制 AGV 自身，外部传感器安装在小车上，用于感知外部环境信息。

东杰 AGV 采用智能控制，在无人干预的情况下，能自主地驱动机器实现控制目标的自动控制技术设备。

四、AGV 的市场前景

由于现代化生产观念日益受到重视，对生产线运行、物流系统的柔性要求越来越高。在产品换型、多种产品混合生产线运行、调整产量、重新组合生产线等方面，AGV 必将得到迅速发展和普及应用，这不仅是现代化工业迅速发展的需要，更主要是由 AGV 本身所独具的优越性决定的。

AGV 作为一种成熟的技术和产品在发达国家已经被广泛应用，对企业提高生产效率、降低成本、提高产品质量、提高企业的产品管理水平起到了显著的作用。

随着工业自动化的发展，国内的应用和需求越来越强烈，已经大约有几千台 AGV 在使用，而且市场在逐步扩大。根据市场初步分析，今后 5 年内，国内各行业对 AGV 需求量可达数千台，年产值接近 2 亿元，经济效益十分可观。

五、总结与展望

AGV 智能搬运机器人相比传统的搬运方式，可十分方便地与其他物流系统实现自动连接，如自动化仓库、自动化物流生产线、升降机和其他机器人系统等；可实现在工作站之间对物料进行跟踪，按计划输送物料并有执行检查记录；与生产线和库存管理系统进行在线连接以向工厂管理系统提供实时信息；采用 AGV 可以大幅度减少劳动力，显著提高劳动生产率，同时进一步减低了成本。

AGV 系统是集光、机、电、计算机于一体的高新技术，是柔性化、智能化程度极高的输送系统。AGV 技术仍在发展中，随着现代高科技的进步，AGV 的性能与功能都将不断得到提高。AGV 系统由于自身的技术优势，将适合为更广泛的工业或非工业需求，得到越来越广泛的应用。

案例 31
智能化停车系统的研发

山西东杰智能物流装备股份有限公司

本文介绍了一种基于智能化控制的停车系统。重点分析了高速升降运行变频控制技术、智能安全保护系统、停车交通导航系统和反向寻车系统的开发应用。通过智能化软件控制的停车管理系统对停车库外围进行信息发布与引导管理，减少寻找停车位的烦恼，以缓解社会的停车难题。

一、导语

近年来，我国机动车迅猛增长，到 2014 年年底全国机动车保有量达 2.64 亿辆，小型载客汽车达 1.17 亿辆。在城区的高级宾馆、饭店、商场、医院、车站、高档住宅区及其他车辆密集区，汽车停泊困难，交通阻塞严重。另外，多年来在城市交通建设中，只重视解决动态交通修路，不重视解决静态交通——建停车场（库），造成现有停车位远远不能满足停车需求的严重局面。

国外机械式立体停车技术从 20 世纪 60 年代开始发展，我国 20 世纪 80 年代开始进行研究，最近几年才开始进入大规模应用的阶段。从技术进步的角度来看，相对其他行业来说发展很缓慢的，目前使用的大多是智能化程度较低、需要大量专业人员管理的升降横移类机械式停车系统。

开发一种基于智能化控制系统的机械式停车系统，以减少司机停车难度，提高停车的良好体验；配套基于软件控制的专业停车管理系统对停车库外围进行信息发布与引导管理，减少寻找停车位的烦恼，以缓解社会的停车难题。

二、主要研究内容

目前机械式立体停车技术中有 3 种主流的智能停车库系统，分别为平面移动类、巷道堆垛类和垂直升降类。智能停车库系统技术含量高、自动化程度高、存取车速度快，适用于停放车辆多且集中的地区，是今后大型公共停车场的首选。但是这 3 种智能停车库都有各自的特定适用场所，适应性较差。

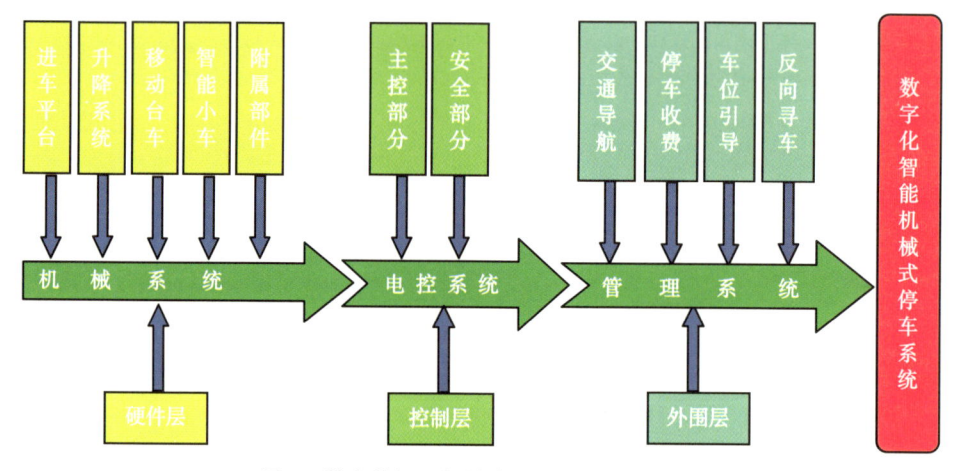

图 1 数字化智能机械式停车系统技术路线

案例 31 智能化停车系统的研发

本项目开发的数字化智能机械式停车系统是集平面移动类、巷道堆垛类、垂直升降类三种机械车库形式的优点于一身，项目的主要研究内容为机械子系统、电气控制子系统、管理子系统三部分，在成功完成上述三方面的研究后，建立起数字化智能机械式停车系统。技术路线如图1所示。

1. 智能停车系统的机械子系统开发

机械系统包括升降机构、移动台车、智能小车、轿厢、进出车室等，其中无载车板车辆交接技术的智能小车设计、垂直升降与横移功能组合设备的设计、车辆停放定位的进出车平台设计是本项目机械部分的重点工作。机械系统的结构如图2所示。

图2 智能停车系统的机械系统结构

227

（1）无载车板车辆交接技术的智能小车系统设计。

车辆交接技术是智能车库的核心技术，它直接影响着整个车库的存取车时间、运行性能等。传统的车辆交接技术是每个车位均有一块载车板供存放车辆，取车时需要将空车板放回原位后才能取车，相对取车时间较长。

开发的智能小车是一种无载车板车辆交接技术，由夹持装置和行走装置组成。夹持装置抱持着轮胎，使车辆脱离地面，行走装置来完成智能小车在升降机、车位和移动台车之间的出入。如果采用这种无载车板的车辆交接技术，不但可以降低车库的制造成本，而且可以大幅缩短取车时间，提高整个车库的运行效率。

（2）垂直升降与横移功能组合设备的设计。

结合平面移动类、巷道堆垛类、垂直升降类3种形式的提升与横移形式的优点，实现在升降的同时可以横移，既可实现多达12层的停车，又可实现每层停多辆车，创造一种容量大、存取车快速、土地利用率高的停车新技术。由机房提升部件带着轿厢提升实现垂直方向的运动，移动台车在轿箱的轨道上横移行走实现巷道方向的运动。

（3）车辆停放定位的进出车平台设计。

对于智能机械式立体停车设备，车辆在库内的移动一般通过搬运器来完成，而搬运器需要在固定的轨道上运行，这就需要车主将车辆停入车库的位置相对准确。仅依靠司机无法将车辆停入准确的位置，因此需要在进车口增加进车室平台，对车辆停放后的位置进行纠正。

进车室平台由对中机构和其他辅助装置组成。对中机构将车辆调整到中心位置，便于智能小车运送汽车。根据方案需要，可以设置旋转装置，用于将车辆掉头，保证前进入库，前进出库。

2. 智能停车系统的电气控制子系统开发

电气控制系统主要分为两部分：①针对设备运行的主控系统，其中最重要的是高速升降运行状态下的变频控制技术；②针对人车安全而设计的检测系统，尤其是采用智能手段以提高司机停车过程中人性化体验的安全保护系统。

（1）高速升降运行变频控制技术。

设备的速度曲线是由变压变频（VVVF）技术控制，能完成对车库在启动、加减速、平层等不同阶段的速度控制，使车库运行于一种平稳快速的状态，提高了平层精度、降低了运行噪音和振动。全程采用变压变频调速系统，设有编码器，为闭环调速系统，加减速平稳，工作可靠。设备的速度曲线是由变压变频装置控制的，能完成对车库在启动、加减速、平层等不同阶段的速度的控制，使车库运行于一种平稳快速的状态。提高了平层精度、降低了运行噪音和振动，并且在减少能耗、提高功率因数、减少对电网的负荷等方面起到了积极的作用。

（2）智能安全保护系统的开发。

智能安全保护系统是通过设置检测元件，对车辆的停放位置与长宽高尺寸、设备运行状态、车库内部有无人员等检测，并通过显示屏或者语音进行信息提示。具体功能如下：

1）车辆长、宽、高限制装置。采用先进的光幕式光电对入库的车辆进行检测，对车辆的长、宽、高进行全面的检测，对车辆后视镜、特殊型的保险杠等都能有效的检测到位，无任何死角，确保车辆安全。

2）越程保护。通过极限开关的装置，防止升降机越程，起到保护作用。

3）超载保护功能。如车辆超过额定重量，系统会自动停止，并予以报警。

4）车库当前状态检测与户外显示。触摸屏系统能对车库的当前状态进行检测，并随时显示给用户。在车库运转过程中，显示屏显示动态模拟运行状态，为顾客随时提供车库的当前信息。

5）自动门防夹功能。防止因人员不慎被自动门夹住而出现意外。

6）防重叠自动检测功能。防止在同一车位重叠停车。

7）强迫关门功能（消防联动）。一旦进入消防状态，自动门会强迫自动关闭。

8）运转时间记录及故障显示功能。

9）紧急照明功能。

10）钢丝绳松弛保护。由于某种原因发生钢丝绳松弛或断裂时，马上停止运转并发出报警，防止事故发生。

11）开门联锁保护。在车库运转过程中，防止安全门被打开发生意外事故。

12）紧停按钮。在任何紧急的情况下，按下此按钮，车库立即停止运转。

13）超时保护。当车库运转时间超过规定时间时，车库停止运转，并报警。

14）检测车门打开功能利用红外光束进行探测，防止自动运转过程中车门打开而造成车辆损失。

15）斜面检出装置。采用光幕式光电，可检测轿车后挡风玻璃面，确保安全。

16）人员感知器。加装红外线人员感知器，侦测人员或宠物是否离开车库；如检查出库内有人员或宠物，自动门不会关门，系统停止运行，并进行提示。

3. 智能机械式停车场的管理系统开发

基于软件控制的专业停车管理系统可以提高停车场的车位使用率，降低停车场的经营成本，节省司机的找车位时间，实现数字化管理。

（1）停车交通导航系统。

停车交通导航系统覆盖整个城市的停车场，通过网络、手机等完成车位查询、预订、客户评论、停车指数预报等功能，实现停车诱导、数据集中、管理集中、服务升级的功能，是物联网技术在城市停车领域的应用。停车交通导航系统数据流程图见图3。

（2）车位引导系统。

车主到达停车场入口时，根据总余位显示屏查看当前停车场内的车位总体使用情况，如有空车位可入内停车。车主到达停车区，快速寻找到空余车位，轻松完成整个停车过程。停车交通导航系统原理示意图见图4。

（3）停车收费系统。

停车收费系统的设备包括临时卡/票的自动发卡或收卡票箱、外置验卡机、信息显示屏、刷卡收费和发卡器、自助缴费终端、电动道闸、图像和车牌识别系统、计算机等。各个设备可以根据不同管理需求灵活组合。

（4）反向寻车系统。

图3　停车交通导航系统数据流程

在顾客返回停车场时，由于停车场楼层多，面积大，方向不易辨别，场景和标志物雷同，不容易找到车。反向寻车系统可以帮助顾客尽快找到车辆停放的区域，方便了客户，加快车辆周转，提高停车场的使用率和营业收入。

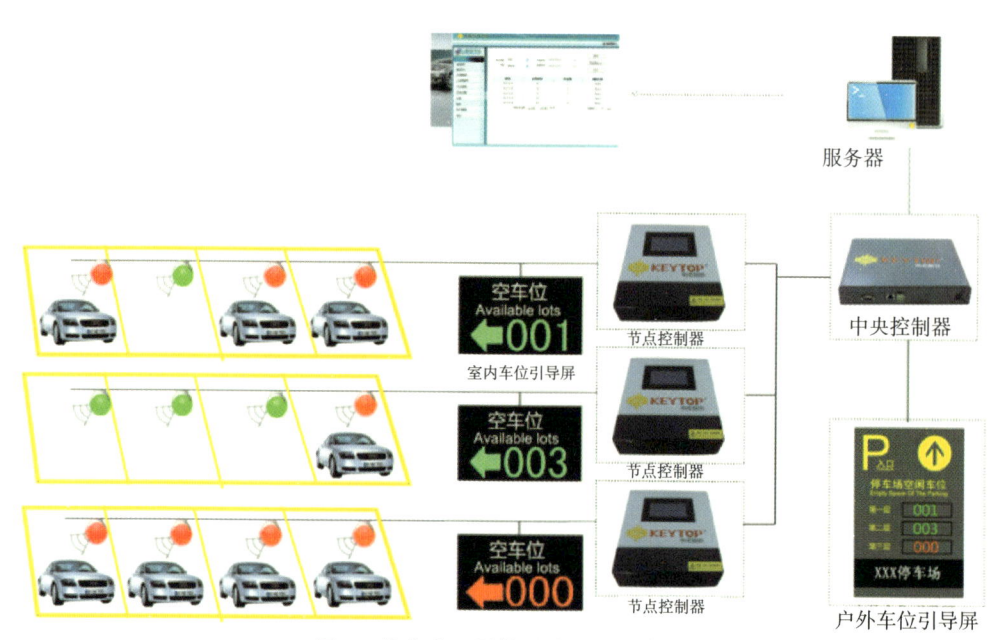

图4　停车交通导航系统原理示意图

（5）智能管理软件。

智能管理软件是一套集成了月卡发放与进出场管制、临时卡出场计费、道闸控制、语音提示、进出场信息查询的多功能管理系统，完整实现了使用电脑智能管理停车场，方便管理人员的管理。

三、经济效益和社会效益分析

这种数字化智能机械式停车系统的社会效益与经济效益体现在以下几方面：①占地少，约为平面停车场（库）面积的1/12；②投资少，机械式停车设备每个泊位综合投资约6.5万元，而自行式平面停车场（库）每个泊位的造价约为20万元以上；③使用方便，一般存取车时间不超过100s，不会出现存取车排队的现象；④减少因路边停车而引起的交通事故；⑤安全性高，增加了汽车的防盗性和防护性，改善了市容环境；⑥对场地的适应性强，可以取代传统的仓储式车库，降低社会的整体运行成本。

以太原市公共停车难问题为例，目前公共停车位缺口在12万个以上。如果采用数字化智能机械式停车系统，不需要占用新规划用地的，使用现有的停车空间完全可以解决12万个停车位缺口。每个车位按照设备价格5万元的市场价计算，初期市场产值可达60亿。以目前汽车保有量的增长速度，在未来10年的市场产值可以达到千亿元的前景。

四、当前存在问题

智能机械式车库在中国属于一个新兴的行业，虽然近几年发展迅速，但是也凸显出了一些发展中遇到的瓶颈。主要体现在如下几个方面：

（1）停车不习惯。不少消费者对停车有个习惯，一般情况下，喜欢停在地面，不愿停在地下，而机械式立体停车就更不受欢迎了，车主往往会产生一种恐惧感，进车和倒车都比地上停车要麻烦。

（2）规划手续难办。现在建一个地面机械式立体停车场的手续与建商品房一样，有时仅办理各种手续竟需要近2年的时间，这是由于机械式立体停车场"身份属性"不明晰，导致审批和报建手续复杂，时间较长。

（3）停车场规范标准滞后。机械式立体停车设备行业在我国属新兴行业，而现在停车场相关规划设计规范、消防规划的技术标准主要是针对自行式停车场。而负责审批此类建设项目的规划、交通、消防等部门仍按现行规范要求，使得多数此类建设项目的报建难以通过。

（4）缺乏政策扶持。机械式立体停车设备生产商的市场开发难度大，不是高回报、快回报的投资项目，而是一项长期但比较稳定的投资项目。目前，太原等地在机械车库的建设地价、经营收费标准、建筑物停车配建指标等方面还没有扶持政策。而建设及经营机械车库又涉及交通、规划、公安、技监、物价等多个部门，社会投资建设机械车库的市场氛围不浓。

五、展望

机械式立体停车库可以将有限的土地资源最大利用化，蕴涵无限商机，是解决当前以及将来城市停车难的一种重要手段。因此，政府需要鼓励民间投资，制定机械停车库建设鼓励措施，以充分利用现有资源，提高投资者的积极性，以加强停车市场的研究，推进停车行业的发展。另外，当前迫切需要出台机械停车库技术标准与规范。

数字化智能机械式停车系统相比传统的机械式立体停车库，由于加入了人性化的智能控制系统与基于软件控制的管理系统，使之适应场合更广、技术含量更高、使用更便捷，必将成为解决城市停车难问题的一个主要手段。

案例 32

重型汽车变速箱副轴自动化生产线

中国重汽集团大同齿轮有限公司

重型汽车变速箱副轴自动化生产线是采用无线式桁架机械手进行自动上下料的高端智能数字化生产线。包括热前副轴自动化生产线、轴类热处理生产线、热后副轴自动化磨工线。生产线采用无线式桁架机械手，其信号传输采用了全新概念的无线通信技术，利用机械手移动单元，实现对各式加工设备之间的加工零件传输。同时可根据生产线的实际情况，灵活搭配桁车的数量，实现同桁架上配置多部桁车、达到提高生产效率的目的。

一、导言

变速箱副轴高端智能自动化生产线是中国重汽集团大同齿轮有限公司在装备制造园区搬迁改造升级项目中,自行研制、自行设计的高效率一条龙自动化生产线。副轴高端智能自动化生产线加工节拍为 3.5 件 / 分钟。生产线如图 1。

图 1 生产线一角

二、变速箱副轴高端智能自动化生产线介绍

1. 概况

变速箱副轴高端智能自动化生产线包括热前副轴自动化生产线、轴类热处理生产线、热后副轴自动化磨工线。生产线采用无线式桁架机械手,其信号传输采用了全新概念的无线通信技术,利用机械手移动单元,实现对各式加工设备之间的加工零件传输。机械手的运行速度最高可达到 200m/min。

(1)副轴热前自动化生产线由 8 台数控加工设备组成,线内由两个桁架机械手分别操作,实现全自动上下料,可加工包括副轴在内的三种不同类型的轴类零件。自动化生产线全长共 35m,生产线的加工节拍为 3.5 件 / 分钟,可达到日产 350 件的加工能力。自动化生产线在保证加工质量的同时,大大节省了劳动力,加工效率显著提高。

(2)轴类热处理生产线包括 4 台渗碳炉 +2 台回火炉 +2 台清洗机 +2 台预氧化炉 +1 台氮化炉。适用于各种渗碳气氛,如吸热式气氛、超级渗碳气氛或氮—甲醇气氛。CARBOPROF

专用于整个渗碳过程及热处理工艺的计算与执行。即热处理过程的测量、模拟、控制、记录和文档管理；渗碳曲线的计算（扩散模拟器）和热处理工艺的程序编制。工作尺寸为 910mm×1220mm×910mm（宽×长×高）；最大一次装炉量 1500kg，可达到日产 500～700 件轴类零件的加工能力。

（3）轴类热后自动化生产线是有线式桁架机械手全自动生产线。整条线由 2 台数控外圆磨床组成。机床夹具为自动夹紧式快换结构的弹性夹具。有线式桁架机械手实现全自动上下料，可加工包括副轴在内的三种不同类型的轴类零件。自动化生产线全长 15m，加工节拍为 5 件/分钟，可达到日产 240 件的加工能力。

2. 主要技术参数及先进性

（1）高端智能自动化生产线的主要技术参数及先进性。

1）名称：　　　　　无线式桁架机械手
用途：　　　　　　轴类工件的运送与传输
运行速度：　　　　X 轴 200m/min
　　　　　　　　　Y，Z 轴 150m/min
电力供应：　　　　380±10%
控制电源：　　　　AC220V，DC24V
气压：　　　　　　0.4MPa（4kg/mm^2）
电气控制系统：　　MITSUBISHI
伺服系统：　　　　MITSUBISHI
驱动方式：　　　　齿轮+线性齿条

2）先进性。

本装置为无线式桁架式机械手，其信号传输采用了全新概念的无线通信技术，技术的优点如下：利用一部桁车（机械手移送单元），实现对各式加工设备之间的加工零件传输。比起传统的有线式机械手，在运行速度上具有相当大的优势，其横向运行速度最高可达 200m/min。无需更换电缆，保全性提升。

传统的有线式机械手所采用的是电缆通过电缆拖链连接到桁车，进而实现对桁车的信号传输及电力供应；因被电缆拖链所包覆的电缆在随着桁车移动而不断地与电缆拖链进行摩擦、刮碰并扭曲，随着时间的推移，电缆的（动力电缆及信号传输电缆）损坏程度是惊人的，严重时甚至会导致电缆内芯外露，导致漏电等事故发生；所以，通常平均每半年到 1 年就要对发生磨损的电缆进行更换；并且在更换电缆的过程中，因需要停止生产线进行更换作业，所以对于用户来说，因停产而造成的生产产量的损失无法估量；另外，电缆的更换费用对于用户来说，也是一笔不小的开支。而无线式机械手因采用的是无线式信号传输及电刷取电方式，上述的情况则不可能发生。在使用一条桁架并且一部桁车的前提下，生产线横向最大的架设长度可达到 300m，这一点是有线式机械手望尘莫及的。根据生产线的实际情况，灵活搭配桁车的数量，实现同桁架上配置多部桁车，提高生产效率。生产线改造容易，即便针对已经投产的生产线，日后也可根据实际情况，任意增减桁车的数量。布线简化，提高维修性。桁车的电力供给及信号传输为非电缆方式，节约电能。

换产容易：只需更换桁车机械手的夹爪，便可轻松实现换产，提高生产效率。

采用小型高效率空气压缩机（嵌入在桁车上），实现驱动机械手夹爪的动力源（空压）自给自足，而不需要依托工厂的气源；即便在工厂的气源供应中断或生产线周边无气源的情况下，也可轻松实现工件运送．

全面的安全防护体系：从保护人身安全的角度出发，在生产线上采用了大量的防护机构，将生产线所有的机械运动区域严密的包围，防止事故发生，例如上部的工件集油防掉落防护板，侧面安全防护网，保全用安全梯及安全护栏等。

配置了大量的安全防护电气装置及措施，例如安全梯上的安全插销，保全用自动门，所有动作装置的到位传感器等。

（2）生产线中选用数控滚齿机是一种典型的、加工中等模数（最大加工模数为 M8）的六轴数控滚齿机。滚齿机有 X、Y、Z 直线数控轴和 A、B、C 3 个回转数控轴。数控轴可实现六轴四联动功能，即实现 X、Z、C、B 或 X、Y、Z、C、B 等 4 轴以上的联动，加工效率大大提高。采用电子齿轮箱控制机床的动作。机床工作台采用 KASHIFUJI 独特的、专利保护的双蜗杆的齿轮付，在滚齿机使用的终身寿命中，保护工作台精度如初，并且终身免维护，用户无需调整，并满足重载切削的要求。零件加工精度，可达到 ISO 5 级（相当于 DIN 5 级）；机床各数控轴配置带绝对编码器的电机，分辨率为 0.001mm/1 脉冲。滚刀刀架采用无间隙的结构，传动平稳。机床的床身、立柱采用双壁式结构，内部的隔筋采用有限元法合理布置，以致机床的刚性强。机床上设有最新的去毛刺结构，使得工件在一次装夹，加工两节齿轮过程中，都能进行端面去毛刺。机床上还配备有自动对齿装置，使得机床在加工两种不同齿数的齿轮时，能够保证两个齿轮上有一齿中心在同一相位上。满足齿轮箱中的特殊要求。机床配置液压旋转双工作台及环形上下料装置，便于机械手自动上下料。

（3）自动化线选用两台数控车床刚性好、加工精度高、加工稳定性强，主轴夹具采用最先进的端面驱动装置，一次装夹即能完成全部车削工序。机床配置液压中心架和零件托架，便于自动上下料。

（4）自动化线选用数控插齿机是以刀架摆动实现让刀运动、立柱移动做径向进给、立柱部件左右偏移实行斜向让刀的纵向布局四轴三联动数控插齿机。本机床径向进给采用高精度、高刚性的滚动导轨，导向精度高，能满足高精度的重复定位要求。传动链短、运转平稳、刚性好、生产率高、噪音低、功能全、适应性广、操作调整以及机床维护极为方便。机床配有全自动送料机构，液压旋转双工作台，与机械手配合实现无人操作，插内花键加工效率比普通插齿机提高近30%。

（5）自动线选用自动倒角机。机床配置全自动液压送料机构，能够与自动上下料装置配合实现全自动循环控制，可同时实现齿廓倒棱和端面刮削去毛刺的功能。

（6）自动化线选用两台五轴数控剃齿机，最新开发的一种全功能数控剃齿机，机床采用了全新的加工原理，先进的控制技术，整机刚性好，加工精度高，操作调整非常方便。剃后精度可达GB/T10095-2001级以上，表面粗糙度低于Ra0.8。机床采用环形自动送料机构，便于自动上下料。

（7）数控外圆磨床采用国内最先进的自动控制系统、马波斯量仪、液压自动夹紧装置，实现无人自动操作，加工效率显著提高。

（8）轴类热处理生产线主要性能指标及先进性。

1）用途：轴类工件的调质、氮化和渗碳淬火。

2）设备性能指标。

渗碳炉工作温度范围：　　750～1000℃

碳势控制精度：　　　　　±0.05%C

氮化炉内检测范围：　　　0～100% VH_2；氮化炉内检测精度：绝对误差＜1% VH_2

控温精度：　　　　　　　±1℃

工作区的温度均匀性：　　箱式多用炉：±5℃；回火炉：±5℃

淬火油槽：　　　　　　　10℃；氮化炉：±5℃

3）先进性。

采用密封淬火炉，渗碳淬火采用鼠笼式电加热元件，带辐射管加热方式，工艺气氛为氮气＋甲醇＋丙烷或易普森超级渗碳，通入氨气可进行碳氮共渗。在可控保护气氛下进行各种热处理。

采用自动化控制，工件装入炉内后，所选定的程序会自动启动。彩色监视器会以图形的形式显示出碳从表面向目标层深的扩散，同时也显示层深、炉温及碳势的设定值和实际值。此外，所有的相关参数如温度、氧探头信号、碳势、程序段状态、时间及故障都会以数字的形式显示出来。在加热室的工艺过程完成后，工件会被自动地传送到淬火室。

炉内气氛测量控制系统。对整个热处理过程实施测量、模拟、控制、记录和文档管理；包括渗碳曲线的计算（扩散模拟器）；热处理工艺的程序编制，温度、碳势、时间或目标渗层深度的百分数，以及冷却参数。可用一氧化碳红外分析仪测定炉气中一氧化碳含量。进行辅助控制，加强气氛控制的稳定性。

气氛精密控制氮化炉为带罐预抽真空氮化炉，安装占地较小，维修简单。热处理过程开始，一直到卸料整个工艺过程将全自动运行。该生产线采用"Nitro-Prof"可控气氛氮化气氛测量和控制系统，在惰性气体下进行氮化、氮碳共渗等处理，工艺过程、产品质量稳定。带真空清洁使热处理后的工件出炉时表面清洁。采用内循环强制气冷和外部冷却，大大缩短了工艺时间。

单工位喷淋碳氢清洗机采用纯净的环保碳氢有机溶剂，对金属加工油有极佳的溶解性，拥有卓越的清洗力及干燥性，可保证氮化零件热前清洁的要求。碳氢有机溶剂通过再生蒸馏回收机的蒸汽冷却回收系统，可重复利用，碳氢化合物的加热工程在真空中以热煤油间接加热的方式进行加热，设备运行安全、环保。

三、主要应用领域

无线式桁架机械手生产线目前广泛应用于机械行业中的汽车零部件的生产加工。国内许多大型的汽车生产厂家（如广汽本田、杭州发动机厂等）已经在用该自动化生产线。无线式桁架机械手生产线适用于单品种、小批量、重量相对重、加工工序长的零部件加工。采用该生产线后可以大大提高生产效率、节省劳动力，减少人工成本，废品率显著降低。

四、展望

我国工业要实现产业转型升级，其中最重要的一点就是提高制造业生产自动化水平，由劳动密集型向技术密集型转变。这种生产方式的变化，完全基于数字化制造，即在生产过程中应用更多的智能制造装备。桁架机械手是目前较为典型的一个行业，桁架机械手是在机械化、自动化生产过程中发展起来的一种新型装置，在现代生产过程中，桁架机械手被广泛运用于自动生产线中。桁架机械手虽然还不如人手那样灵活，但它具有能不断重复工作和劳动，不知疲劳，不怕危险，举重物的力量大的特点。桁架机械手可以完成许多工作，如搬物、装配、切割、喷染等，越来越广泛地得到了应用。桁架机械手是数控加工提高自动化程度的发展趋势所需。随着机械行业自动化水平的不断快速发展，劳动力资源不断稀缺、劳动强度的降低、生产效率进一步提高等因素的影响，无线桁架式机械手自动化生产线将迎来更为广阔的发展空间和更快的发展速度。

案例 33
重型汽车变速箱壳体 FMS 生产线

中国重汽集团大同齿轮有限公司

近年来,随着我国基础建设的迅速发展,国内重型车市场需求不断变化,变速箱新产品开发及批量生产周期缩短。重型汽车变速箱壳体 FMS 生产线是中国重汽集团大同齿轮有限公司于 2012 年,在牧野 MMC 系统基础上二次开发完成实施的重点项目,适合于年产量 1000 ~ 100000 件之间的中小批量生产。就机械制造业的柔性生产线而言,其基本组成部分由自动加工系统、物流系统、信息系统和软件系统四部分组成。

一、导言

中国重汽集团大同齿轮有限公司于 2011 年完成整体搬迁改造升级后，完全按照精益管理模式运营，实现了装备水平、工艺水平、质量水平、生产能力、管理水平的"五个提升"。公司引进了牧野 MMC 柔性制造系统，工艺技术部门在此技术基础上二次开发并实施了变速箱壳体 FMS 柔性制造生产线（图1）。

图1 变速箱壳体 FMS 生产线一角

二、柔性制造系统介绍

随着数控加工中心，数控镗削中心等先进加工设备的大规模应用，使得一种新的生产方式得以出现，那就是对具有多品种、小批量（特别是中小批量）都具有极强的适应性的柔性化生产方式，这类生产线被称为柔性制造线。柔性制造系统可以定义是一个由计算机集成管理和控制、能够高效地制造某一类中小批量多品种零件的自动化的制造系统。柔性生产线适合于年产量 1000～100000 件之间的中小批量生产。它是一种技术复杂、高度自动化的系统，它将微电子学、计算机和系统工程等技术有机地结合起来。就机械制造业的柔性生产线而言，其基本组成部分有自动加工系统、物流系统、信息系统和软件系统四部分组成。这种制造系统的柔性主要体现在，当其制造对象发生变化时，它可以通过适当地改变软件、工装、刀具就能够制造出所需的零件，它主要由三部分组成：多台数控加工设备、运输物流系统、相应的计算机辅助系统。同时，配备一些切屑回收、在线检测、清洗等配套设备，见图2。

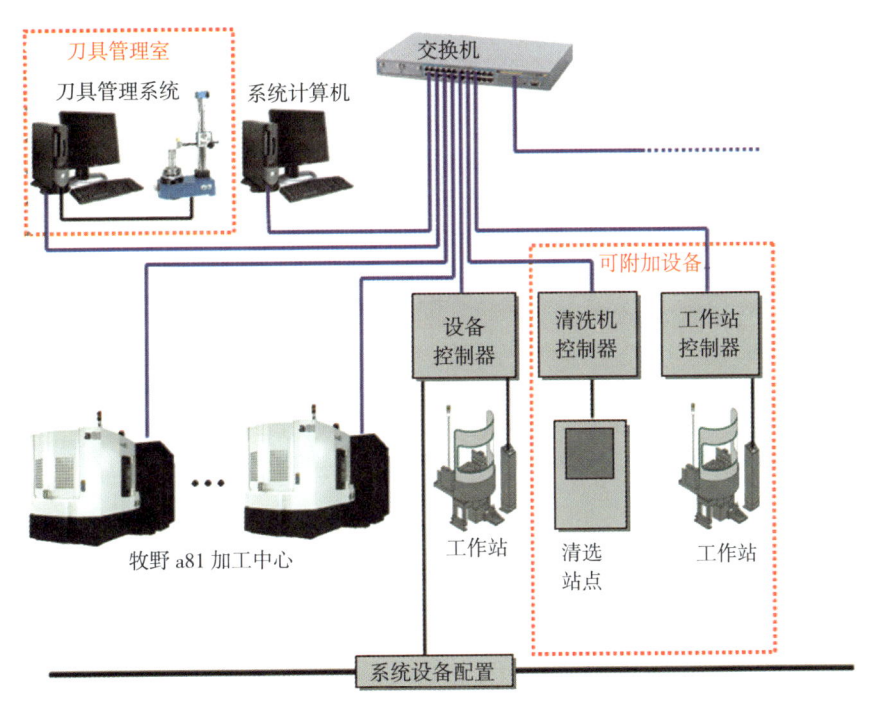

图 2　柔性制造系统设备配置示意图

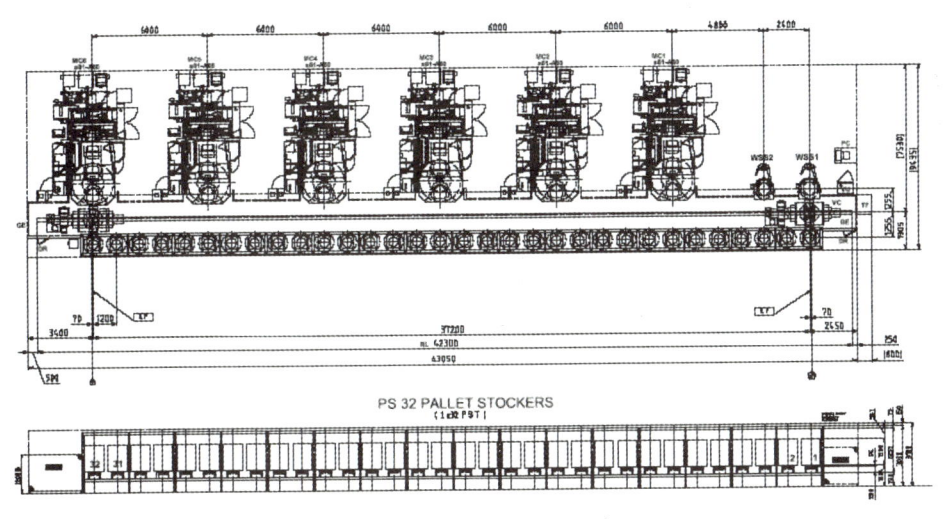

三、柔性制造平面图设计

柔性制造平面图设计见图 3。

图 3　柔性制造平面图设计

四、自动加工系统设备专项要求

采用的设备要有足够的自动加工性能,我们选用的是牧野加工中心 A81,该加工中心可以很好地支持高速切削,系统设备具备以下专项要求:①加工中心采用电主轴(带内冷);②加工中心要求采用双工位工作台(630×630);③加工中心要求配置自动稳压电源;④加工中心要具备几种相近壳体可更换品种要求;⑤根据零件要求,具备足够的刀具储备、程序储备能力;⑥加工线要符合国家环保、照明等标准;⑦数控系统配置 FANUC 系统,并能实现刀具切削的负载监控;⑧加工中心足够满足买方加工此产品的刚性和连续 24h 无故障空载运行时间保证;⑨加工中心要具有主轴冷却、运动部件可靠润滑、运动部件动态平衡、快速响应能力;⑩加工中心配置的电气系统、液压系统、润滑系统、运动系统、刀具系统等要有较高的稳定性和相应的品牌,并符合国家有关规定和标准;⑪加工中心的电气系统要适应中国电网;⑫加工中心具有先进的工艺和制造能力。

五、物流系统

物流系统由多种运输装置构成,如传送带、轨道、转盘以及机械手等,完成工件、刀具等供给与传送的系统,它是柔性生产线主要的组成部分。

工业机器人可在有限的范围内为 1~4 台机床输送和装卸工件,对于较大的工件常利用托盘自动交换装置(简称 APC)来传送,也可采用在轨道上行走的机器人,同时完成工件的传送和装卸。储存物料的方法有平面布置的托盘库,也有储存量较大的桁道式立体仓库。毛坯一般先由工人装入托盘上的夹具中,并储存在自动仓库中的特定区域内,然后由自动搬运系统根据物料管理计算机的指令送到指定的工位。固定轨道式台车和传送滚道适用于按工艺顺序排列设备的 FMS,自动引导台车搬送物料的顺序则与设备排列位置无关,具有较大灵活性,见图 4。

图 4 物流系统

六、信息系统和软件系统

信息系统是指对加工和运输过程中所需各种信息收集、处理、反馈，并通过电子计算机或其他控制装置（液压、气压装置等），对机床或运输设备实行分级控制的系统。软件系统是指保证柔性生产线用电子计算机进行有效管理的必不可少的组成部分。它包括设计、规划、生产控制和系统监督等软件。

Makino MMC A3 型单元控制软件能够帮助监控和控制实时生产。作为一种当代最先进的控制器，A3 系统不仅可以满足广泛的零件加工，同时可以提供柔性化的生产管理。基于 PC 的软件可以帮助实现产品最大的产出，同时有效监测所有多加工多功能的生产活动。A3 型系统的特色还包括 NC 程序处理，加工程序可通过 FOCAS1 高速以太网或 HSSB（选配）下载传到加工中心，所有的 NC 程序可以存储到 A3 系统的硬盘，并由 A3 系统进行管理以取得最佳的结果。它支持 Fanuc 数据服务器选项或 PC 数据服务模拟功能以执行大量的程序文件。它也有可选配的 DNC 功能，允许直接传输数据给机床控制器以实现对加工的控制。

至于刀具管理，当所需刀具不存在或已经超过它的设定寿命，A3 系统会提醒操作者，同时它也可以通过 PC 进行访问及修改。它也会提醒操作者何时自动换刀库（ATC）满库，并安排相关的工作给具有合适刀具配置的加工中心。A3 型系统还备有刀具和工件的信息文件，系统动态进度表，外部交换工作台和刀具库管理以及远程机床状况监测等功能。控制系统同时也允许对通用夹具、零件数据和生产订单进行管理。Makino A3 型 MMC 系统也具备对多任务、多品种、多工序生产及多夹具工作托盘进行管理。它配有一个内置的软件包和一个内置的 MODEM 以备常规的软件升级及技术支持和技术维护。

七、检测设备及清洗机等配套辅助设备的设计应用

对于一条加工变速箱壳体类零件的生产线来说，其正常运行除了加工工序以外，还应当包括孔径等形位公差检测、气密检测设备及清洗等内容，必须为整个变速箱箱体柔性制造线配备相应的辅助设备。根据产品的特性，对这些设备进行了选型。

1. 孔径等形位公差检测

原生产线配备了一台三坐标测量仪，可用于抽检位置度等相关技术要求内容。而孔径作为一项特殊特性，抽检频次很高，所以必须配备相应检验手段。

2. 清洗机的配置

清洗机主要由主机、水箱、输送系统、清洗系统、过滤系统、吹干系统、气路系统、排雾系统、集中润滑系统、电器系统等组成。

人工将壳体在上料区装入清洗托盘后，输送滚道自动将壳体自动送入清洗机输送带，清洗机按设定程序将零件依次送往各工作区，对零件进行水下射流清洗、固定喷淋清洗、升降扫描清洗、压缩空气吹干、热风烘干后自动到达下料区人工下料，整个清洗过程即完成。各工艺参数见表1。

表1 工艺参数表

序号	工序名称	工艺方法	温度（℃）	压力（MPa）	时间（s）
1	上件	人工	—	—	—
2	清洗	水下射流、喷淋	40～60	0.6	30
		固定喷淋	40～60	0.6	30
		升降扫描喷淋	40～60	0.6	30
3	吹干	压缩空气	—	0.4～0.6	90
4	烘干	热风循环	40～80	—	180
5	下件	人工	—	—	—

3. 气密检测设备的配置

气密检测设备主要由机体机架、上料滚道装置、进料机构、封堵夹具、电控系统，气动系统，液压系统，水箱升降系统，照明系统、差压式检测仪等组成。

本设备的上、下料为人工，进料、压封、检测及出料为自动，见图5。

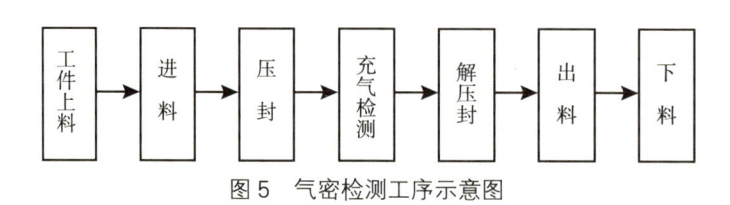

工件上料 → 进料 → 压封 → 充气检测 → 解压封 → 出料 → 下料

图5 气密检测工序示意图

八、展望

柔性生产线的发展趋势有两个方面。一方面是与计算机辅助设计和辅助制造系统相结合，利用原有产品系列的典型工艺资料，组合设计不同模块，构成各种不同形式的具有物料流和信息流的模块化柔性系统。另一方面是实现从产品决策、产品设计、生产到销售的整个生产过程自动化，特别是管理层次自动化的计算机集成制造系统。在这个大系统中，柔性生产线只是一个组成部分。市场需求变化加快，产品更新换代的频率越来越高。当前，世界上汽车行业已经从当年流行了半个世纪的美国福特公司所倡导的单一品种、大批量生产模式转到日本丰田公司的多品种、小批量的生产模式。产品换型速度的加快，要求生产设备不但效率高，而且要有良好的柔性，柔性制造系统必将得到广泛应用。

案例 34
汽车刹车盘金切数控生产线

太原第一机床厂

汽车工业是我国的支柱产业之一，具有巨大的发展空间，同时，中国又是全球最大的刹车盘生产国，全球市场需求决定了刹车盘行业的发展空间同样是巨大的。汽车刹车盘金切数控生产线由6台数控设备组成，可完成刹车盘从毛坯到成品的粗车、半精车、精车、磨花、钻孔及攻丝等全部切削加工。它是该行业老企业设备更新换代的需求，也是新企业设备采购的高起点选择，必然会有巨大的市场需求和广阔的应用前景。

一、导言

我国汽车市场发展空间巨大，随着汽车价格、居民收入和消费结构、消费信贷、消费环境的改善，特别是新产品的推出，今后 10～15 年中国将成长为全球最大的汽车市场，汽车保有量超过 1 亿辆。

与汽车行驶安全直接相关的刹车盘零件，除了新车必配外，作为易损件旧车也有大量的需求。随着社会的进步，人类安全保护意识的提高，旧车定期更换刹车盘也成为必然趋势。

同时，中国又是全球最大的刹车盘生产国，全球市场需求决定了刹车盘行业的发展空间是同样巨大的。

由此可见，汽车刹车盘金切数控生产线成套设备，是本行业老企业设备更新换代的需求，是新企业设备采购的高起点选择，必然会有巨大的市场需求和广阔的应用前景。

另外，我国汽车行业的整体利润率高于国际水平，其中轿车、汽车零配件企业的盈利能力处于行业领先水平，投资前景看好。

二、主要创新点分析

1. 目前国外的技术水平

国外的汽车刹车盘生产主要采用柔性加工单元（FMC）或柔性制造系统（FMS）。

汽车刹车盘为盘类零件。加工该类零件的工艺过程大致为粗加工两端面和内孔、精加工两端面和内孔、钻孔、清洗等。

采用柔性加工单元时，数控加工系统通常是车铣复合中心或双主轴双刀架车削中心，辅以上下料装置、自动检测装置和清洗站构成。采用柔性制造系统时，数控加工系统通常为数控双主轴（一正一反）立车和数控立式钻铣床，物流系统为传送带，机器人自动上下料、自动检测自动清洗。控制系统可对机床运行状态、刀具信息、物料系统、加工质量信息进行实时监控，保证整个系统安全可靠运行。

2. 目前国内的技术水平和生产现状

国内汽车刹车盘生产企业从 20 世纪 90 年代开始形成，当时主要使用普通机床加工。进入 20 世纪以来，随着出口批量日益增大，产品质量和价格竞争加剧，加工设备已经普遍采用通用数控车床。其生产模式大部分以单机为主，即在一台数控车床上专用卡具上活、粗精加工刹车盘的右端面和外圆，在第二台数控车床上用另一种卡具上活，粗精加工左端面。刹车盘上的安装孔采用钻模在立式钻床上完成，产品质量和生产效率急待改善。也有少数生产企业增加磨削工序，设备采用普通车床改制而成，表面粗糙度和外观质量不太理想，工作环境不好。个别企业钻孔工序采用经济型数控立式钻床加工，人工换刀，生产效率不高。

3. 项目未来发展趋势

刹车盘行业大多数为民营企业，地处人口稠密，工业基础薄弱的沿海地区，其特点是人力资源丰富，技术改造资金不足，只能随生产发展的步伐逐步积累。目前的处境是增加高档设备资金有限，但对已维持了多年的现状急待改善，迫切要求将设备组成生产流水线，实现流水作业，使生产效率和产品质量得到大幅度提高。

4. 开发研制现状

企业自 20 世纪 90 年代初，应国内最大的汽车刹车盘生产基地山东烟台地区的生产企业要求，开发出适合于该类产品的数控车床。经过近 20 年不间断的合作，对这个行业的生产特点、工艺要求有了深入的了解。2009 年企业为提高工件工作面的质量开始研制 CTK 型数控车磨专机，目前该专用机床经过用户使用、不断改进优化，现已推出第三代产品。为解决刹车盘圆周上安装孔的加工，企业开发 VMC 立式加工中心，加上已有的数控车床 NC50J，经过进一步完善工艺过程和设备布局组成刹车盘专用生产线，可以大大提高产品质量和生产效率。

5. 项目内容、开发方案及经济技术指标

（1）项目开发方案。

汽车刹车盘金切数控生产线数控成套设备由 6 台设备组成，根据该行业生产工艺的布局，生产线的设备所完成的工序如下。

1）粗车工序由 2 台 NC50J 数控车床完成。该工序对设备的要求是能够完成强力切削，对主轴结构、刀架结构、进给系统以及安全防护和环境保护有相应的要求，见图 1。

2）半精车两端面、精车其余各面工序由 2 台 CTK6150 Ⅳ 型数控车床完成。该工序对机床的自动化程度和加工精度有较高的要求，特别是轴承孔的同轴度精度要求，见图 2。

3）精车和磨花工序由 1 台 CM4036 数控车磨专机完成。该工序要求精车两端面和对两端面磨削在一次装卡后全部完成，见图 3。

4）由 1 台 VMC650 立式加工中心完成钻孔工序。该工序要求对工件上的通孔、沉孔、螺孔、沟槽等在一次装卡中完成，更换工件种类时，只需调用预先存贮在计算机中的程序即可进行加工，见图 4。

图 1　NC50J 数控车床外观

图 2　CTK6150IV 数控车床外观

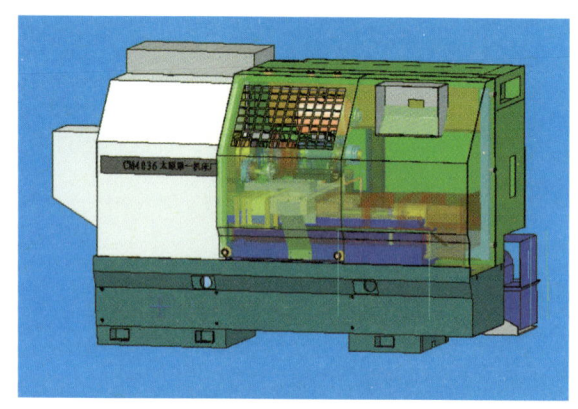

图 3　CM4036 数控车磨专机外观

图 4　VMC650 立式加工中心外观

（2）本项目关键技术。

1）为保证加工件工作端面尺寸、形状和位置公差以及表面粗糙度的要求，专门开发了数控车磨专机，其工作过程为：专用液压夹具上活，液压控制双刃复合车刀精车，精车时，双刀刃位于工作位置，对工件两端面同时进行精车，精车工序完成后，双刃复合车刀液动完成让刀动作后退回，同时双砂轮磨头进给，完成精磨工序。

2）提高 CM4036 数控车磨专机磨头、车削主轴、刀架的动态性能，提高产品的表面加工质量和生产效率。

3）立式加工中心是企业的新产品，对该类数控机床的结构特点、加工工艺和编程有待进一步在加工制造和用户服务中改进、提高。

4）由于汽车刹车盘材质为高强度铸铁，加工时粉尘较大，特别是磨削工序，用户一般均采用干磨方式（不用冷却液），产生大量粉末状颗粒，几乎无孔不入。为防止粉末对设备的损坏和对操作者的伤害，在要求安装除尘装置的同时，对机床进行全封闭防护。特别是电器控制柜，为防止铁粉进入，采用密封加空调冷却的方法代替传统的空气对流散热法。床身导轨采用感应淬火，床鞍导轨两端密封、强制定量润滑等耐磨措施。

（3）生产组织和管理。

1）铸铁毛坯、铸件毛坯和外购配套件由工厂外协处、供应处按设计要求和进度需要提供。

2）项目产品所需的自制关键零件如床身、独立主轴箱、主轴、床鞍安排在工厂相应分厂完成。钣金件全部由数控剪板机和数控转塔冲床下料，数控折弯机成形。

3）数控分厂装配，激光干涉仪检验定位精度和重复定位精度，并邀请用户带刹车盘毛坯试车。

（4）经济技术指标。

1）NC50J数控车床用于粗加工。

由于刹车盘零件毛坯采用美国SAEJ431AVG96标准，材料牌号为G3000的高强度铸铁、抗拉强度300Mpa，加之余量、硬度不均匀，要求机床有较高的抗振性能。主轴和刀架能够满足强力车削的功能，且价格低廉。其主要技术参数如下：

床身上最大工件回转直径：	500mm
滑板上最大工件回转直径：	300mm
最大加工长度：	800mm
主轴转速范围：	11～1400rpm
主轴通孔直径：	70mm
主电机功率：	7.5kW
刀架工位数：	4
刀杆尺寸：	25mm×20mm
刀架快速移动速度（X/Z）：	4/8m/min
机床重量：	2150kg

CTK6150 Ⅳ数控车床由FANUC-数控系统控制X、Z两轴移动、实现半闭环控制

主轴变速采用手动三档，档内变频调速实现无级变速，可自动完成零件圆柱面、锥面、圆弧面、端面、内孔、沟槽、倒角、公英制螺纹、锥螺纹、端面螺纹的车削加工。四工位刀架可按加工程序自动换刀并具有刀补功能。进给传动为交流伺服电机通过无背隙联轴器与滚珠丝杠直联，高精度脉冲编码器反馈。该产品使用范围较为广泛，尤其适用于半精加工和精加工。其主要参数如下：

床身上最大工件回转直径：	500mm
滑板上最大工件回转直径：	300mm
最大加工长度：	750mm
主轴转速范围：	9～265，21～630，48～1500rpm

主轴通孔直径：	81mm
主电机功率：	11kW
刀架工位数：	4
刀杆尺寸：	25mm×20mm
快速移动速度（X/Z）：	4/8（m/min）
机床重量：	2850kg

用户也可根据加工工艺要求，选用 CTK 系列中的其他品种，例如 CTK50V 型，该品种可实现自动三档，档内无级变速，各档无级变速的范围为：12～315，85～800，200～2000rpm。

2）CM4036 数控车磨专机是专门为汽车刹车盘行业开发的专用机床。

数控系统采用 FANUC—oimateTD，该产品床身导轨采用直线滚动导轨，提高导轨精度保持性。主轴采用伺服控制，伺服电机直接驱动主轴实现无级变速。工件夹紧为液压自动方式、多点自动定量间歇润滑系统保证机床各部位润滑充分。液控专用刀架和磨头可实现刹车盘工作面一次装夹后，自动完成精车和磨削工序。机床采用全封闭防护，但在结构上满足用户安装环保设备的需求。其主要技术参数如下：

床身上最大工件回转直径：	500mm
滑板上最大工件回转直径：	260mm
最大工件长度：	125mm
最大切削、磨削厚度：	40mm
最大车削、磨削直径：	400mm
主轴转速范围：	40～1200rpm
主轴电机功率：	11kW
快速移动速度（X/Z）：	4/8m/min
磨头转速：	1440rpm
磨削深度：	73mm
砂轮尺寸（$D×W×d$）：	200mm×45mm×42mm
机床重量：	3000kg

VMC650 立式加工中心可根据用户需求采用 FANUC 0i mete MD 或国产数控系统

该产品 Y 轴导轨为四导轨结构，保证了 X、Y 向进给的稳定性。立柱为"人"字形大跨度结构，重心低、接触面积大，提高了机床的动态性能。独立主轴单元、斗笠式刀库、自动定量间歇润滑泵、大容量切削液箱、高扬程冷却泵、全封闭防护，使机床性能较为完善。数字式交流伺服电机经无间隙联轴器直接驱动滚珠丝杠，可实现三轴联动。在本生产线中，该设备主要完成端面上通孔、螺孔、沟槽等加工，其主要技术参数如下：

工作台尺寸：	450mm×900mm

X轴行程：	650mm
Y轴行程：	500mm
Z轴行程：	500mm
主轴中心到立柱导轨距离：	560mm
主轴端面到工作台面距离：	110～610mm
主轴锥孔：	BT407：24
主轴转速：	60～6000rpm
快速移动速度（X、Y、Z）：	12m/min
主电机功率：	5.5kW
刀库容量：	16
机床重量：	5000kg

（5）项目的经济指标。

汽车刹车盘金切数控生产线专用设备达产后以年生产100套计算，可新增产值约1亿元，新增利税1600万元。

三、经济效益和社会效益分析

汽车工业是我国的支柱产业之一，具有巨大的发展空间。在2009年汽车装备论坛上，中国汽车工程学会装备部部长陈长年说："汽车制造的水平和质量取决于装备水平，同时汽车工业的国际竞争力也取决于装备的先进性和制造成本。""汽车装备支撑着汽车产业和机床产业的半边天。"

我厂生产的数控机床长期致力于为汽车刹车盘行业服务，收到了较好的经济效益。2009年受国际金融危机的影响，框架机床和普通车床生产分别下降了51%和42%，而数控车床却增加了12%。

四、市场风险及对策

如前所述，我国汽车行业已成为国家的支柱产业，为汽车行业服务的刹车盘行业方兴未艾，它不仅服务于国内市场，而且面向欧美市场和中东市场，不仅服务于汽车整车装配，而且服务于维修的零售市场，其发展空间之大，可想而知。对于设备供应单位来说其市场风险在于：一是不了解该行业的发展需求跟不上发展的步伐，二是脱离实际，超前追求先进水平，如价格昂贵或操作者和管理人员水平达不到。本项目的开发本着实事求是的原则，即技术上有突破，价格上略有提高，树点带面，逐步引导、逐步完善。名副其实地当好刹车盘行业的"总工艺师"。

由于汽车刹车盘属于较为典型的盘类零件，因而本生产线对同类型的产品如制动片、制动鼓、法兰盘等也都适用，只是所使用的夹具不同而已。由此可知本项目可满足汽车刹车盘行业设备更新换代的需求，对其他产品近似的行业也可作为设备采购高起点的选择。

五、展望

本项目实施后，使企业为刹车盘行业提供的产品由单一转变为成套，使其生产模式由单机向生产线发展，这种转变必然促进用户的产品质量、生产效率进一步提高，生产成本降低，而且环境得到保护。随着该生产线示范作用扩大，又将促进刹车盘行业整体的技术进步，这种社会效益的产生必将对企业经济效益的提高产生较大的推动作用。

案例 35

数字化大型风力发电机组研究

太原重工股份有限公司

本研究是通过运用UG等计算机辅助设计软件对风力发电机组进行模型建立、特性分析；运用GH-Bladed、Matlab等专业计算仿真软件对风电机组进行数字化计算仿真；通过可靠高效的控制硬件和自动控制技术对风机进行可靠自动化控制；通过远程SCADA系统对风电机组进行实时监控、信息共享、故障及时诊断及维护，从而为大型风力发电机组研究构建一个"数字化设计、数字化计算、数字化控制以及数字化管理"的一体化平台。

一、导言

风力发电由于其清洁性、投资回报快等明显优势，在近十几年获得了快速发展。风电机组是一个受工况影响较大的非线性不稳定系统，为了实现风电机组大功率、高可靠性、高效率、低成本的研究目标，在风力发电机组优化设计（包括对机组自身动态特性、暂态过程的研究）和先进控制系统的研究设计过程中，逐步地趋于数字化和智能化，通过采用一些计算机数字仿真方法建立风力发电机组的模拟系统来分析控制系统性能，这样不仅可以使风电机组实验不受气象条件的限制，加速产品研究的进程，还可以大幅度节省开发费用，提高设计水平。

二、关键技术及创新点

1. 产品设计关键技术

目前产品设计生产的关键技术难点主要有：①大型风力发电机组设计需要满足高海拔、低温度等各种工况环境，风能随机性较强，机组载荷复杂不易控，整机机电一体化设计与制造难度大；②针对不同的风能资源情况，风电机组需要进行不同的改型设计，这些往往需要进行样机验证，导致新产品开发成本高、难度大、周期长。③风电机组整机的系统集成与计算控制策略研究，加入降载策略，降低机组各工况运行载荷，设计先进的变桨和转矩控制技术，提高功率曲线，加入扇区控制技术，提高风能利用率；④整机的故障检测和远程监控，对风电机组进行实时监控，迅速反应，提高机组可利用率。

2. 解决方案

（1）大型风力发电机组数字化设计。

太原重工在自主化设计 1.5 ~ 6MW 各类风力发电机组过程中，应用了 UG、Ansys 等多种专业软件对风电机组进行数学模型建立、机组动力学特性分析、零部件有限元分析以及机组性能仿真等，在设计阶段前瞻性地实现了对产品设计、制造、运行全生命周期的定量分析。太重风电产品全部使用了三维设计，实现了风力发电机组关键零部件的三维建模、整机的大部件装配及干涉检查、液压润滑管路的优化、二维工程图的生产等。如图 1 所示，通过对风力发电机组零部件进行三维设计建模，可以很清晰地了解实体的真实形状，可进行干涉检查、虚拟装配，使设计直观化。同时，实现参数化设计，极大地减少了重复工作量，提高

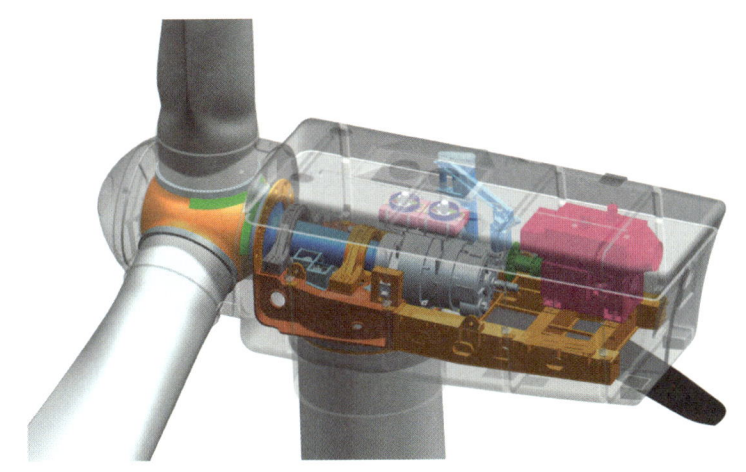

图1 TZ风力发电机组三维图

了设计效率，高效的优化零部件的结构性能，提高了设计可靠性。

（2）大型风力发电机组数字化计算。

1）GH Bladed 分析计算。在建立风电机组力学模型之后，需要在各种不同工况下对风机进行模拟仿真，计算不同工况下风力发电机组的极限载荷和疲劳载荷，为风力发电机的结构设计提供力学基础数据。

对机组进行载荷分析和工况仿真采用的是具有基于 Windows 的图形化操作界面的 GH Bladed，根据 IEC61400-1 规定，在设计计算时，必须考虑载荷惯性力和重力载荷、由振动、旋转或地震作用产生的静态和动态力、空气动力学载荷等。采用 GH Bladed 为风机建立一个离散数学模型，为了便于控制，需要将这个离散的数学模型线性化。在得到风电机组线性化模型之后，对该模型进行后处理及控制变量选择，对风机的控制策略进行优化，降低风机的极限载荷和疲劳载荷。

2）风资源分析和微观选址技术。太重在风电场设计过程中利用 Global Mapper、windographer、Meteodyn WT、Wasp 等风资源和微观选址软件进行风机地图文件的编辑，测风塔及气象站风资源数据的分析处理，风场湍流影响，年平均发电量（AEP）的计算等，进而对风资源分析和微观选址进行复核。同时可通过在 Wasp 中模型的数值计算得出各预定点位处相关数据，并进一步分析优化调整机位，降低风机运行风险，提升风场年均发电量。

（3）大型风力发电机组数字化控制。

风力发电机组所有功能都是通过主控系统的微处理器来进行控制的，该控制系统以实时多任务方式进行工作。主控系统的塔基柜与机舱柜之间通过光纤连接进行通信，主控系统的机舱柜与变桨系统由 RS485 或 Canopen 总线通过滑环进行通信。主控系统根据风况确定风轮转速、发电机转矩和叶片桨距，对变桨系统、变频器、并网系统以及辅助系统进行控制。下面以太重 3MW 风力发电机组为例介绍风电机组的数字化控制系统。

1）主控系统。风力发电机组主控系统包括控制和检测两部分，控制部分又包括手动和自动。运行维护人员可以在现场根据需要进行手动控制，自动控制应该在无人值守的条件下执行运行人员设置的控制策略，保证机组正常安全运行。

主控系统的硬件设备主要由电源模块、CPU模块、通信模块、模拟及数字式的输入输出模块、电能监测模块、安全模块、SSI总线接模块、相关传感器设备以及断路器、接触器等元器件组成。数字化控制系统的检测部分将各种传感器采集到的数据送到控制器，经过控制器处理作为控制参数或作为原始记录存储起来，可通过机组控制器的人机界面查询，同时这些数据也要被送到风电场中央控制室监控电脑系统中，通过网络或电信系统现场数据还能传输到业主所在城市的办公室。风力发电机组检测系统的传感器主要包含风传感器、温度传感器、位置传感器、转速传感器、压力传感器等，通过这些传感器来检测风速风向信号、空气或设备温度、制动压力、主轴和发电机转速、润滑油位及堵塞、叶片角度等。主控软件是由太重基于C语言开发的，源代码近19万行，编译后的可执行文件运行在倍福TwinCAT软件PLC环境下，可实现对风力发电机组的最优化控制。

风力发电机组运行在变速工作状态，其发电机具有在限制范围内满足任何转矩需求的变速驱动能力。在低风速段，主轴速度受到控制，在一定范围内通过改变发电机的转矩需求来使机组获得最大的能量捕获能力。在中风速段，运转到额定转速时，通过动态调整转矩需求使机组运行在额定转速下。在高风速段，转矩需求达到额定值，主要依靠变桨控制来调节主轴转速，电机的转矩需求在给定值附近与速度成负比例地轻微变化以保持额定发电功率。

2）变桨系统。太重风力发电机组变桨系统主要由变桨轴承、变桨驱动装置等组成。叶片通过双列四点接触的滚珠轴承连接到轮毂上，每只叶片通过独立的交流变桨驱动装置进行同步调节。交流电动机通过行星齿轮减速后带动小齿轮，通过小齿轮与变桨轴承的内齿啮合，从而驱动叶片旋转。

为让风机能够平稳高性能运行，变桨系统也运用了智能化的控制策略。在风速较低时，风机在部分负荷下工作，此时，风机在恒定的叶片桨距和可变的转速下运行，使其在最佳空气动力范围内工作，保持最佳叶尖速比以获得最大风能，同时也可保持最低限度的噪声传播。风速较高时，风机在额定功率下工作，转速控制系统和变桨距控制系统同时工作以保持风轮在恒定的输出功率下运行。利用风轮转速的变化，储存或释放部分能量，提高传动系统的柔性，使得风机上的负载大大降低，与此同时，使功率输出更加平稳，不会对电网造成冲击。

变桨系统与主控系统之间以CANOpen方式进行通信，根据通信协议需要分别建立8个TxPDO和5个RxPDO，每个PDO可包含4个16位的变量，用于接收和发送主控与变桨系统间的通信数据。根据变桨系统通信协议中提供的状态机，编写相应的主控系统变桨部分状态机，实现变桨系统在各个状态之间的跳转，如图2为变桨系统状态机总图。

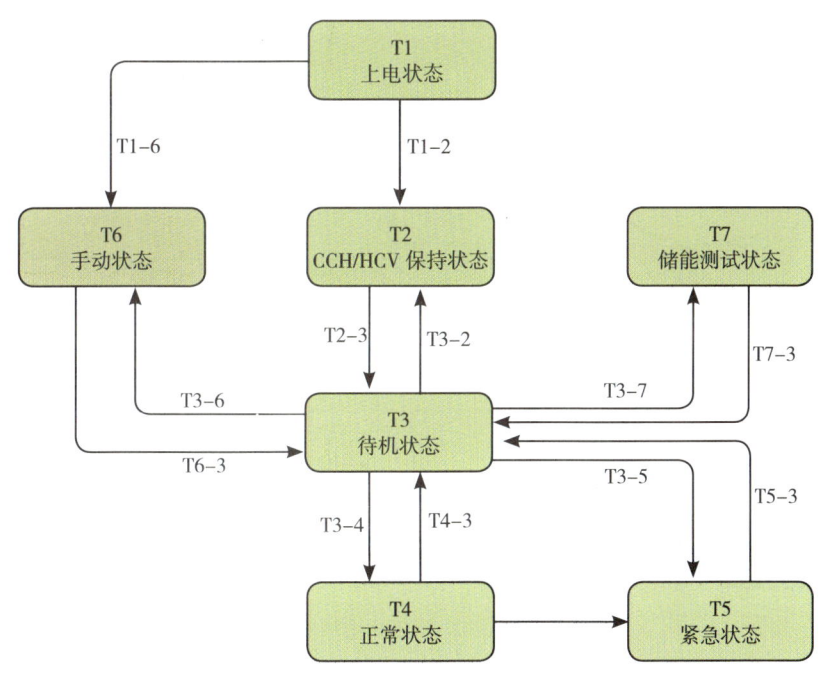

图 2　变桨系统状态机总图

（4）风电场数字化监控系统。

风电场 SCADA 系统是一个风电场各项监控、监测数据的信息共享、交换、传输的数字化平台，可以有效地对风电场各风力机状态进行监控，使得整个风场风机安全、可靠、经济地运行。

太重装备在山西神池的 3MW 风电场，共有 16 台机组，风场 SCADA 系统采用高速光纤以太网交换机组成通信网络，通信速率可达 100Mbps。

1）风场 SCADA 系统的通信结构。根据神池 3MW 风电场风电机组的地理分布，神池风电场 SCADA 系统采用环形网络结构，该网络结构具有强大的冗余能力，当一条通信线路遇到故障时，能够在 20ms 的时间内迅速切换到另一条通信线路，从而保证整个风场通信的安全、稳定和可靠。如图 3 所示为 SCADA 系统环形通信网络结构图。

2）数字化监控系统软件。太重 3MW 风电场 SCADA 系统软件是一款功能强大的 SCADA 软件。该软件采用实时工业数据库作为数据服务器，监控界面友好，可操作性强，系统数据存储容量大，计算分析速度快，能实时、准确、有效地完成对风电场风力发电机组的安全监控。其主要功能包括：实时数据采集及处理功能、画面显示功能、统计记录及打印功能、安全运行监视及事件报警功能、控制操作功能、GPS 时钟同步功能、通信功能、运行管理功能、WEB 监控及信息管理功能、软件防误闭锁功能、故障录波与分析功能等，并可以根据业主的具体要求开发特殊的服务功能。

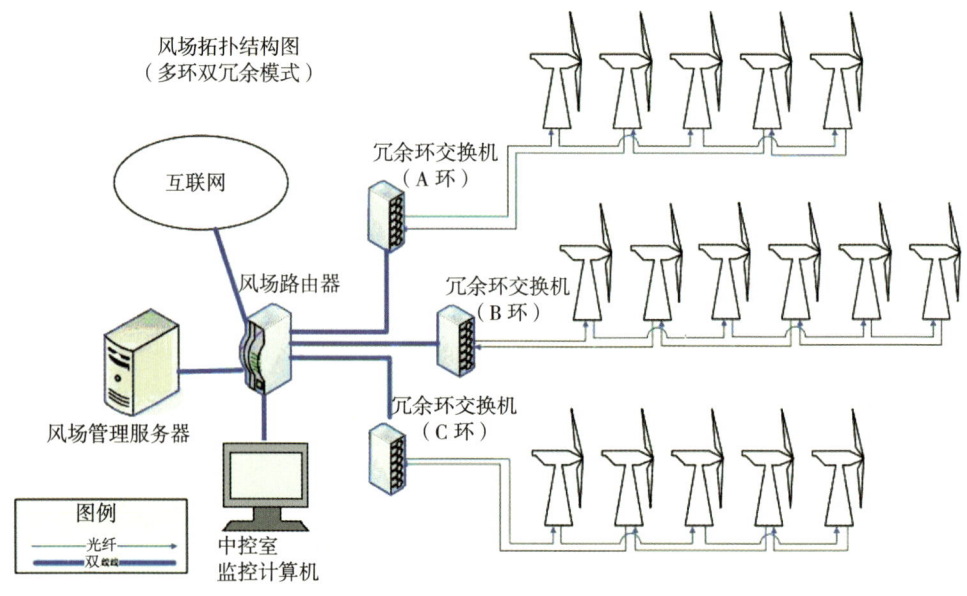

图 3 SCADA 系统环形通信网络结构

三、主要成果

通过自主研发数字化大型风力发电机组,掌握了风力发电机组的关键技术,具备完全独立自主知识产权。通过该项目的实施,申请《一种风力发电机组的增速齿轮箱》《变桨系统试验装置》等 26 项专利,已获授权国家专利 21 项,其中授权发明专利 3 项。发表《风力发电机组的载荷特征及计算》《风力发电机组变桨控制系统的角度标定》等风电专业论文二十余篇。这些专利和论文的完成扩大了的影响,有效提升和保护了知识产权。

四、展望

数字化大型风力发电机组多种机型已实现批量供货以及风场并网发电,风机运行稳定,各项指标达到了设计要求和国内外同类产品先进水平,显示了山西省在大功率风电机组研发、设计、制造及调试的能力。

山西省具有整机及各关键部件的专业设计、制造、装配、检验和试验能力,具有研发大型风电设备的自然优势和良好条件。建设了完成多个风电生产基地,提升了产品生产制造能力。预期"十二五"末山西省风电主机配套产能将达到 75 万 kW,可保证 500 台整机、1500 根主轴、1000 台增速齿轮箱的配套生产和按期交货能力,实现产值 50 亿元。

案例 36

高效高压永磁同步电动机

山西北方机械制造有限公司

工业是国民经济命脉，电机作为驱动器对其发展提供了强有力的动力保障。基于国家绿色、低碳发展政策的持续推进，高效高压永磁同步电动机应运而生，随着其推广行业的不断拓展以及国家相关部委推荐力度的持续加大，激发了企业提质扩能的源动力，通过创新科研开发技术、优化工艺生产流程，实现了由设计到产出的数字化、自动化、网络化、智能化，为树品牌、创精品、增强竞争力奠定了基础。

一、导言

电能是最主要的二次能源，也是最重要的节能对象。电机系统节能既是电动机行业面临的严峻课题，又是电动机行业发展的新机遇。

电机系统包括电动机、拖动装置、传动控制系统及管网负荷。电机系统用电量约占全国用电量的 60%，其中风机、泵类、压缩机和空调制冷机的用电量分别占全国用电量的 10.4%、20.9%、9.4% 和 6%。

电动机作为基础动力设备，随着工业现代化的不断加快，保持了稳定快速的增长势头。目前，我国工业领域中 80% 以上的电动机产品，效率比国外先进水平低 2%～5%，电机系统效率比国外先进水平低 10%～20%，存在严重浪费电能的现象。多项推动政策和产业规划的落实以及电机能效提升计划的深度实施，将不断促进我国在提高电机系统效率、加强系统节能管理等方面加快推进步伐。

高效高压永磁同步电动机在其起动转矩大、对负载变化反应灵敏等特点基础上减少了定子运行电流和定子电阻损耗（图1），而且在稳定运行时没有转子电阻损耗，从而使其效率比同容量感应电动机提高 2%～7%，功率因数提高 15% 左右，更重要的是由于高效高压永磁同步电动机经济运行范围宽，在轻载运行时仍能保持较高的效率和功率因数，是一款高效节能的好产品，借助"数控一代"发展契机，通过流程优化、效能提升能更好地服务工业发展，其研发和推广意义重大。

图1 高效高压永磁同步电动机

二、主要创新点分析

1. 国内外同类产品的现状描述及分析

（1）国内外高效高压电动机技术现状及发展趋势。

高压电动机主要是指电压等级 6kV 和 10kV，少量为 3kV，包含 Y、YKK、YKS 等系列产品。高效高压三相异步电动机是在已有高压电机系列产品的基础上，通过对电机各项损耗降低技术的深入研究，将原电机总损耗降低20%以上，从而达到提高效率的目的。

按照国家《节能产品惠民工程高效电机推广实施细则》的有关规定，我国交流高压高效电动机的界定范围为：额定功率355～25000kW，额定电压6kV、10kV，极数范围2P、4P、6P、8P、10P、12P、16P，效率指标≥94%。

20世纪90年代以前，高压高效电动机关键技术掌握于欧美大中型电机制造企业，1988年原机械部电工局为了提高我国大型发电机组辅机配套电动机的技术水平，组织全国主要中型电机制造企业从美国西屋公司及瑞士BBC（现ABB）公司引进了大中型交流电动机设计制造技术，开展了中型高压电机国产化联合设计工作，通过技术攻关，完成了中型高压新系列电机的开发，缩小了该产品与国外同类产品水平的差距。

随着全球经济一体化进程的不断加快和电机产业的国际转移，中国已经成为世界电机的生产制造基地，多家国际知名电机制造商如ABB、GE、SIEMENS、GAMESA等均在中国设立了制造中心。在国际电机企业纷纷进入国内市场的情况下，为应对全球化格局下的市场竞争，国内电机制造企业的发展方向逐步由"注重大而全"向"注重产品的设计、研发和总装，部件生产外包"转变。

但就总体而言，由于国内制造业基础相对薄弱，国内高压电动机行业与国际公司相比在核心技术领域，长期以来仍然存在技术瓶颈无法突破，与国际先进技术相比差距还很大。如：国际上高压同步电动机领域技术领先的瑞典ABB公司在感应电动机基础上研发出了超高压（VHV）交流同步电动机，可工作在20～70kV输入电压范围内，功率超过了100MW，国内在该研发领域还是一片空白。

（2）国内外高效高压永磁同步电动机技术现状。

当前，随着永磁材料研发技术的不断突破，永磁电动机轻型化、高性能化、高效节能的特点也得到有效、持续、全面的应用。

高效节能方面，稀土永磁电动机系统平均节电率在10%以上，专用稀土永磁电动机的系统节电率达15%～20%。美国GE公司研制的钕铁硼永磁启动电机与老式串激直流启动电机相比，系统效率提高了45%，在风机、水泵、压缩机上采用永磁电机及变频调速技术后系统节电率可达到30%以上。

轻型化方面，国外在电力推进系统中普遍采用永磁电机作为系统的推进电机。尤其是在舰船电力推进领域，西门子、ABB、Alstom等都已形成产业规模，德国西门子已制成由6相变频电源供电、1095kW、230r/min的稀土永磁同步电动机，另外1760kW永磁同步推进电机已完成了U-212潜艇的试装试用，俄罗斯3500kW的大功率稀土永磁同步电动机也已试制成功，相较于原动力推进设备电动机的体积和重量都有明显降低。

高性能方面，数控机床用稀土永磁伺服电机调速比高达1∶10000，稀土永磁电机可以实现精密控制驱动，转速控制精度可达到0.1‰。

（3）国内外高效高压永磁同步电动机技术发展趋势。

1）向更高效节能和高性能方向发展。

现代化装备在能源紧张局势愈演愈烈的情况下，向电机行业提出更高效、更高性能的要求，如军事装备要求提供各种高性能动力机构、自动化系统及执行部件，高科技大型装备要求提供高调速比、高精度、大型化永磁同步电动机等。

2）向专用电机方向发展。

电机驱动的负载千变万化，如全部采用通用型电动机，在某些情况下，技术和经济指标很不合理。因此国外大力发展专用电机，专用电机约占总产量的80%，通用电机占20%，而我国恰恰相反，国内高压永磁专用电机发展空间很大。

3）向轻型化方向发展。

航空航天产品、海洋装备等机电一体化产品都对电机提出体积小、重量轻的严格要求。永磁电动机具有体积小、节能、控制性能好又容易取消齿轮减速装置做到低速直接驱动，可通过频率变化进行调速，在许多场合都能得以开发应用。

国际方面，高压永磁电动机在现有技术基础上正朝着大功率化（高转速、高转矩）、高功能化和轻型化的纵深方向发展。量产机型单台容量已超过5000kW，最高转速已超过300000r/min。目前研制的永磁同步电动机最大功率为14MW，转速150r/min，用于Siemens公司和Schotel公司联合生产的SSP吊舱式电力推进系统。

国内高效高压永磁同步电动机理论研究源于院校和科研院所，但研发基础和能力还相对薄弱，关键技术的突破还有待进一步提高，因此需在技术深层次研究加强横向联合、加大资金和设备投入。

2. 市场需求分析及产品研发、生产过程中存在的问题与难点

（1）市场需求分析。

在完成200~1250kW产品系列化的同时，北方机械公司对市场做了进一步深入研究，组织相关人员对新疆地区水泥、矿山、燃煤发电、化工、钢铁、石化以及太原钢铁、包头钢铁、长治钢铁、唐山钢铁、大唐张家口电厂、华能包头第二热电厂、华能包头第三热电厂、漳电塔山电厂、漳电同华电厂、华电东华热电厂、齐鲁石化电厂、太原自来水、阳泉自来水、石家庄自来水、中煤集团平朔煤矿、山水水泥集团等22家企业进行了高压电动机应用市场调研，根据统计数据，以上企业在用高压电动机总计3856台，其中配套水泵1119台、风机767台、磨煤机266台、皮带机和空压机等其他设备1704台。

（2）产品研发过程遇到的问题与难点。

永磁同步电动机通电运行区别于异步电动机，在异步启动基础上增加了迁入同步过程，因此，设计的合理性直接影响电动机能否正常启动、运转。

为达到较好的启动和运行稳定性，设计之初紧紧围绕抑制谐波、降低温升、减缓冲击、提升带载能力、控制平衡精度、降低振动噪声、增强结构稳定性、降低损耗等方面展开相关研究工作。实施过程随着研发工作的持续深入，设计参数由经验取值、简单分析逐步过渡到了系统分析、依据计算结果进行设计以及应用试验数据进行设计修正。

（3）产品生产过程中遇到的问题与难点。

公司现有生产条件与国内外先进制造企业相比，全员劳动生产率还较低，基于设备、人员和制造工艺，针对优化工艺、缩短流程、提高品质等方面的创新举措还需通过不断增加数控设备，全方位培养编程操作人员，引入数控、网络优化产品工艺来挖潜，受经济形势影响，公司存在一定的资金缺口，设备更新换代步伐较为缓慢。

3. 解决方案

好产品源于严格的过程管理，针对遇到的问题，要求公司必须严抓产品实现的各个环节，在产品设计阶段重点对以下方面进行了严格控制。

（1）齿谐波、高次谐波抑制方面。

根据电机学理论及电机设计手册确定定子槽口宽、定子槽数等基本参数，以槽口宽为依据确定电机最小气隙 σ，即：四极电机最小气隙设定为 0.46～0.56 倍 σ，六极电机最小气隙设定为 0.48～0.59 倍 σ，八极电机最小气隙设定为 0.56～0.67 倍 σ。同时以槽数确定最大气隙与最小气隙的比值，即：48～52 槽最大气隙与最小气隙的比值 1.45～1.65，52～60 槽最大气隙与最小气隙的比值 1.47～1.7，60～72 槽最大气隙与最小气隙的比值 1.48～1.8，72～90 槽最大气隙与最小气隙的比值 1.5～2.0。通过数据分析并精确对应具体机型槽内绕组参数，采用积数分解法获取各型号较为光滑的气隙磁密波形，从而实现了对齿谐波、高次谐波分量的抑制，有效降低了电机运行时谐波分量引起的转子温度变化，降低了电机运行温度区间，提高了电机运行效率。

（2）温升控制方面。

该产品转子为实心结构，相对于同功率异步电动机来说，风道形式、风路和风流向发生了较大变化，定转子热量交换问题必须解决，因此，在异步电动机风路基础上对其进行了气隙参数调整和风扇重新设计，样机实验数据表明，相对于异步电机该样机大幅降低了空载运行参数，尤其是空载电流降幅超过了 50%，使得试验结果由当初温升幅值高而且达不到稳定限定要求变为稳定运行不超过 45K（行业规定 ≤ 80K）。这样还延长了定子绝缘使用寿命，降低了电动机故障风险。

（3）发电制动转矩控制方面。

经过电磁仿真和样机试验等过程数据对照，结合电磁转矩，分析得出增大电机转子铜质启动笼伸出段长度，并采用精炼铜来提高启动笼电导率以及选择高磁感应强度、高矫顽力磁钢等措施可以降低启动电流倍数和转子表面铁心磁通量，从而达到有效控制发电制动转矩的目的，提高了电机启动能力。

（4）结构稳定性方面。

通过转子动平衡试验数据和整机空载、负载运行数据以及电机壳体静态、动态受力分析发现，设计之初采用的异步电动机定子壳体选用钢板壁厚较薄，焊接后结构强度不足、整体稳定性较差；加之永磁同步电动机启动转矩倍数比异步电动机大，启动时间较短，加速度较大，对壳体稳定性要求较高，所以采用了增加壳体壁厚、加装轴向联接管件的措施来加强焊接壳体强度，重新设计后通电试验时振动幅值比原有测试结果降低了40%，超过了电机行业转子平衡精度标准要求，实施效果明显。

（5）损耗降低、提高效率方面。

根据电机学理论及电机设计手册确定定子槽口宽、定子槽数等基本参数，并以此为依据合理设计磁钢大小并确定其放置位置，设计师规定基波磁密满足以下条件：四极电机基波磁密0.65～0.8T，六极电机基波磁密0.75～1.0T，八极电机基波磁密0.9～1.1T，通过合理选择并采用逼近法进行计算，从而达到电机降低启动电流、控制起动转矩倍数、提高运行效率的目的。

好的设计并不能保证产品具有好的品质，因此结合公司执行的ISO9001-2008质量管理体系要求，针对高效高压永磁同步电动机实现过程的特殊性，制定了详细的工艺路线及严格的控制指标加以实施。

4. 实施结果

目前，国内大量使用的电动机系统实际运行效率只有60%～80%，能源浪费严重，支柱型企业要完成节能减排任务还面临诸多压力。因此，高效高压永磁同步电动机的成功研制和广泛应用，对国家绿色发展而言具有深远意义。

以公司生产的TYCKK4006-6（6kV 315kW）高效高压永磁同步电动机在包头第二热电厂磨煤机系统换装使用为例，平均运行电流由23A降到15.5A，降幅为32.6%，有功节电率为16.36%，综合节电率为20.52%（经过无功功率折算后计算所得），若发电厂主机满负荷运行按5500h、辅机运行按7500h计算，每年使用该电动机实际综合电能消耗降低约26.92万kWh，若电价按照0.5元/千瓦时计算，每年可节约电费13.46万元，节约的电费可在不到两年的时间内收回购置成本，投资回报周期短，经济效益显著。

另外，由于高效高压永磁同步电动机具有较高的功率因数和相对低的运行电流，可以减少路损和变损，降低变压器扩容等额外消耗，同样以上述电动机为例，取平均运行电流进行计算，根据系统功率损耗与电流平方成正比的关系，可以测算出换装后系统线路功率消耗降幅超过45%，又可以有效减少企业在输变电设备、设施方面的投入，间接为企业带来经济效益。

三、主要成果

公司通过对永磁电机理论的深入研究结合样机多种试验形式和对应数据的分析总结，在整机结构优化、降低损耗、通风散热及外观设计等方面取得了重大技术突破，制定了技术标准，形成多项14项专利、发表了5篇论文，同时基于科技贡献荣获了省部级、地市级和国防系统科技表彰。

公司编制的《TYC、TYCKK系列（IP23、IP44、IP54）高效高压永磁同步电动机技术条件（机座号355～500）》《TYCB系列高效高压隔爆型永磁同步电动机技术条件（机座号355～500）》完成了山西省质量技术监督局技术备案。

公司编制并申报的《TYC系列（IP23）高效高压永磁同步电动机技术条件（机座号355～630）》《TYCKK系列（IP44、IP54）高效高压永磁同步电动机技术条件（机座号355～630）》经同行业征询意见调整后已于2014年11月通过了电机联盟标准审查。

四、当前存在的问题

受国内宏观经济走势和工矿企业改制影响，短期内需求市场下行压力较大，同时受关键原材料价格居高不下和工矿企业电机配套单元传统采供思维影响，目标市场出现了有价无市的窘迫局面，严重影响了产品占领市场的推进步伐。

好产品靠优良品质和完善服务来共同保障，这就要求企业必须在积蓄期通过"数控一代"在产品制造过程的扎根落实，持续优化产品实现过程，提升产品质量、降低制造成本，在订单发展期稳扎稳打以提升性价比来赢得客户。

五、展望

本项目突破了高压永磁同步电动机数字化设计，自动化加工制造、装配工艺等技术瓶颈，开发出了具有自主知识产权的高效高压永磁同步电动机产品。建成了数字化自动生产线、智能试验站，提高了高压永磁同步电动机工艺装备水平，推进了永磁电动机向数字化、节能高效方向发展。随着市场占有率的提升可实现工业领域由传统电动机向永磁同步电动机的升级换代，对电机行业技术进步具有重要的推动作用，并可为我国降低化学需氧量、碳排放量提供基础支持。

案例 37

LED 背光源模组智能生产设备

太原风华信息装备股份有限公司

LED背光源模组智能生产设备是LED背光源模组生产线上的关键自动化组线设备之一，采用集成创新技术，首次将上料、剥膜、定位、叠合等工艺系统智能连线，根据下扩散、下增光、上增光、上扩散、遮光等五种膜片的光学作用和物理性质，采用不同叠合工艺依次精确叠放到装有导光板的胶框内，完成背光单元的组装。该项目产品应用领域针对性强，行业需求量大，市场推广前景良好。

一、导言

　　本项目产品是 LED 背光源模组生产线上的关键自动化组线设备之一，应用于主流尺寸 7″及 7″以内背光源模组叠片生产，自动完成 LED 背光单元制作，将下扩散膜、下增光膜、上增光膜、上扩散膜、遮光膜等 5 种不同功能的薄膜精准地叠放到组装好 LED 背光源模组塑胶架中，完全替代传统人工生产，达到智能组线生产要求，是提高智能终端产品高效生产和高品质生产的重要途径。该产品具有多项技术创新，一是采用多孔型对称分割转盘结构，提高叠合精度，实现包括 8 个工序完整叠合工艺流程的工位转换和高精度定位。二是采用"米式"中心定位可调节装夹具，提高设备的柔性加工能力和生产效率。三是采用集自动送收料和双向剥膜于一体的同步动作机构，保证出料稳定可靠，缩短膜片的等待时间。四是采用集成化智能控制系统，信息处理能力强、实时调整方便，人机交互界面更加优化。

二、主要创新点分析

1. 国内外同类产品的现状描述及分析

　　近年来背光源产业伴随着平板显示器特别是液晶显示器的发展逐步形成了规模。随着国内基本建设规模不断扩大和国民经济的持续发展，我国也一跃成为了背光源的第一大生产基地，在科技研究和技术创新等方面的能力也逐步提高。

　　但就制造业来讲，我国与发达国家之间还存在着很大的差距，我国的企业总体规模小，工艺技术落后，技术创新能力薄弱，新兴产业先进制造设备自主配套能力差。作为 LED 背光源产业链中的自动化生产设备 BLU 叠片机，也多为国外进口。而近年来，我国的高新科技产业逐渐成为国际设备制造商关注的焦点，外资的进入，进一步加剧了市场的竞争程度。

　　虽然目前市场上存在多种类型的叠片设备，但是主要以韩国 YUWONTECH 公司和日本 JUKI 公司的叠片设备为主。日本 JUKI 公司的叠片设备适应产品尺寸较广，模具数量较多。韩国 YUWONTECH 公司叠片设备生产效率稍高，加工周期比较短。总之各有优缺点，但总体上模具数量有限，加工周期长，维修和调试困难，而且最主要的是造价非常高。虽然当前国内有一批新兴的企业单位，正从事这方面相关的研究工作，但由于对仪器设备，工艺技术要求高，费用大，很少或缺乏独立自主的研究和应用创新，在自动化、高性能、高可靠等方面和国外相比还有不小差距，以至进口装备的价格仍较国产同类要高 1~2 倍。因此面对激烈的市场竞争，高效率、高可靠、低价格的背光源叠片设备是市场需求方向。

2. 市场需求分析及产品（或生产过程中）存在的问题与难点

随着 LCD 市场的迅速发展，特别是手机、显示器和电视机市场总需求量成倍的增长，极大地刺激了 LED 背光源的研究与开发。LCD 为非发光性的显示装置，须要借助背光源才能达到显示的功能。背光源性能的好坏直接影响 LCD 显像质量，所以是 LCD 模块中相当重要的零组件。

在 LCD 面板规模高速增长的同时，背光模组在面板成本与制造过程中所占的份额与地位将日益凸显。而且随着 LCD 模组不断向更亮、更轻、更薄方向发展，高精细、大尺寸的 LCD，必须有高性能的背光技术与之配合，因此当 LCD 产业努力开拓新应用领域的同时，背光技术的高性能化（如高亮度化、低成本化、低耗电化、轻薄化等）亦扮演着幕后功臣的角色。

然而目前在背光源生产工艺中，国内大多数背光厂商采用手工生产进行膜片的贴覆，使用自动化设备生产的还较少。这主要是由于膜片品种繁多，膜片的贴覆工艺精确度要求高。膜片的贴覆工作是最耗费人力和时间的，也是最难控制其质量的。

本项目产品针对 LED 背光源模组叠片生产的自动化，根据下扩散、下增光、上增光、上扩散、遮光等五种膜片的光学作用和物理性质，采用不同叠合工艺依次准确叠放到装有导光板的胶框内，完成背光单元的组装。

该项目产品应用领域针对性强，行业需求量大，市场推广前景良好。

3. 解决方案

（1）工艺流程。

基于背光源生产过程中严格的工艺技术要求，综合考虑多方面因素后，确定了本项目的生产工艺流程：将塑胶架放入转台模具—转台电机旋转 45°／塑胶架移至除尘工位—除尘—转台电机旋转 45°／塑胶架移至工位 1—下扩散膜叠合—转台电机旋转 45°／塑胶架移到工位 2—下增光膜叠合—转台电机旋转 45°／塑胶架移至工位 3—上增光膜叠合—转台电机旋转 45°／塑胶架到工位 4—上扩散膜叠合—转台电机旋转 45°／塑胶架移至工位 5—遮光膜叠合—转台电机旋转 45°／背光单元移至下料口—下料传送带将背光单元送出。

针对设备的功能和技术指标，在研发过程中将整机分为机械系统和控制系统两个部分。

在设计机械系统时，将设备机械部分主要分解成转盘部件、下料部件、传送皮带、送料部件、定位部件、移载部件、除尘部件以及一个上机架和一个下机架等部分。图 1 为设备的机械系统结构图。

设备的控制系统分为应用层、系统层和设备层，其结构见图 2。

应用层包含应用平台上的各类功能模块，其中比较重要的是人－机交互模块、逻辑控制

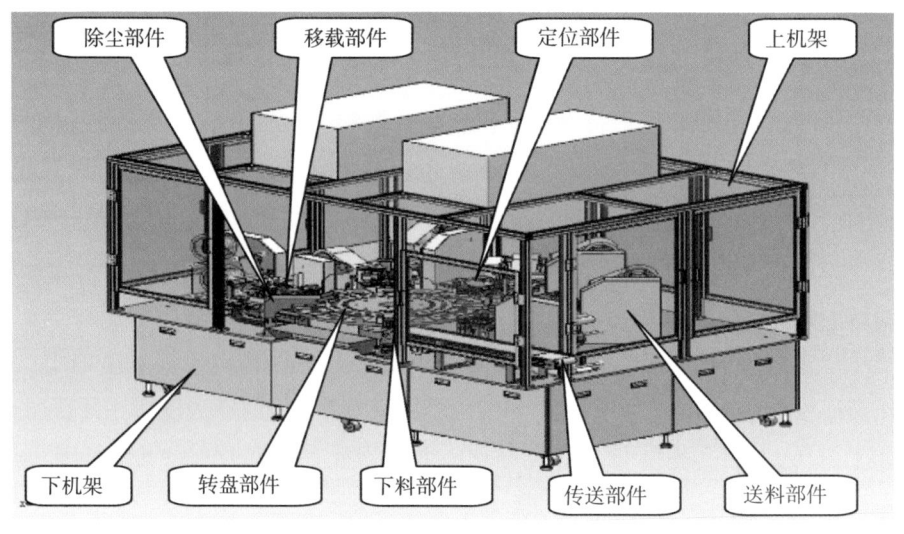

图 1　机械系统结构

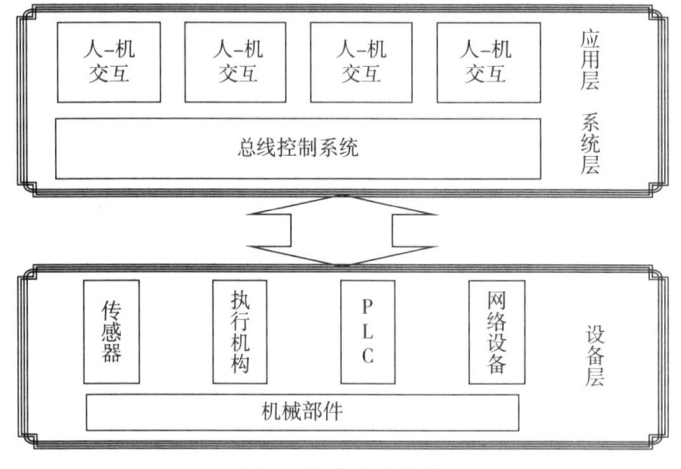

图 2　控制系统结构

模块和网络通信模块，这些模块按照开放式控制器的要求进行设计开发，可用于不同的系统。

系统控制层对重要数据进行分类采集，实时显示于控制器的显示屏上。操作人员可修改显示参数以便发现异常数据，同时也可通过点击控制面板来控制机械设备的运转。为了满足各项控制要求，系统层应用总线控制技术，以 PLC 为控制中心，可与设备上的数据采集与传输设备相连，完成数据的输入输出和网络通信的功能，具有可控程度高，信息处理能力强，实时调整方便的特点。选用了高性能的 MECHATROLINK-II 总线控制技术。这是一种高速的现场通信总线，可以大幅节省配线费用和时间，提高了系统的可靠性、通用性、经济性。气动系统主要依据产业已有的资源配置系统功用进行设计。采用气缸、电磁阀、气爪、手动阀真空发生器和过滤减压阀等气动元件实现设备的定位、下料、除尘和真空吸附功能。

设备层包括传感器、执行机构、PLC、网络设备、气动系统以及被控制的机械部件等直接操控机构。

控制系统中系统层对设备层的控制即软件的开发是项目开发的重点也是开发难点。采用总线控制系统能够满足自动叠片设备的功能需要，但是对逻辑控制有较高要求，因此本项目的设计开发重点放在数据采集、逻辑控制和网络通信上。

采用 PLC 作为系统控制中心，由送料机构把各工位的膜片传送到送料平台。在放料口，人工将塑胶架放到转盘的指定位置，DD 马达按预定的指令旋转到指定的各个工位。各伺服电机带动由气缸控制上下运动的双臂机械手，按预定的脉冲数精确运动至送料平台处，采用真空吸附的方式吸取膜片并将其放置在定位平台，进行定位，再将定位好的膜片叠放在塑胶架中，下料机构吸取叠合完成的背光单元放到传送带上，由交流电机带动传送带把背光单元传送出去。在整个叠合过程中，通过输入模块采集各种用于安全互锁的传感器信号及控制信号，触摸屏实时显示操作及故障信息，使整机运行更加安全可靠。

（2）技术路线。

基于公司自有专利技术，坚持自主创新技术原则，按照单点工艺设备、自动化组线设备的技术开发路线，同步进行自动化背光源组装设备开发，提高生产自动化程度，提高设备的组线运行能力，扩大智能制造内涵，进一步丰富产品系列化组成。

（3）关键技术解决方案。

自动 BLU 叠片工艺设备是用于 LED 背光源模组叠片生产关键设备，集多传感器信号采集、位置检测、故障报警、复杂控制于一体，具有精度高、速度快、操作简便等特点，其叠合精度、加工速度和膜片尺寸范围等为主要技术指标。

关键技术解决方案如下：

1）采用集成创新技术，通过研发将上料、剥膜、定位和叠合等多工序系统集成为多点控制整合设备。

2）采用多孔型对称分割转盘结构，提高叠合精度。通过精确电控和 8×2 双工位转盘结构的优化匹配，实现了工作台的高精度快速间歇运动和产品的快速切换，提高了转盘定位精度，保证了转盘机构高速起停、运动平稳、旋转精度高的要求，实现了包括 8 个工序完整叠合工艺流程的工位转换和高精度定位。

3）采用"米式"中心定位可调节装夹具，提高设备的柔性加工能力和生产效率。柔性化"米式"中心定位式可调节模具设计简单，通用性好，改善了由于产品适配的专用模具制造周期长、成本高昂、延滞投产时间的不足，"米式"中心定位和阶梯式多元化定位模块结构创新设计，保证了不同尺寸背光产品的快速更换，大大提高了调节效率。

4）采用集自动送收料和双向剥膜于一体的同步动作机构，保证了出料稳定可靠，缩短了膜片的等待时间。

5）打破传统紧固装置受力不均的局限性，采用三杆同步开合方式装取膜材，设计了点接触均匀受力卷筒机构，减少上料次数，装取方便快速，提高了生产效率。

6）采用集成化智能控制系统。该设备运用现场总线控制技术，使整个控制系统可控程度高、信息处理能力强、实时调整方便，人机交互界面更加优化。

（4）机械系统组成。

本设备的机械系统主要由转盘部件、下料部件、传送皮带、送料部件、定位部件、移载部件、除尘部件以及一个上机架和一个下机架等组成。

（5）电气系统组成。

本项目的电气系统主要由电器硬件系统、集成化软件控制系统和气路系统组成。

1）硬件系统。

电气控制系统采用 PLC+Proface 触摸屏的方式，实现工艺参数的输入、生产数据的保存、传感器信号的采集，实现 6 个交流电机、9 个伺服电机、1 个转台电机和 48 个气缸的运动控制，完成 1 个背光单元各种膜片的叠合。设备上机架安装两台高效 FFU，保证工作空间洁净度达到 100 级。

整个设备由多种传感器、执行机构、驱动装置等智能设备组成。对于这些智能现场设备需要协调控制，实时、准确地接收和发送用于控制的位置数据，选用了高性能的 MACHATROLINK-Ⅱ总线控制技术。

MACHATROLINK-Ⅱ是一种高速的现场通信总线，通信速度可达 10Mbps，MACHATROLINK-Ⅱ总线可靠、快速地实现电机运动控制和采集各种传感器信号和开关信号，发出相应的操作命令，完成监控、实时逻辑控制、错误报警提示等任务，从而实现对整个生产过程的自动控制。大幅节省了配线费用和时间，提高了系统的可靠性、通用性、经济性。

2）集成化软件控制系统。

集成化软件系统采用的是模块化设计，便于功能的添加和删减，程序操作方便，主要包括以下几个模块：

自动执行程序：自动完成整个叠片过程，运行过程中具有自检各种运动部件工作状态的功能。

手动执行程序：手动完成机器运行的参数设置和调试等工作。

半自动执行程序：机器执行除上料功能外的整个自动叠片过程，用于拷机、演示等功能。

工作参数：设置系统延时和工位使用。系统延时设置包括动作延时和报警延时。工位使用设置包括工位的使用/不使用、A/B 模式、密码、安全门、安全光栅和单人/多人调试等功能。

伺服参数设定：设定伺服极限位置、方向、速度、工作位置和报警等参数。

产品更换：本系统设定可以保存 100 套参数，每套参数可以独立保存工作参数和系统参数。变更产品时，输入程序号后可以更改对应所有参数。每套参数可以进行复制、储存、调用和删除。

I/O 状态：用于监控显示输入和输出信号，用于设备维护时状态监测。

报警历史：用于记录设备发生的故障代码、发生时间和恢复时间，方便维修人员检修。

生产记录报表：在自动化生产中，自动记忆处理产量、生产率等报表功能，可以记录一年内的日报表、详细班报表、月报表、日运作时间和日故障时间。

3）气动系统设计。

本机气动元件使用安全，流动损失小，可靠性高，寿命长。运用气动系统实现了本机上下料、除尘、定位、真空吸附和吹气等功能，系统原理框图如图3。

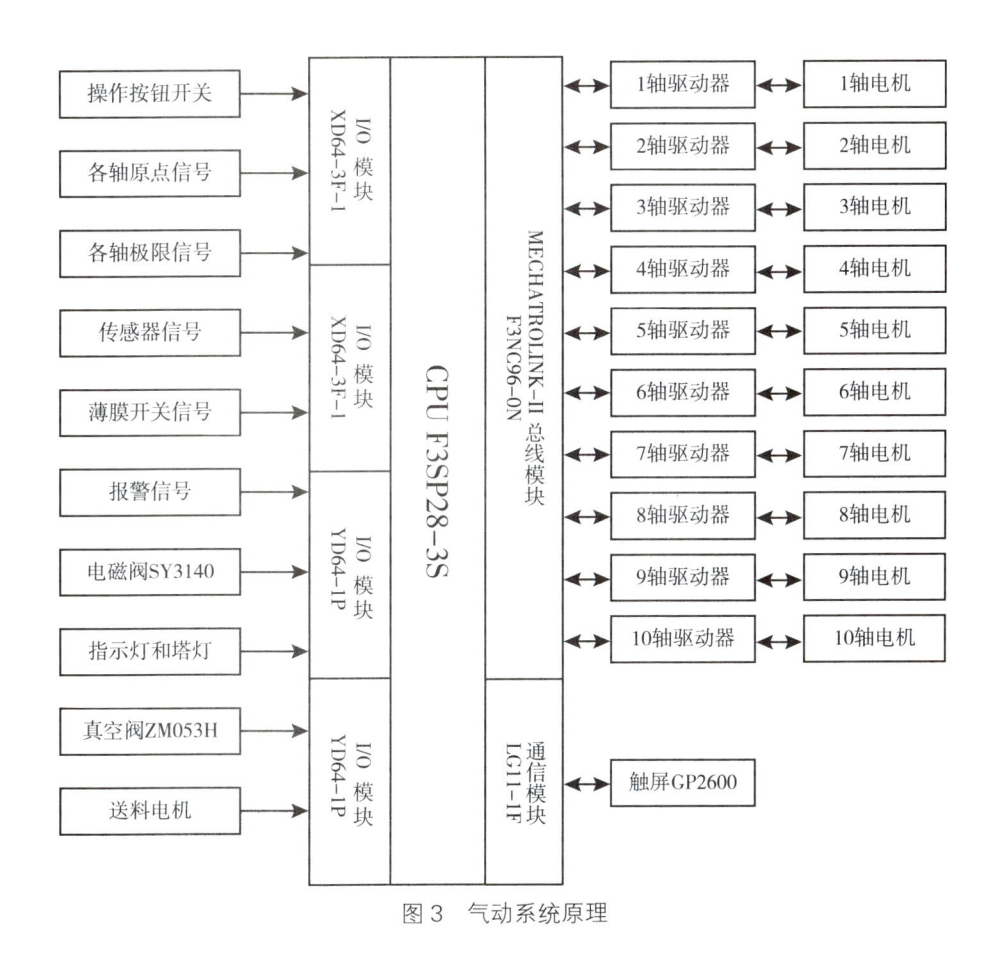

图3 气动系统原理

4. 实施结果

（1）促进电子信息产业的快速发展。

从平板显示产业在国民经济建设中的地位与作用来看，其巨大的产业链和应用市场，将成为继半导体和汽车产业之后全球第三个经济增长点，笔记本电脑、显示器和液晶电视是目前 TFT-LCD 发展的主流产品。液晶模组生产线上的进口设备价格昂贵、供货周期长，配件不到位，这种局面严重制约着我国液晶显示器产业的发展。本项目所开发的产品，达到国际领先水平，拥有完全自主知识产权，与国内外同类产品相比，均具有较强竞争力，促进我国新型平板显示行业的发展。

（2）提升我国液晶专用工艺设备的技术水平和产业化规模。

规模化发展是平板显示产业做大做强必备的要素之一，其规模效益非常突出。作为其关键工艺支撑设备，该项目产品年需求量达 500 台，主要用于互联网终端产品的生产制造，市场空间大。

三、展望

该项目产品已建立了良好的知识产权保护体系，技术风险基本化解，知识产权受法律保护。公司在现有的加工和装配工艺技术下，致力于背光技术研究，攻克了一系列技术难点，自主创新研发了一系列可提高叠合精度和稳定性的技术。成功替代进口，打破国外技术垄断，为推动我国背光源产业及配套设备的自主开发和提升国际竞争力发挥了重要作用。

目前，背光源生产主要还是依赖人工，尤其是前工序及后工序的装壳、组装等工序依然是人员密集型手工作业。依托原有背光源模组叠片设备基础，启动前后工序组装类设备，实现分段智能化生产，逐步趋向智能工厂应用，是背光源叠片设备的未来发展方向。

案例 38 数控高压水清洗中心

太重集团榆次液压工业有限公司

数控高压水清洗中心是集清洗、机床、高压水、数控等技术于一体的机电一体化产品，高压喷射头随数控驱动装置可做扫描喷洗、吹水，具有很强的柔性加工能力，特别适用于清洁度要求高的复杂零件的清洗。

一、导语

数控高压水清洗中心是基于数控技术和压力清洗相结合的清洗机（图1），应用数控技术，带动喷嘴清洗零件，高压喷射头随数控驱动装置可做扫描喷洗、吹水，具有很强的柔性加工能力，特别适用于复杂零件、清洁度要求高的清洗。该设备清洗压力的大小、清洗流量的大小、喷头清洗方式可视清洗对象和清洗要求进行变更，该设备智能化程度高，定位准确，是提高重要零件的清洗精度及质量不可欠缺的设备，是对现有一些清洗设备的本质性的提高，可形成高压水清洗设备中的高端产品。

数控高压水清洗中心配备全方位检测和控制单元，确保设备安全运行；采用数控系统操作平台，对清洗件定点定位清洗，操作简单，实现连续工作；设备清洗质量好，不会损伤被清洗对象，清洗速度快，无需进行二次洁净处理；配合多种环保型清洗液，无环境污染，清洗液体可循环使用，清洗成本低；设备适用范围广，灵活性强，适合多品种，多规格零件清洗，节拍高，产能大；高效节能，使用寿命长，维护方便。

图1 数控高压水清洗中心样机外观

二、数控高压水清洗中心项目分析

1. 项目概述

数控高压水清洗中心主要由数控系统、高压泵系统、粗过滤系统、精过滤系统、除油系统、温控系统、排雾系统、干燥系统、自动润滑系统、自动上下料系统、电气控制系统等组成。

公司将基于现有液压泵站技术，对高压水泵组设计及结构优化，实现自主设计开发，对高压水技术掌握；对水循环过滤系统进行自主开发设计制造，在试验中不断优化；对于自动控制系统进行自主开发，结合外购操作系统实现清洗中心的智能化运行。

2. 项目市场分析

（1）行业分析。

一方面，随着我国工业现代化进程的不断深入，对机械零部件的要求越来越高，尤其是表面清洁度上，要求在制造工艺和精度上提高要求，利用现代加工技术和信息化技术提升设备档次，这为本项目产品的推广应用提供了良好的机遇；另一方面，国外产品进入国内市场，将会在一定程度上降低国内产品在价格和技术方面的竞争优势，形成市场的竞争局面。另外，国内企业也会不断地提高技术水平，提高产品的性能和质量，降低产品价格，加入市场竞争的行列。

因此，本项目需要加强与一些零部件厂家的合作关系，为产品找好"婆家"；强化产品的售后服务，做到随叫随到，造就良好的形象；充分利用互联网、报纸、杂志等媒体，加强产品的宣传，使产品成为国内优质产品；不断进行产品的更新换代，不失时机地把产品打入国际市场。

（2）经营分析。

本项目产品的主要客户是零部件制造商，它们自身的经营状况以及对产品的选择，都直接影响本项目产品的销售状况。另外，本项目产品初期，产品规模有限，不但难以取得规模效益，而且影响产品质量的提高。

要克服风险，就要克服在科学研究、生产技术、产品质量、设计水平，管理水平等方面的不足，增加产品的数量和生产的规模；发挥本项目产品的人才、技术、地域等优势，增加产品的竞争力，提高市场的占有率和竞争力。

（3）市场分析。

新型产品和新品牌产品往往在初期不被市场所认同。由于市场竞争激烈，各企业可能会采用打"价格战"的策略来打击对手，造成产品价格的波动，进而影响效益。

为此，需要建立快速应变机制来降低产品的市场风险：建立一套完善的市场信息反馈体系，制定合理的产品销售价格，确定产品更新换代的方向；加快产品的开发速度，适时调整产品的结构，快速的增加适销对路的产品；实行名牌战略，以优质的产品稳定客户、稳定价格，消除市场的不利影响。

3. 项目内容

（1）高压泵组相关技术。

对于公司现有的技术，在电机及高压泵的组合应用上已经非常娴熟，在选型上及泵组的固定方式上已经形成了一套自己的设计体系，并在实际生产中得到了充分的验证。

高压泵组整机带有高压抗震压力表、安全阀、溢流阀、水箱最高和最低水位保护系统，配有高精度并联水过滤器（图2）。

图2 高压泵泵组

（2）水循环过滤系统（图3）。

同属液压设计中常见的循环过滤设计，在水循环上采用多级过滤技术，将应用水过滤至高压泵所需精度，实现应用水的自动循环系统，并保证循环应用中不出现问题。

水循环过滤系统，回水、出水采用多级过滤，最终过滤等级为5μm，水处理单元中过滤装置采用一用一备，过滤精度由低到高。采用离心泵进行水循环处理。水箱备有油水分离系

图3 水循环过滤系统

统，水箱设置加温及温度传感器。过滤装置配有堵塞报警传感器。水箱配有液位显示和报警装置。水箱有方便的进水、排水口，方便清理水箱。

（3）控制系统。

控制系统为中文版，具有人–机对话功能，有错误记忆及诊断功能，工作稳定，操作和维护方便；带有紧急停车装置；能存储多个清洗程序，每个程序可自由编程；有故障信息显示及故障排除建议功能。可在线观察系统运行情况。（图4）

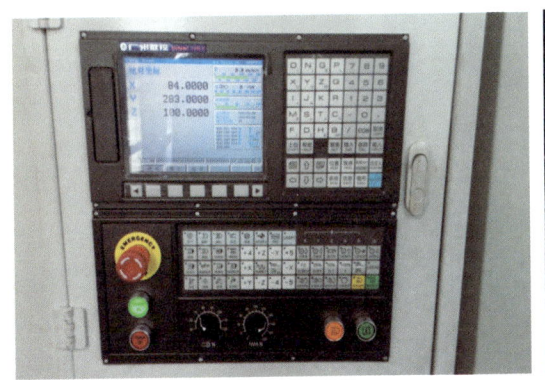

图4 数控操作界面及伺服驱动单元

（4）机床主体结构（图5）。

机床主体的结构保证有足够的刚度；机床清洗腔采用全密封式；有安全性好的防护门；机床整体采用全密封防护；内部有高亮度照明灯；机床清洗腔有观察窗口和收集气雾装置，方便观察清洗过程。

4. 实施结果

（1）项目试验效果。

本项目在样机完成后进行了试验对比，将部分清洗件清洗前后进行了对比，结果显示，清洗效果明显优于其他一些清洗方式（图6~图7）。

图5 机床主体

清洗效果显示，数控高压水清洗中心在清洗效果上明显优于其他清洗方式（抛丸与超声波清洗），在清洗效率上也有很大改善。数控高压水清洗中心在清洗液压阀体、泵体，汽车变速器箱、减速器箱、曲轴等零部件效果将会

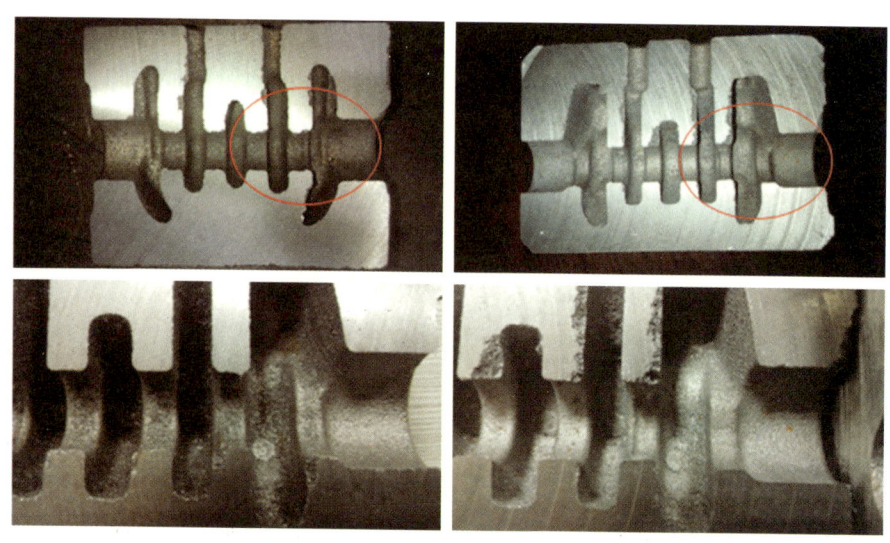

图6 铸件清洗前后切割试图

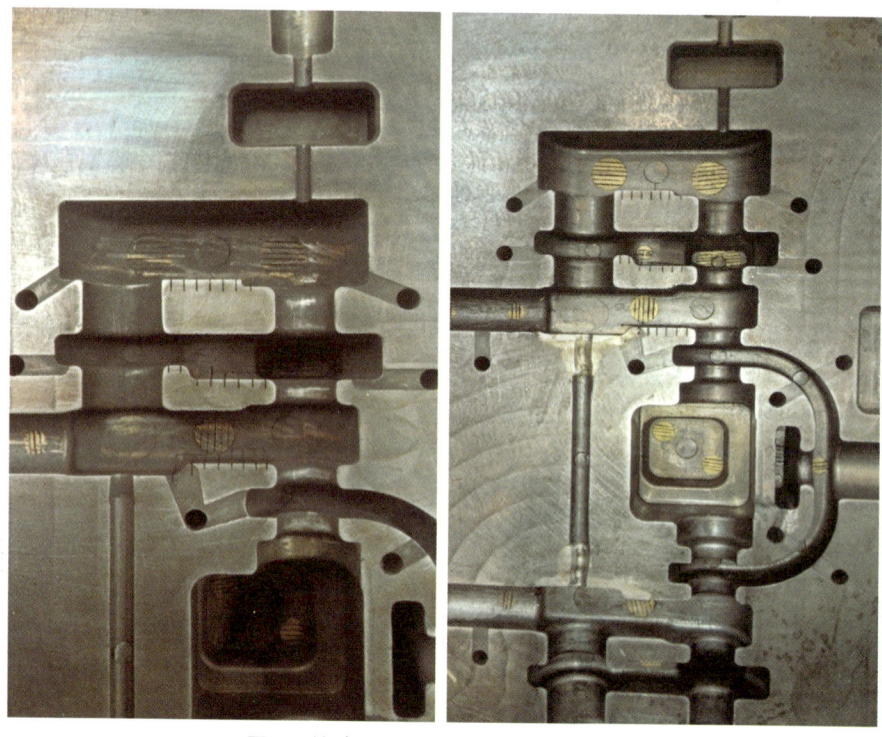

图7 铸造用热芯盒排气窗清洗对比照

有很大的改善。在清洗中心刀库中配备清洗工具，不仅将清洗中心功能得到了放大（图8和图9），而且能够为企业减轻负担。

汽车 ABS 阀体毛刺去除示意图

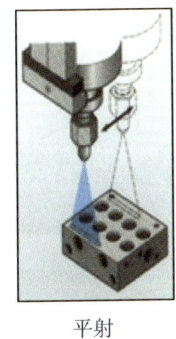

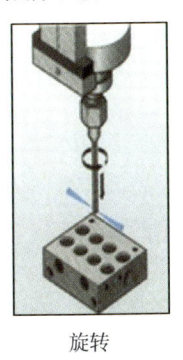

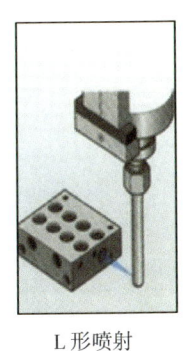

| 直射 | 平射 | 旋转 | L形喷射 | 钻头/特殊去毛刺工具 | 刷子 |

图 8　不同喷水清洗方式　　　　　　　图 9　另配部分辅助工具

（2）项目产品预期效果。

该项目产品机械结构新颖，针对不同的清洗件，可设计不同的工装卡具，使清洗量加大；整体结构采用模块化设计，采用标准化零件，互换性、通用性好，也方便了加工，运输，安装和维护；利用高压水在水中产生超声现象和激烈的湍流，将工件内腔中的污物卷出来，清洁度合格率达到 99.9%，并能去除加工毛刺；采用高压小流量水基清洗，减小过滤系统、储液槽的规格，设备能源消耗降低，废水排放量也得到降低，设备体积相对常规数控中心减小。

本项目的技术先进性、产品质量、性能、价格等方面都具有较强的参与国内外竞争的能力，也确定了合理的市场和价格定位。本项目不仅可以在国内市场取得显著成绩，替代国外进口产品和国内合资企业产品，而且可以向国外出口，打入一些发展中国家，占据部分国际市场份额。

三、主要成果

该项目样机在制造完成后，运行良好，达到了预期设计要求，此项目是集清洗、机床、高压水、数控等技术于一体的集成化机电一体化主机产品，在公司转型发展之际，为公司产品结构调整提供了案例，为公司日后开发机电液一体化设备有一定的参考价值，也为日后此类项目的设计制造提供了可靠的依据。项目在试制过程中对人才梯队的培养提供了平台，使产品在后续更新，功能开发等方面有了可靠保障。

四、展望

目前项目在样机试制完成后，在公司内部已经开始小范围试用，在阀体清洗和泵体清洗上开始了清洗方案的设计，为后续产品更新和产品系列化提供了参考依据。如果项目进展顺利，在对样机不断更新，不断完善的情况下，尽早实现项目系列化，商品化。

在产品推广中，可着手于清洗行业、机床行业、高压水应用行业、数控行业和汽车零部件制造行业等进行推广。发达国家目前高压水清洗占工业清洗的 80% 左右，在诸多清洗方法中处于绝对优势，而我国近年来高压水射流清洗技术才逐渐发展起来，发展也比较迅速，高压水工业清洗的比重在大中型城市及企业已接近 20%，并且以每年 10% 左右的速度增长，预计 6~7 年时间，在中国工业清洗行业中，高压水清洗技术将占绝对优势，因此，目前高压水清洗存在巨大的市场空间。

案例 39

数控技术在后装压缩式垃圾车上的应用

长治清华机械厂

后装式压缩垃圾车是环卫设备中的重要成员，而电控系统则是其灵魂所在，因此，更好地改进和完善电控系统是设计人员最关心的问题。将继电器控制系统和 PLC 控制系统做详细对比后，不难发现，PLC 控制系统在性能方面要远远优于继电器控制系统。在后装车中引入 PLC 控制系统。并结合汽车运用环境，最终设计出适合后装车使用的速度快、稳定性高及可维护性强的升级型电控系统。

一、导言

后装压缩式垃圾车是集收集、压缩及运输功能为一体的环卫车辆,是现代城市环卫车辆中的主要车种。目前后装压缩式垃圾车电控系统主要有三种类型:以继电器为核心的电控系统、以单片机为核心的电控系统和以 PLC 为核心的电控系统。

本项目通过总结多年对后装压缩式垃圾车电控系统的经验,在原电控系统的基础上,引进 PLC 技术,对电控系统进行了改进和完善,使得后装压缩式垃圾车的电控系统在灵活性、可拓展性及稳定性方面有了很大的改善。

二、基于 PLC 的后装压缩式垃圾车的主要研究内容

从主控单元的改变入手,用 PLC 控制系统代替传统的继电器控制系统;用汽车专用电线束取代电缆焊接式军用航空插头;增加了系统抗震性能方面的试验及稳压电源的设计,从这三方面进行改善,设计出了适合后装压缩式垃圾车电控需求的 PLC 电控系统。

1. 后装压缩式垃圾车电控系统的发展现状

继电器电控系统(图 1),是最早应用在后装压缩式垃圾车上的控制装置;随着半导体技术,尤其是微处理技术和微型计数机的发展和规模化生产,以单片机为核心的控制系统(图 2),进入到后装压缩式垃圾车领域;PLC 是传统的继电器接触控制技术与微机技术相结合的产物(图 3),它把单片机的灵动及通用等优点与继电器控制系统的简单易懂及操作方便等优点结合在一起,显示出较大的优越性。随着 PLC 性能的大幅提高,价格的不断下降,而应用在后装压缩式垃圾车上,成为后装压缩式垃圾车电控系统的新成员。

图 1 继电器中控单元　　　　图 2 单片机中控单元

（1）PLC 应用在后装压缩式垃圾车中的优点。

从逻辑建立的角度看，传统继电器控制逻辑的建立靠硬件，连线较多，而 PLC 控制逻辑的建立靠软件，用程序代替硬件接线。灵活性方面：控制程序可变，具有很好的柔性，在工作流程改变的情况下，不必改变 PLC 的硬设备，只要改变程序就可以满足要求。此为继电器控制所无法比拟的。编程方面：目前大多数 PLC 采用继电控制形式的"梯形图编程方式"，既有传统控制线路的清晰直观，又适合电气技术人员的读图习惯和微机应用水平，易于接受，一般只要很短时间的训练即能学会使用，与单片机常用的汇编语言相比要简单得多。可扩展性方面：PLC 的硬件是高度集成化的，具有多种小型化的模块。而且，这些模块是配套的，已实现了系列化与规格化。种种控制系统所需的模块，PLC 厂家多有现货供应，市场上即可购得。所以，硬件系统配置和构建与继电器系统、单片机系统相比都非常的方便。

图 3 PLC 中控单元

（2）PLC 应用在后装压缩式垃圾车中的缺点。

抗震性能方面：正如 PLC 的定义，PLC 是专为在工业环境应用而设计的，其抗震性能也是针对工业环境而设计的。PLC 基本单元抗震标准为 $9.8m/s^2$（1G），频率 10~57Hz，振幅 0.075mm，X、Y、Z 各方向 80min。非发动机上使用的汽车电气设备耐震动标准为 $30m/s^2$，频率 10~25Hz，振幅 1.2mm，X、Y、Z 各方向 480min。可见 PLC 的抗震性能要低于汽车电气设备的耐震动要求，如果要应用在后装式压缩垃圾车上，则需在安装方式上设计减震装置。

工作电源方面：PLC 的工作电压有 AC220V 和 DC24V 两种，后装压缩式垃圾车所用底盘电源有 DC12V 和 DC24V 两种，一般应选用额定电压为 DC24V 的 PLC，但是汽车底盘电源电压是波动的，标准要求，标称电压 DC24V 在发动机运行时应具有抗震功能的电气设备，在 21.6~32V 电压范围内能正常工作，而 PLC 的工作电压范围为额定电压的 ±10%，即 21.6~26.4V，如果应用在 DC24V 电源底盘的后装压缩式垃圾车上，则需要增加稳压电源，如果应用在 DC12V 电源底盘的后装压缩式垃圾车则需要增加升压电源，这样不但增加了成本，而且增加了系统故障点。

综合逻辑建立、灵活性、编程及可拓展性等方面可以看出，将 PLC 应用在后装压缩式垃圾车的电控系统中，取代继电器系统，是必然趋势；同时针对其所存在的缺点，可以研制既能满足汽车抗震要求，又能够满足汽车工作电源需求的"车载专用 PLC"。

2. PLC 控制系统的设计

采用 PLC 控制系统，完成后装压缩式垃圾车对垃圾的收集和压缩是控制系统的关键任务。

（1）分析控制要求。

明确控制要求，合理分配 I/O 端子。输入设备：如控制操作盒（启动按钮、装载排出切换开关、料斗控制开关、推板控制开关、刮出控制按钮、压缩手动按钮、下降手动按钮、上升手动按钮、旋转手动按钮和急停手动按钮等）、限位开关等；输出设备：如继电器和信号灯等。

（2）电源选择及 PLC 选型。

选用 24V 直流电源，并增加相应的稳压电源模块；选用西门子公司 S7-200SMART PLC 模块型号为 ST60。此款 PLC 模块为晶体管输出型，与继电器输出型相比具有以下特点：首先，负载类型和电流类型不同。晶体管只能带直流负载，电压可接直流 24V 且电流输出较小，而继电器接交流 220V 且电流输出较大；其次，负载响应速度有差异。晶体管输出原理是 CPU 通过光耦合使晶体管通断，以控制外部直流负载，故响应速度快，而继电器通过 CPU 驱动继电器线圈，令触点吸合，使外部电源通过闭合的触点驱动外部负载，其开路漏电流为零，故响应速度慢；最后，关于动作寿命。晶体管是电子元件，只有老化而无使用次数限制，继电器是机械元件，有动作寿命，每分钟的开关次数也是有限制的。

SIMATIC S7-200SMART 型号为 ST60 的 PLC 模块，其 I/O 点数为 60，输入为 36 点，输出为 24 点，本设计中使用的 I/O 点数为 44，输入为 30 点，输出为 14 点。本模块配备了西门子专用高速处理器芯片，基本指令执行时间可达 0.15us，具有一颗强有力的"芯"，能满足繁琐的程序控制逻辑，能保证本设计的需求。

（3）设计控制程序。

1）绘制系统控制流程图。

PLC 控制系统根据后装压缩式垃圾车的控制要求，执行相应的动作，简易控制流程见图 4。

2）设计梯形图。

系统中采用接近开关来检测各个动作的位置，并控制动作的衔接，为确保动作的准确性，某些环节增加了时间继电器的设计，如垃圾中有硬块等物时，可能会影响到压缩环节，在程序中设计时间继电器的动作时间，增加此条语句可以使动作顺利地进行下去，避免了无效的滞后等待。根据后装压缩式垃圾车的控制要求，设计系统梯形图。

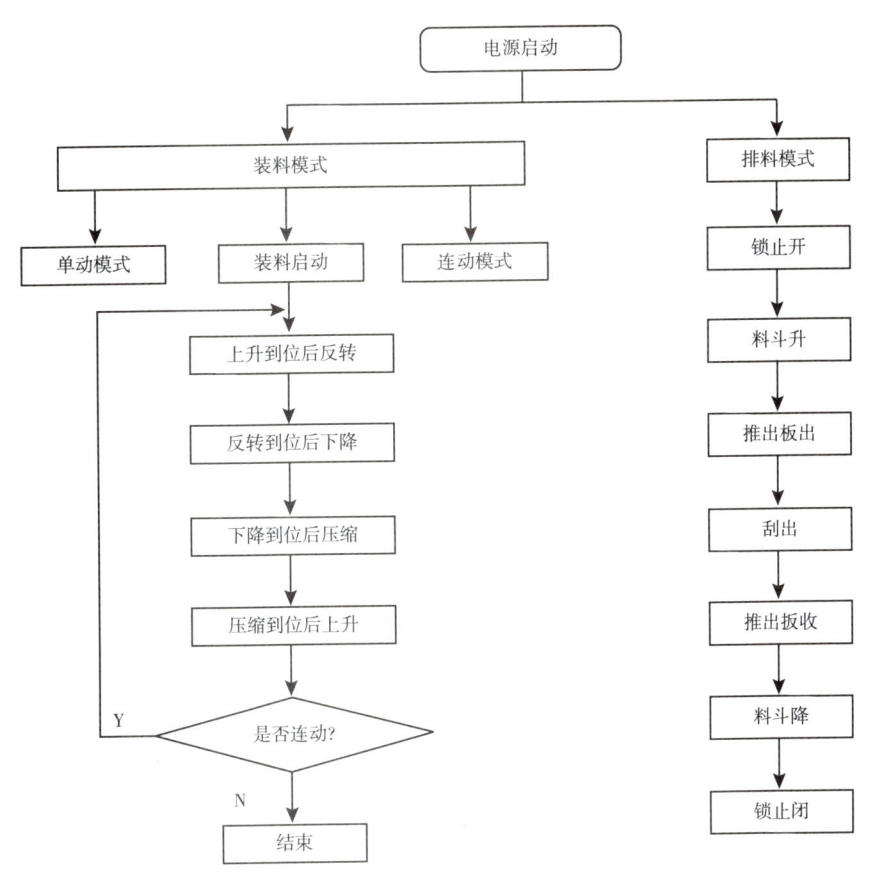

```
                            电源启动
                    ┌──────────┴──────────┐
                装料模式                排料模式
          ┌────────┼────────┐              │
      单动模式  装料启动  连动模式         锁止开
                    │                       │
              上升到位后反转              料斗升
                    │                       │
              反转到位后下降              推出板出
                    │                       │
              下降到位后压缩               刮出
                    │                       │
              压缩到位后上升              推出扳收
                    │                       │
              <是否连动?>                 料斗降
                 Y │ N                      │
                   结束                    锁止闭
```

图 4　绘制系统控制流程

3. 采用汽车专用电线束

与之前采用的电缆焊接式军用航空插头相比，汽车专用电线束在以下几方面体现出优越性。工艺制作方面：电缆焊接式军用航空插头，前期制造成本高、周期长且工艺要求高，而汽车专用电线束制造成本低廉、周期短且采购方便，显然优于电缆焊接式军用航空插头；后期维护方面：电缆焊接式军用航空插头虽然可靠性优于汽车专用电线束，但由于其后期维护困难，给维护工作带来很多不便。综合比较，采用汽车专用电线束更能满足后装压缩式垃圾车的设计要求。

4. 系统中增设的模块

如前所述，由于 PLC 应用在后装压缩式垃圾车中存在抗震性能和工作电源两方面不能满足设计需要的问题，故增加减震装置和升压电源模块。本系统采用的减震装置是聚氨酯减震器，其包括弹性减震体和固定于弹性减震体两端的螺柱。其特点是弹性减震体为聚氨酯弹性体，在其弹性体内预埋有与两端的螺柱构成一体的压板，且与弹性减震体形成一体。由于弹性好、抗撕裂强度高、减震效果佳且抗腐蚀、抗老化等方面均比橡胶减震器要好，能够满足系统的抗震性能需求，故选用聚氨酯减震器作为系统的减震装置。

三、结论

PLC 控制系统在逻辑建立、逻辑变更方面要优于继电器式电控系统；在编程方面采用的梯形图语言比单片机常用的汇编语言要简单直观；在硬件配置方面高度集成，具有多种小型化的模块，加之这些模块是配套的，已实现了系列化与规格化，可满足不同配置后装垃圾车的控制要求。

将 PLC 技术应用到后装压缩式垃圾车中，取代了传统的继电器控制系统，从分析系统的利弊入手，将存在的弊端进行了补充和优化，从前期 PLC 的选型，到后期梯形体的编写及功能性试验、相关性能方面试验的充分准备，使得系统从设计到实施再到调试都能顺利进行，最终设计出能够满足客户需求的，可靠性高、体积小、成本低廉及后期维护方便等优点的后装压缩式垃圾车。

四、展望

从继电器控制到 PLC 控制，后装车电控系统经历了一次全方位的系统升级。从控制逻辑到控制速度再到系统的可靠性及可维护性，PLC 控制系统以其绝对优势成功取代继电器控制系统，成为新一代后装车电控系统的技术核心，并向自动化控制迈进了坚实的一步。升级后的产品更灵巧、更便捷和更稳定，能够更好地服务于客户，更有效地提升后装车的市场竞争力。

后 记

中国机械工程学会一直以推进机械工业技术进步为己任,协助和指导地方学会在推动本地区装备制造业转型发展中共同发力。自2013年年初总部召开秘书长工作会议以来,多次与各地方学会交换意见,希望将国家已经发布的《"数控一代"装备创新工程行动计划》落到实处。山西省机械工程学会按照总部的部署,召开了理事长办公会议、常务理事扩大会议专题研究了如何在山西开展"数控一代"工程,并主动与有关领导部门进行汇报与沟通,得到了山西省科技厅、山西省科协等部门及其分管省领导的认同和大力支持。

2014年9月21日,山西省机械工程学会黄庆学理事长、李玉贵秘书长、王守信监事长一起到山东省泰安市参加了山东省数控一代机械产品创新应用示范工程推进会,一方面学习山东机械工程学会的先进经验,另一方面将山西省推进"数控一代"工程的落实情况向中国工程院院长、中国机械工程学会理事长周济、中国机械工程学会监事长宋天虎等领导进行了详细的汇报,并介绍了2015年的山西省数控一代机械产品创新应用示范工程推进会的筹备情况。山西省机械工程学会在"数控一代"推进工作的实际行动上得到了上述领导的充分肯定和高度赞扬。

山西省的"数控一代"创新示范应用计划包括:召开山西省数控一代机械产品创新应用示范工程推进会;出版《"数控一代"案例集(山西卷)》;实施"数控一代"产品创新驱动助力工程;完成山西省《数控一代轨道交通与重型装备产业创新链》科研报告等工作。上述工作得到各级领导的重视与支持,进展顺利。

《"数控一代"案例集（山西卷）》的组稿、审稿、编辑、出版等工作是在中国机械工程学会和山西省科协的具体指导下，在山西省机械工程学会团体会员单位和中国科学技术出版社的大力支持下完成的。这里特别向中国机械工程学会宋天虎监事长、罗平处长、王玲副处长、山西省科技厅张金旺厅长、张克军处长、张润泽副处长、山西省科协杨伟民书记、苗洪泽部长以及参与《"数控一代"案例集（山西卷）》工作的有关单位和个人给予的大力支持和帮助表示衷心的感谢！

由于水平所限，难免有疏漏和错误之处，敬请广大读者批评指正。

2015年8月